한국광복군과 독립운동 사료 연구

석원화(石源華) 저
조참훈(趙參勳) · 종결(鐘潔) 역

* 이 역서는 2022 년도 대한민국 교육부와 한국학중앙연구원
(한국학진흥사업단)의 해외한국학 씨앗형 사업의 지원을 받아 수행된 연구임
(AKS-2022- INC-2230008).

한국광복군과
독립운동 사료 연구

석원화石源華 저
조참훈趙參勳 · 종결鍾潔 역

도서출판 디자인21

일러두기

1. 본 역서는 『韓國獨立運動與中國關係』 [석원화(石源華), 民族出版社, 2009]의 제2편과 제8편을 저자와의 협의 하에 새롭게 편집 보충하여 한국어로 번역한 것이다.
2. 번역은 직역을 원칙으로 하되 정확한 내용 전달을 위해 필요에 따라 일부는 의역을 했다.
3. 필요에 따라'역자 주'를 통해 원문 및 용어설명 등을 밝혔다.
4. 본문에서 참고문헌 및 원문은 각주의 형식으로 대조, 참고할 수 있도록 배열했다.
5. 독자의 이해를 위해 일부 용어나 인명은 한글과 함께 괄호 안에 한자로 표기해 의미를 분명히 밝혔다.
6. 중국 인명, 지명 등 고유명사는 번역 편의상 한국 한자어 발음으로 번역함을 원칙으로 하였다.
7. 중국어 원서는 간체자로 출간되었으나, 본 번역서에서는 한국어 상황에 맞게 한자 병기 시에 모두 번체자로 전환하여 기록하였다.

서문

한국 독립운동, 러시아 혁명, 중국 혁명은 20세기 극동의 3대 혁명운동으로 불린다. 1910년 일본이 한국을 병탄한 후, 수십만 한국의 열사들이 중국으로 망명했고, 그들은 중국 관내와 동북 지역에서 활발하게 독립운동을 일으켰다. 중국 여야는 한국인들의 항일 투쟁에 다양한 방식으로 지원을 하고 그 지원에는 정신적인 것과 물질적인 것, 정부와 민간에서 지원하는 것, 여당과 야당이 지원하는 것, 공개적인 것과 비공개적인 것 등이 포함되어 있다. 한·중 양국의 국민들이 친밀하게 협력하고 같이 맞서 싸우며, 일본 제국주의의 동아시아 침략을 반대하는 역사의 한 페이지를 함께 써 내려갔다. 이것은 근대 중국사와 한국사, 그리고 한·중 관계사에 중요한 일부분이 되었으며, 이로써 중국도 한국 독립운동의 중심과 주요 활동 기지가 되었다.

역사적인 원인으로, 이 분야에 대한 중국 사학계의 연구가 이제 막 첫발을 내딛었다. 이 연구는 근대 한·중 관계사와 한·중 양국의 항일 투쟁사에 대한 연구를 추진시킬 뿐만 아니라, 한·중 관계를 한 단계 더 발전시키는 데에 중요한 현실적 의의가 있다. 특히 현재 한국과 중국의 교류가 깊어진 만큼, 한국의 항일운동에 대한 연구를 더 깊게 발전시키는 것이야말로 각별한 의미가 있다. 수천 년 동안 교류해 온 유교 전통 문화처럼, 일본 제국주의의 침략에 맞서 싸운 공통된 경험과 피와 생명으로 응결된 투쟁 정신이 한·중 양국의 우호적인 관계를 다지고 발전시키는 데 중요한 정치적 자원과 역사적 배경의 원동력이 되었다.

나는 한국 독립운동에 대한 연구를 1988년에 시작하였고, 이 연구 과제와 관련이 있는 첫 번째 학술 논문인 『한국독립운동과 중국 남북정부』를 집필하였다. 이 논문은 한국 학술계에 상당한 영향을 끼쳤으며, 서울의 각종 대형 언론사들이 보도하였다. 당시 한국 국사편찬위원회에서 보내준 신문 스크랩을 나는 아직도 보관하고 있다. 내가 논문에서 언급한 중국, 미국, 소련이 각각 다른 한국 독립운동파벌을 지원하였으며, 그 특수한 국가적 배경 아래 각 운동파들이 맞닥뜨린 다른 결말에 대한 나의 논점이 한국 학자들의 주목과 관심을 받았다.

그 후, 나는 이 연구에 대한 흥미가 나날이 커졌으며, 이 연구는 중국 근·현대 대외관계사와 중일전쟁사 연구에 필요할 뿐 아니라, 현재의 한·중 관계발전에 끼치는 영향을 과소평가할 수 없다고 절실히 느꼈다. 1990년 4월부터 1992년 1월, 나는 연구를 위해 일본에 가서 이 주제를 중심으로 연구 프로젝트의 하나로 정하고 중국에서 보기 어려운 일부 사료를 수집했다. 1993년 3월과 1994년 4, 한국한민족운동사연구회가 주최한 임시정부 수립 74, 95주년 기념 국제학술회의에 두번 참석해 논문을 발표하여 또한 한국 학계와 더욱 밀접한 관계를 맺었다. 1995년9월, 대만을 방문하였고 중국의 한국독립운동연구 전문가이신 호춘혜교수를 만나게 되었으며 그분의 저서를 받았고 직접 그에게 가르침을 청하였다.

1993년 5월, 나는 복단대학교 한국 연구센터에서 부회장을 겸임하였고, 2000년부터는 핵심 업무를 주관하였다. 한국의 독립운동은 줄곧 중점적인 연구 과제이었다. 이 연구는 한국국제교류재단, 한국학술진흥재단, 한국학중앙연구원, 한국국가보훈처, 한민족운동사연구회, 한국독립운동기념관, 한국국회도서관 등의 지원과 도움을 받았다. 동시에 나는 중국 조선사 연구회 부회장, 중국 사회과학원 조선반도 연구센터의 겸임 연구원, 『당대한국』의 편집 위원, 『동아시아학술』의 학술위원, 북평대학 한반도 연구센터의 겸임 연구원, 교육부 사회과학 기지인 연변대학 한국 연구센터 학술위원, 칭다오대학 한국연구센터 겸임 연구원 및 한국국회도서관 특별자문위원, 한국사 편찬위원회 중국지역 역사자료위원, 한국국가보훈처 특별 독립운동 연구위원 등을 겸임했고, 한국 독립운동 역사 연구에 대한 국내외 학술 교류 활동에 참여하고 추진해 왔다.

제1편 '한국임시정부와 한국광복군'은 두 부분으로 나뉜다. 전자는 한국임시정부의 창립과 통일부터 한국임시정부의 정치체제, 외교활동, 군사투쟁, 반일선전; 한국임시정부와 각 독립운동 당파와의 관계; 한국임시정부와 국내 인민의 관계, 귀국과 마무리 등 8개의 방면에서 한국임시정부의 중국 내 활동에 대해 전면적으로 논술했다.

후자는 한국광복군 총사령부의 설립과 편성과정의 우여곡절, 조선의용대의 편입, 적에 대항하는 군사 행동, 인도와 미얀마 전구작업팀 파견, 9조 행동규칙 교섭사건, 한·미OSS훈련, 마무리와 귀국 등 8개 방면에서 한국광복군의 중국 내 활동에 대해 전면적으로 논술했다. 따로 지적하자면, 이 책은 한국임시정부와 한국광복군의 중국내에서의 활동이 한국 독립운동에서 아주 중요한 부분으로 논술되어 있는데, 이는 일부 한국 학자들이 한국임시정부를 한국 독립운동의 유일한 중심체로 보는 관점과는 상이하다. 필자는 한국임시정부와 한국광복군이 중국에서 일으킨 용감한 반일투쟁이 한국 독립운동 역사상 아주 중요한 역사적 의미를 가지고 있다고 생각한다. 허나 동시에, 중국 공산당의 지도와 영향 아래, 한국의 혁명가들이 중국 동북에서 일으킨 항일 유격전쟁과 화북(華北), 화중(華中), 화남(華南)에 위치한 적진의 후방에서 일으킨 반일 독립운동을 필히 중시해야 한다고 생각한다. 한국 독립운동의 각 당파는 모두 한반도의 해방을 위해 많은 공헌을 하였다.

제2편은 '한국 독립운동 사료의 정리와 연구'이다. 필자는 한국 독립운동의 사료 수집과 정리를 매우 중시한다, 본 편에서는 필자가 작성한 한국 독립운동 역사 자료의 정리와 연구에 대한 논문 3편을 수록했다. '100년간의 한국 독립운동 중문 논저'는 필자가 복단대학 한국 연구센터 자료실에서 편찬한 『20세기 한국 독립운동 논저(중국편)』 책에서 쓴 서론 부분이며, 청나라 말기부터 민국 초기까지, '3·1운동'부터 만주사변까지, 만주사변부터 중일전쟁 발발할 때까지, 중일전쟁 기간 내, 중일전쟁의 승리에서 개혁개방 전야까지, 20세기의 마지막 20년을 총 6단계로 나누어서, 한국 독립운동 논저의 기본 내용과 특징을 전면적으로 논술하고, 중국 내 20세기 한국 독립운동 연구의 기본 상황을 서술했다.

'상해 지역 한국 독립운동 사료 논평'에서는 우선 상해와 한국

독립운동의 특수 관계를 논술하였고, 상해는 한국임시정부의 탄생지이자 시련의 땅, 부활의 땅 그리고 귀국을 위한 출발지임을 설명했다. 이어서 상해 기록보관소 소장 사료, 상해 매체 관련 사료, 상해 관련 문헌 사료 등의 방면에서 비교적 전면적인 소개와 설명을 한다. 그리고 이것은 후발 연구자의 길잡이 역할을 할 것이다.

'한국 독립운동과 한중관계에 대한 신보(申報)의 논평'은 필자가 편집을 주관한 동명의 사료집에서 쓴 서론이다. 시간 순으로 12절씩 나누어 『신보』에 실린 한국 독립운동과 한중관계에 대한 내용과 특징을 상세히 소개 및 설명하였다. 『신보』가 근대 신문사에서 중요한 역사적 지위를 가지고 있는 점을 고려할 때, 본문은 관련 연구자들에게 리더의 역할을 할 수 있을 것이다.

덧붙여 말하자면, 이 책에서 말하는 '한국(한국 독립운동 역사 등)'은 한일병합 당시의 한반도 전체를 가리키는 것이고, 당대의 '대한민국'의 국가 개념이 아니다. 책에서 언급하는 한국인, 조선인 역시 현재의 한국 국적, 북한 국적의 개념이 아니라 한반도 국민의 다른 호칭일 뿐이다.

집필 과정 중, 한국과 중국에서 이미 출판한 저서들과 관련 문집에 발표된 많은 자료와 번역문을 참고하였으며, 한국 사회과학원 이사장 김준엽 교수, 홍콩 주해서원 아시아 연구센터 주임 후춘휘 교수, 길림성 사회과학원 한국 독립운동 연구센터 양조전 교수, 한국 고구려 출판사 이보온 사장 등이 나에게 자료를 보내주었으며, 많은 친구들과 동지들도 내가 조직하고 기획한 학술 활동과 논집 편찬 작업에 열성적으로 참여해주며 많은 도움을 주었다. 이에 깊은 감사를 표한다.

시간은 쏜살같이 흘러, 내가 첫 번째 관련 논문을 쓸 때에는 나는 막 '불혹'에 들어섰고, 지금은 이미 '환갑'의 나이가 되었다. 이 책은 필자가 20년간 한국 독립운동 역사를 공부하고 연구한 학술 총결산이다. 나는 이 책의 출판이 근대 한·중 관계사와 한국 독립운동 연구의 한 단계 발전에 도움이 되기를 기대하며, 이 책이 보여주는 역사적 진실과 두 민족 간의 진정한 우정이 한중 양국의 젊은이들에게 교육과 선도적 역할을 함으로써 한·중 민간 관계의 개선과 친밀함을 도모하고, 또한 학자들이 이 책의 결함에 대해 조언을 아끼지 않기를 바란다.

석원화

목차

제2편 한국독립운동 사료史料의 정리와 연구/148

제1편

한국임시정부와 한국광복군

제1장 한국임시정부의 논술

제1절 임시정부의 창립과 통일

한국의 저명한 역사학자인 김준엽 교수는 그의 회고록 『장정(나의광복군 시절)』에서 한국임시정부의 역사적 지위를 이렇게 평가했다. "대한민국 임시정부는 한국독립운동의 지도핵심으로써, '3·1'독립정신과 민족혼의 표현이자 민족국가로서의 잠재적 형태이다. 한국 현대화를 실현하는 과정에서 그것은 한국사의 주체였다고 할 수 있다. 조선왕조 종료 이후에는 한국 정치사의 공백을 채우고 새롭게 등장한 대한민국의 정통 공공권력의 원천이기도 하다." 이는 한국의 대부분 학자들의 관점이 크게 반영된 것이다.[1] 필자가 제1

1) [韩]金俊烨, 『我的长征』, 293~294页, 东方出版社, 1995. 대한민국 임시정부에 대한 평가는 남북한 학계에서 큰 차이를 보이고 있으며, 김준엽 교수의 견해는 한국 학자들 중 비교적 온화한 입장을 반영하고 있다. 일부 학자들은 대한민국 임시정부를 적절하지 않게 높게 평가하며, 임시정부를 '외부에서는 대한민족의 유일한 대표 기관이며 내부에서는 독립운동을 지도·통제하는 최고 기구'로 여기며, 현재의 대한민국 정부가 당시의 대한민국 임시정부에서 비롯된 것으로 보고 있다. 북한 출판물인 『조선 통사』는 임시정부를 민족독립 운동에서 '평잔한 부분의 자본주의 상류계급 중 일부가 해외에서 단체를 결성해 매국 매족 활동을 벌이는 것'으로 비판하며, '임시정부의 주요인물들이 자칭 자본주의 민족운동의 기치를 버리고 서로 싸워' '애국동포로부터 많은 재물을 뺏어내어 자기 주머니에 넣고, 탕진한다'고 주장한다. 임시정부의 외교활동은 '대국에게 호소하는 구걸 행위' 등으로 비판되고 있다. 이러한 대립적인 의견은 한반도 남북측의 평화통일을 위한 중대한 장애가 될 것이다. 저자는 대한민국의 각 항일당파의 지위와 역할을 인정하고 올바르게 평가하며, 남북한 학계의 견해 교류를 촉진하여 한반도의 통일과 통합을 촉진하는 데 긍정적인 역할을 할 것으로 생각한다. 대한민국 임시정부에 대해서는 이를

차 세계대전의 종전과 러시아의 10월 혁명 승리에 따라 나타난 세계민족혁명 물결의 영향과 추진에 의해 한국의 3·1 반일독립운동의 토대위에서 대한민국임시정부가 수립된 것은 일본의 병합과 통치에 굴복하지 않고 한국 국민들이 일본에 대한 공개적인 반항을 상징하며, 이씨 왕조의 봉건주의적 부패한 통치를 묻어버리고 자본주의적 공화국제도를 세우기로 결심했다고 생각된다.

1910년 일본제국주의가 한국을 병탄하기 이전부터 한국의 독립을 지키기 위해 분투한 한국애국지사들 중에는 3대 사상 파벌이 있었는데 의병운동의 수장들은 권선징악의 정신을 이어받고 무장항일투쟁을 전개하여 일본제국주의를 한반도에서 쫓아내려고 봉건독재군주정체를 실행한 이씨 왕조를 구제하고 복원하겠다고 주장하였고, 개화파의 관점을 이어받던 독립협회 등 단체들은 독재군주제를 부정하고 입헌군주제를 주장하였으며, 후에 나타난 신민회 등 단체는 한국이 광복된 후 공화정체를 실행한 근대민족국가를 주장하였다. 한국이 일본의 식민지로 전락된 후, 한국반일독립운동 각 당파들은 반일광복투쟁을 전개하는 동시에 정치적 견해의 차이로 인해 마찰이 빈번하게 일어났다. 하지만 중국의 신해혁명, 러시아 10월 혁명, 세계민족해방운동의 영향과 추진으로 공화파의 사상이 점차 주도적인 위치를 차지하게 되었다. 한국의 조행래 학자는 논문을 발표하여 이 과정을 기술하였다.

공화적 민족주의 계열과 복귀적 민족주의 계열의 정치사상투쟁

한국의 항일 독립운동의 중요한 부분이고 유일한 실체가 아닌 걸로 연구해야 한다.

에서 전자는 사실은 단순한 반일독립운동만을 주장하지 않고 대외적으로 항일투쟁을 진행하는 동시에 내부에서 봉건주의에 반대하는 투쟁을 진행할 것을 주장하며, 민족독립운동은 군주 한 사람을 위해 헌신하는 것이 아니라 한민족과 국가를 위해 노력해야 한다고 생각한다. 한편, 이때 중국은 신해혁명을 통해 청나라를 무너뜨리고 공화체제의 중화민국을 수립하였고, 제1차 세계대전이 끝난 후 윌슨 미국 대통령은 민족자결주의 원칙을 제출하였고 러시아혁명의 영향으로 식민지 피압박민족에게 큰 역사적 격려를 주었으므로 이를 계기로 러시아 영토와 만주, 중국 관내에서 투쟁을 진행하던 한국독립운동단체들의 정치의식이 크게 변했다. 공화적 민족주의 체계는 독립운동 중 위치가 공고해졌다.[2)]

1917년 7월, 한국애국지사 신규식, 조소앙, 박은식, 신채호 등 14명이 『대동단결선언』을 발표하고 최초로 민족대회를 개최하여 임시정부를 수립해 독립운동을 지도하자고 제안했다. 1919년 2월 김교헌, 신규식, 조소앙 등 39명은 『대한독립선언서』를 발표하고 공화파가 새 나라를 수립하려는 정치적 이상을 기술하였다. 선언문에는 "융희황제가 삼보(三寶, 즉 국권)를 포기한 8월 29일, 즉 우리 동지가 삼보를 계승하고 이어받은 8월 29일은 그 사이에 그칠 줄 모른다. 우리 동지는 완전한 계승자이며, 그 제왕제도가 소멸되었을 때는 바로 민권이 생겨났을 때이고 구한(旧韩)의 마지막 날이

2) [한]조항래, 『대한민국임시정부의 정치적 주장과 그 정통성』. 석원화 편집장, 『한국독립운동혈사신론』, 289~299쪽 상해, 상해인민출판사, 1996.

바로 신한(新韓)의 첫 번째 날이다. 고대부터 한국은 한국인의 나라이며, 비한국인의 나라가 아니다. 한국인의 주권 수용은 역사적으로 기록된 헌법이며, 비한국인에게 주권을 양도하는 것은 근본적으로 무효이고 한국인들은 이런 일을 결코 허용하지 않을 것이다. 그리하여 경술년 융희황제는 주권을 버리는 것은 한국민에게 이양할 것을 묵시했다." 선언문에서 살신성인의 전 민족 항일무장투쟁을 진행하고자 호소하고, 한민족의 정통성을 통해 일제의 강제침략의 불법행위를 부정하고 거부하면서 5000년 역사를 자랑하는 한민족의 독립자주지위를 회복시켜 공화제도의 신대한민국을 수립하자고 촉구했다.[3] 이 선언은 한국독립운동역사에 있어서 깊은 역사적 의의가 있고 곧 일어날 한국의 3·1운동과 대한민국임시정부의 수립에 중요한 영향을 끼쳤다.

1919년 3~4월 사이에, 한국의 3·1운동을 바탕으로 국내, 중국 상해, 러시아 극동지역에 다음 6개의 임시정부가 수립되었고 정부는 각각 다음과 같다.

3월 27일 러시아 블라디보스토크에서 한국민족중앙총회가 '대한국민의회 정부'의 설립을 선포했다. 대통령으로 손병희, 부통령으로 박영효 국무총리는 이승만, 도지총장은 윤현진, 군무총장은 이동휘, 내무총장은 안창호, 산업총장은 남형우, 참모부장은 유동설, 강화대사는 김규식였다.

4월 1일, 한국 기호(畿湖)지역에서 '대한민간정부'의 수립이 선포되었다. 대통령은 손병희, 부통령은 오세창, 국무총리는 이승만, 내

3) 위의 것과 같음.

무부 장관은 이동녕, 외무부 장관은 김윤식, 학무부 장관은 안창호, 총무부 장관은 최린, 재무부 장관은 권동진, 군사부 장관은 노백린, 법무부장관은 이시영, 교통부 장관은 박용만, 노동부장관은 문창범, 의정부장관은 김규식 이렇게 추대되었다.

4월 9일 서울에 많은 포고가 붙여져 '조선민국임시정부'를 수립하는 것을 공고하였다. 손병희는 정도통(都统), 이승만은 부도통, 민찬호는 외무총장, 김윤식은 내무총장, 노백린은 군무총장, 이상리는 재무총장, 안창호는 학무총장, 오세창은 양식산총장, 윤익선은 법무부 총장, 조소앙은 교통총장이 추대되었다.

4월 10일, 상해 법조계에서 한국임시의정원 희의를 열었고 이동녕은 사회를 맡고 '대한민국임시정부'를 수립하고자 하고 국무총리는 이승만, 국무원 비서는 조소앙, 재무총장은 최재통, 내무총장은 안창호, 외무총장은 김규식, 법무총장은 이시영, 군무총장은 이동휘를 추대하기로 결정했다.

4월17일, 한국 평안도에 '신한민국정부' 선언문이 발표되고 신정부의 수립이 선포되며, 집정관에 이동휘, 국무총리에 이승만, 교통부장에 문창범, 외무부장에 박용만, 노동부장에 안창호, 재무장관에 이시영을 추대했다.

4월 23일, 한국 13개 도대표 24명으로 구성된 국민대회는 서울에서 개최되며 '한국임시정부'의 수립을 선포하고 이승만은 집정관 총재, 이동휘는 국무총리 총재, 박용만은 외무총재, 노백린은 군무총장, 이시영은 재무총장, 신규식은 법무총장, 김규식은 학무총장, 문창범은 교통총장, 안창호는 노동총장, 유동설은 참모총장으로 추대되었다.

이상 6개 정부의 구성과 발표선언을 살펴보면 여섯 가지 공통점을 볼 수 있다. 첫째, 각 정부는 모두 봉건적 군주제를 지양하고 민주공화제를 주장한다. 둘째, 각 정부의 구성과 명칭은 다르되 대체로 서구 자본주의의 대통령제나 내각제를 모방한다. 셋째, 각 정부는 모두 단체, 종파, 지역, 학력의 한계를 넘어 한국반일독립운동 유명한 지도자의 실력과 특기, 그리고 그들의 정치적 영향력에 따라 그들은 적당한 직책을 맡게 한다. 넷째, 각 정부에서 추대된 각료들이 일제 감옥에 갇히거나 해외로 망명하거나 취임율이 매우 낮다는 공통점이 있다. 각 정부의 정치이념과 조각의 원칙은 기본적으로 같기 때문에 각 정부는 편리하게 통일될 수 있었다.

위의 6개 정부 중 한국 기호(畿湖)의 '대한민간정부', 서울의 '조선민국임시정부', 평안도의 '신한민국정부'는 사실상 '그림자정부', 또는 전단지정부와 포고지정부에 그치기 때문에 통일된 한국임시정부의 설립은 주로 상해와 블라디보스토크, 서울 등 3개 정부의 협의가 이루어졌다. 3개 정부는 각기 특색이 있는데, 서울정부는 한국의 13개 도의 대표선거에 의해 선출되어 법리상 가장 권위적이고 또한 한국의 수도권에 위치하고 있으니 튼튼한 민중기반이 있다.

하지만 의회가 설립되지 않고 헌법이 반포되지 않아 정권형태면에서 약간 부족하다. 또한 일본침략자의 탄압과 박해로 인해 서울에서도 발붙이기 어려운 정부이다. 블라디보스토크정부는 대한국민의 의회로 선출되고 국가형태가 비교적 완비되어 있는 데다가 한국민족 중앙총회가 지도하는 많은 교민들이 참여하고 있으니 튼튼한 민중기반이 있다는 장점이 있으나, 블라디보스토크는 지리적으로 외진곳이라 대외교통이 불편하니 정치·외교적으로 광범위적으로 영향을 끼치기 어렵다. 이에 비해 상해정부는 의회와 정부가 있을 뿐만 아니라 헌법까지 반포되어 국가의 형태가 더욱 잘 갖추어져 지리적 여건도 더 이상적이다. 한국임시정부 지도자 조완구는 한국독립운동을 이렇게 논의했다.

한국독립운동은 "한국내에 조금의 땅이라도 차지하지 않았다. 외국을 살펴보면 중국의 동북3성, 러시아의 서비아는 한교포들이 집중 산 곳이지만 일본이 점령되어 있으니 안전하지 않은 곳이었다. 미국의 각 지역은 한국과 멀리 떨어져 역시 적합하지 않고 유독 중국의 상해만이 동방의 요충지이니 극히 안전하지 않으나 다른 곳보다 훨씬 낫다."고 했다.4)

사실 상해는 중국 동북에 이어 두번째로 한교민이 모여 사는 곳이고 한국반일독립운동 지사들도 모여사는 곳으로 한민족의 반일광복의 우수한 전통도 있고 탄탄한 민중기반도 있다. 일본은 한국반일독립운동에 대한 통제와 탄압에 상대적으로 미약한 데다 당시 상해 프랑스 조계당국이 한국반일독립운동에 동정을 갖고 있으니 한국임시정부의 생존에 모두 유리하다. 따라서 통일후 상해는 한국임시정부의 소재지로 선정되었다.

7월 17일, 한국임시의정원은 제5차 회의를 열고 블라디보스토크의 대한국민의회를 임시의정원에 병합하기로 하고, 재러 교포 6명을 임시의정원에 선출하여 참석하게 하여 우선 상해와 블라디보스

4) [韓]趙琬九, 『韓國臨時政府奮鬥史』, 『韓民』, 第1卷, 第5期.

토크 두 의회와 정부의 통일을 실현하였다. 회의에서 상해에 임시정부를 설치할 수 있고 필요하면 다수의견과 정세변화에 따라 장소를 자유롭게 옮기기로 했다. 8월 18일부터 9월 17일까지 한국임시의정원은 제6차 회의를 열어 개헌문제를 논의하고, 정부체제에 있어 상해정부의 내각제를 서울정부의 대통령제로 개편하고, 이 세 정부의 인원을 잘 고려하여 제2차 한국임시정부를 재구성하였다. 이렇게 함으로써 각 정부의 통일을 이룩하였다. 새 정부의 주요 구성원은 다음과 같다.5)

대통령: 이승만

국무총리: 이동휘

내무총장: 이동녕, 군무총장: 노백린, 법무총장: 신규식

교통총장: 문창범, 외무총장: 박용만, 재무총장: 이시영

학무총장: 김규식, 노동총장: 안창호.

한국임시정부의 수립과 통일은 한국 3·1운동의 중요한 결실이자 한국독립광복운동사에도 큰 의미가 있는 일이다.

제2절 임시정부의 정치체제

대한민국 임시정부는 그 발전과정에서 찬란하게 빛나기도 하고 좌절을 겪기도 하였으며, 국내외적인 여러 가지 영향과 제한 때문에 여섯 번 헌법이나 헌장을 만들거나 개정하였고 정세의 변천과

5) [한]대한민국 국가보훈처 등 편저, 『한국독립운동사』, 95~101쪽, 하얼빈, 흑룡강인민출판사, 1994년.

상황에 맞게 정부의 지도체제를 수정·전환하였다. 그 정치체제의 변천을 연구하는 것은 한국임시정부의 발전사를 연구하는 중요한 측면이다.

1919년 4월 10일 한국임시의정원은 제1차 회의를 열고 국호를 '대한민국'으로 정하여, 정부는 내각제를 실시하며 국무총리를 정부 수뇌로 하는 임시헌장 10항을 채택했다.6) 내용은 다음과 같다.

(1) 민주공화제 채택.

(2) 임시정부는 임시의정원의 결의에 따라 통치한다.

(3) 특권계급 부정.

(4) 국민은 각종 기본권을 향유한다.

(5) 국민은 선거와 피선거권을 가지고 있다.

(6) 국민은 교육·납세·병역의 의무를 진다.

(7) 국제연맹에 가입한다.

(8) 옛 황실을 우대한다

(9) 사형, 고문 및 공개 성매매 제도 폐지.

(10) 광복 후 1년내에 국회를 소집한다.

이 임시헌장의 내용은 간략하지만 대한민국 민주공화제의 정치적 기반을 마련해주었고 수천년 봉건적 전제정치체제에 대한 혁명의 대전환이라는 점에서 매우 의미 있는 것이다. 한국임시정부가

6) 이 부분은 이현희의 『대한민국 임시 정부 헌장 개혁의 성과(大韓民國臨時政府憲章改革的成果)』를 참고했다. 서울 대한민국 임시정부 수립 75주년 기념 국제 학술대회 '한국 근대의 개혁 운동'의 논문집에 수록되어 있다.

그후 여러 번의 개헌은 모두 공화정치를 지키는 전제하에 이뤄졌으며, 공화정체에 대한 수정·보완한 것이다. 한국 근대 정치사상 중국의 '장훈복벽(张勋复辟)'이나 '원세개칭제(复世凯称帝)' 같은 복벽제국주의 추악한 행동이 없었던 것은 한국독립운동에 공화파민족주의 사상이 강대했기 때문일 것이다.

1919년 8월 9월간, 한국임시정부의 첫 개헌은 상해, 서울, 블라디보스토크 등 3개 임시정부의 통일에 적응하기 위해 이뤄졌다. 이번 개헌은 우선 서울임시정부의 패턴을 본떠서 내각제를 대통령제로 바꾸었고 여러 임시정부의 통일이 순조롭게 이뤄졌다. 새로 실행된 헌법에서 대통령은 임시의정원 선거로 선출되고 헌법 범위 내에서 대한민국의 국가주권을 행사하며 대외적으로 국가를 대표하고 대내적으로 정무를 처리하며 해군과 육군을 통솔하고 국무총리 및 각료는 임시의정원 동의를 얻어 임명되며, 대통령을 보좌하여 일체의 행정사무를 처리할 수 있게 규정하고 있다.7)

'개헌'의 두 번째 과제는 『임시헌장』을 『임시헌법』으로 확충하는 것이고 강령, 국민의 권리와 의무, 임시대통령, 임시의정원, 국무원, 법원, 재정, 보칙 등 총8장 58항이 포함되어 있다. 주요 내용은 대통령제를 실행한 것 외에 '주권재민(主權在民)'의 원칙에 따라서 국민이 누려야 할 권리와 의무, 삼권분립(三權分立)의 원칙에 따라서 대통령, 임시의정원, 법원의 기능을 구체적으로 분류하였고

7) 1996. [한]조항래, 『대한민국 임시정부의 정치 주장 및 그 정통성』, 석원화 편『한국독립운동 혈사신론』, 289~299쪽, 상해, 상해인민출판사, 1996년.

대통령 및 국무원에 광범한 권력을 부여하는 동시에 임시정부의정원과 법원이 정부에 준 제한권을 규정하였다.

예를 들어 의정원은 모든 법률안, 임시정부 예산과 결산안을 결정하고 국무위원 및 주외대사를 임명하고 선전, 담판과 조약을 맺는 권리가 있고 법원은 단독으로 법률에 따라 민사소송 및 형사소송, 사법판정을 하고 윗층의 관여를 받지 않아도 된다.[8] 이로써 비교적 완비된 자산계급 성질의 국가 대법이 만들어졌다. 비록 이 헌법에 규정된 많은 내용은 해외에서 망명하는 동안에 시행될 수 없지만, 임시정부의 지도자들이 자산계급 민주공화국의 수립에 대한 열망을 반영했다.

1920년대 한국임시정부는 점차 활동이 줄어들었다. 그 근본 원인은 한국반일독립운동 내부의 파벌싸움이 있기 때문이다. 임시정부의 반대파인 조선의열단 등은 임시정부를 강경한 반대입장을 취했고, 임시정부내부도 파별이 난립하고 "최소 8가지 이상의 서로 다른 입장을 가진 파벌이 대치하고 있는데 특히 문치파는 무단파, 기호파는 서북파, 관내파(중국)는 만주파, 불평파와 간부파가 가장 대표적이었다."[9]

1920년 11월 한국임시정부 이승만 대통령이 미국에서 중국으로 건너와 대통령의 권위로 임시정부 내부에서 대립하고 싸우는 각 파벌을 완화시켜려고 했는데 오히려 내각과 첨예한 충돌이 생겨졌다. 그는 인원교체의 조치를 취했으나 오히려 갈등이 더욱 격화되

8) [韓]韓國國史編纂委員會:『日帝侵略韓國三十六年史』, 539~544쪽.
9) 胡春惠,『韓國獨立運動在中國』, 24쪽, 臺北, 1976.

었고, 자신도 파벌싸움에 깊이 빠져 헤어나지 못했다. 이듬해 6월 태평양회의 참석을 핑계로 다시 미국으로 건너가 아예 돌아오지 않았다. 대통령제인 한국임시정부는 사실상 책임내각제만 유지하고 있다. 내각의 다툼도 잦아지고, 초대 국무총리였던 이동휘는 소련의 차관문제에 연루되어 어쩔수 없이 사임하고 러시아로 떠났다.

후임 이동녕, 신규식도 파벌을 잘 처리하지 못해 사표를 내는 바람에 내각은 사분오열하고 흩어진 모래밭이 되어버렸다. 1925년 3월, 한국임시의정원은 '임시대통령 이승만에게 준 재판서'를 통과시켜 "외교활동을 핑계삼아 직무유기를 하고 미국에 5년간 사는 이승만은 업무와 사업에 아무 성의도 보이지 않은데다가 오히려 터무니 없는 거짓말을 하여 정부의 위신을 손상시키고 민심을 잃은 행동을 했다. 이런 행위는 정부의 행정과 재정을 방해하였다."고 지적하고, "각종 국정을 방해하고 헌법을 부정하는 사람은 한 나라의 지도자로 모시는 것은 단 하루라도 일을 할 수 없고 국법의 신성함을 유지하기 어렵다."하여 이승만의 대통령직 면제를 결의하였다.10)

그리고 한국반일독립운동의 저명한 지도자이자 역사학자인 박은식을 임시대통령으로 위임하여 새 내각을 재구성하였다. 박은식은 '개헌'을 자신의 취임 목표로 삼았고, 3월 30일 임시의정원 제13차 회의에서 박은식이 발의한 헌법개정안을 6장 35조로 통과시키고 나서 박은식은 바로 물러나게 되었다.

1925년 새 헌법의 가장 중요한 변동은 바로 대통령제가 실행된 후 생긴 여러 폐단에 맞추어 '대통령제'를 취소하고 '국무령제'를

10) 石源華, 『韓國獨立運動與中國』, 138쪽, 上海, 上海人民出版社, 1995.

채택함으로써 정부의 권력은 국무회의에 집중시키려던 것이다. 이 헌법에서 "국무령은 임시의정원에서 선출되고 국무위원은 국무령의 추천으로 임시의정원이 선임하며 임시정부는 국무령 및 국무위원들로 구성된 국무회의의 결정에 따라 행정 및 사법을 통괄한다." 국무위원들의 집단적 리더십을 강조하기 위해 "법률 반포, 명령 하달, 법안 발의 및 기타 중요문서의 반포는 국무령과 국무위원이 공동 서명이 있어야 효력이 발생한다. 정부 각 부처의 장관도 국무회의에서 선출하도록" 규정하고 있다.

새 헌법의 두 번째 중요한 개정은 국민의 권리와 의무, 법원 등 당시에 실행에 옮기지 못했던 기존 헌법 관련 조문을 삭제하고 사법권과 행정권을 통합하며 한국광복운동과 같은 실질적인 내용을 추가하여 독립운동가를 "대한민국 국민 전체"를 대표하도록 규정하고 있다. "지방의회를 조직해 임시의정원 의원을 선출하고 임시정부 및 임시의정원에 청원할 수 있는" 권력이 있는 동시에, "법령에 따라 재정 부담, 병역" 등 의무를 부과한다는 것.[11] 이번 '개헌'은 1차 '개헌'보다 실무적인 특징이 있다.

하지만, 이번 '개헌'은 한국임시정부를 곤경에서 벗어나게 하지 못하고 각 파벌분쟁이 여전하고 조각은 어려움이 겹겹이 있다. 이상룡, 홍면희, 양기탁, 안창호, 홍진 등은 번갈아 내각통합에 추대되었지만, 지지자가 없거나 거센 반대에 부딪히거나 본인이 나서기를 회피하는 관계로 실패하고 말았고 한국임시정부는 비바람에 휩싸여 있다. 김구는 그의 『백범일지』에서 임시정부의 궁지 다음과

11) [韓]韓國國史編纂委員會: 『韓國獨立運動史』 資料(二) 17~20쪽. 116

같이기술하였다.

초대 국무령으로 선출된 이상룡은 서간도에서 상해로 내각을 조성하러 왔으나 옹호해준 사람이 없어서 다시 서간도로 돌아갔다. 다음으로 홍면희가 뽑혔는데, 그는 진강에서 상해 와서 취직했지만 조각에 실패했다. 그리하여 한참동안 임시정부는 무정부 상태로 의정원에서의 큰 문제가 됐다.12)

1926년 12월, 김구는 위태로운 상황에 임시의정원 의장 이동녕의 거듭된 설득과 적극적인 지지로 국무령으로 취임하고 제9대 한국임시정부를 조직하였고 당시 국공 양당이 공동으로 주도한 북벌혁명전쟁은 바람처럼 급변하고, 번개처럼 강력하게 중국 남방 대지를 휩쓸었다. 이 상황은 한국독립운동가들을 깊이 고무시켰고 중국국민 혁명에서 시행한 '당국정치'는 그들에게 깊은 깨달음을 주었으며, 강력하고 튼튼한 정당이 없다면 정부의 주도핵심을 형성할 수 없다는 것을 깨달았다. 또한 광주와 무한 국민정부가 시행된 민주집중체제라는 지도체제는 당연히 대한민국 임시정부가 배워야 할 본보기가 되기도 했다. 이런 역사적 배경아래 김구를 주축으로 한 한국임시정부 지도자들은 세 번째 '개헌'을 단행했다.

1927년 4월 11일 『대한민국 임시개헌』이 반포되고 시행되었는데, 총강, 임시의정원, 임시정부, 회계, 보칙 등 5장 50조로 구성되어 있다. 이번 '개헌'의 중요내용은 세 가지가 있다.

첫째, 정당정치에 대한 기대와 과도(过渡)적 경향을 보여주고 있으며, 헌법상 장차 독립운동자들이 단결일치로 강한 하나의 당을

12) [韓]金九, 『白凡逸志』, 208~209쪽, 民主與建設出版社, 1994.

만들면 국가의 최고권력은 당에 있다고 규정하고 있다.

둘째, '국무령제'를 '국무위원제'로 바꾸었고 이에 대해 김구는 "제도개편 후 국무회의 주석을 맡게 됐다."며 "그러나 회의 의장을 맡았을 뿐 어떤 국무위원도 권리와 책임이 모두 평등하고 위원들은 의장을 번갈아 맡을 수 있으니 종전의 분쟁도 가라앉힐 수 있다."고 설명했다.

셋째, "국가의 권력은 임시의정원에 있다"고 규정되고 있으니 임시의정원는 정부규제 역할을 강화했다. 이번 '개헌'을 통해 수립된 정치체제는 비교적 느슨한 메커니즘이니 한국반일독립운동에 대한 지도력과 통제력 면에서는 강력하지 않았지만, 전반적으로 보면 바닥에 찍힌 시기에 지도자가 없는 한국임시정부는 완전한 조직체가 갖춰져 있어 이후 닥친 여러 위기를 극복해낼 수 있어서 14년이나 버텨왔다.

이번에 '개헌'을 통해 제안된 정당정치는 임시정부가 노력하는 방향으로 점차 현실화로 발전되었다. 1929년 3월, 상해에 안창호, 이동녕 등은 한국독립당, 조선혁명당, 그리고 상해의 한국인소년단, 애국부인회, 여자청년동맹 등을 연합하여 정식으로 한국독립당을 창당하였고 조완구를 이사장으로 추대하고 이동녕, 안창호, 김구, 김철, 조소앙, 이시영 등을 이사로 추대하였다.13) 이 정당은 다른 정당들과 갈라지거나 통합하거나 많은 변화를 겪었지만 한국임시정부를 꾸준히 지지해오면서 점차 한국임시정부의 집권당이 정착되었다. 한국독립당의 존재와 성장 덕분에 한국임시정부가 온갖 시련과

13) 石源華, 『韓國獨立運動與中國』, 上海人民出版社, 1995, 161쪽.

어려움 속에서도 끝까지 버텼다.

네 번째 '개헌'은 1940년 10월에 발생했고 그때의 정세는 이미 천지개벽의 변화를 겪었다. 1937년 7월 중일전쟁이 전면적으로 발발하자 한국반일독립운동은 전례없는 성장기회를 얻었다. 7월 21일에 임시정부는 국무위원들이 공동 서명된 포고문을 발표하였다. "독립전쟁이 이미 시작되고 치욕을 씻어내고 광복의 시기가 도래한 만큼 동포들은 이에 대한 만전지계를 준비해야 한다"고 선포했다.

8월에는 한국임시정부를 옹호하는 한국독립당, 한국국민당, 조선혁명당, 한국인애국단 및 하와이, 미주의 한국인단체들이 공동으로 '한국광복운동 단체연합회'를 결성하여 한국국민들에게 중국의 중일전쟁에 참여하고 일본침략군을 소멸시키고 한국이 독립광복을 이룩하자고 호소하였다.

전쟁정세의 변화와 중국 국민정부가 서부로 옮기면서 한국임시정부도 전략기지의 대이전을 시작하여 남경, 전장, 장사, 광주, 류주, 치장을 거쳐 1940년 9월 중국 전시의 수도였던 중경으로 건너와 중일전쟁 종전때까지 거기 있었다. 중국 여야의 전폭적인 지원 덕분에 한국임시정부가 본격적인 발전기를 맞이하게 되었다.

1940년 5월 한국임시정부 지도자들은 한국독립당, 조선혁명당, 한국국민당, 조선민족혁명당, 조선혁명자동맹, 조선민족해방동맹, 조선청년전위동맹 등 7당이 하나로 통합하고자 한 것이 실패하자 우선 한국독립당과 한국국민당, 조선혁명당의 3당은 신 '한국독립당'으로 통합되어 한국임시정부의 직권당으로서 통치기반이 확충되었다. 이어서 제4차 "개헌"이 진행된 것은 한국 반일독립운동이 날로 번창해지면서 이 전쟁 시기의 필요에 적응하기 위해 정부의 정치제도의 개혁이라고 할 수 있다.

1940년 10월 8일, 한국임시의정원 제32차 회의를 열어 중경에서 『대한민국임시약헌』이 채택되고 총강, 임시의정원, 임시정부, 회계, 보칙 등 총 5장 42조를 포함하였고 이번 개헌의 중요한 내용은 세 가지 있다.

첫째, '국무위원제'를 '주석제'로 바꾸고, 국무위원회 주석은 대내적으로 임시정부를 대표하고 국군을 통찰하며, 대외적으로는 국가를 대표하여 '신임장'을 받도록 한 것이다. 필요시 '행정각부의 정지명령'을 반포할 수 있고 주석은 국무위원이 돌아가면서 맡지 않고 임시의정원에서 직접 선출하여 정부의 외교활동이 더 편리하게 진행할 수 있도록 국가정권을 강화하는 것이다.

둘째, 구헌법 중 국가 최고권력이 임시의정원에 있다는 조문들을 삭제하고 국무위원회에는 법률 및 명령을 결의하는 사항, 운동 전략 및 건국 계획, 선전 연설 및 조약 체결 등의 광범위한 권한이 부여되며, 행정 각 부문 사무, 국무위원 사퇴, 고위 관리, 주외국 사절과 정부를 임명, 해임하는 광범위한 권한을 국무위원회에 부여함으로써 전시(戰時)에 반일독립운동의 필요에 맞추기 위해 국무위원회의 기능을 강화하였다.

셋째, 옛 헌법 규정 중 독립운동자들 하나로 단결된 정당이 정부 최고의 권력을 누릴 수 있는 규정을 삭제하고 더 많은 한국반일독립운동 정당과 단체가 한국임시정부에 많이 참여하거나 가입할 수 있도록 최선의 노력을 했다. 신 헌법에 의해 탄생된 제15대 한국임시정부는 김구가 주석을 맡고 조완구, 조소앙 조성환, 박찬익, 이시영 그리고 차이석은 국무위원이자 내무, 외무, 군무, 법무, 재무부장관 및 비서실장으로 임명되었다. 이번 정부는 한국 교민들 중의 명성이나 반일독립운동을 이끄는 실질적 능력도 이전보다 훨씬 향상시켰다.

태평양전쟁 발발 이후, 한국독립운동의 전망이 점차 밝아지자 한국임시정부는 한국의 독립광복을 조속히 실현하기 위해 『건국강령』의 작성에 착수하고 제5차 '개헌'도 시작했다. 1942년 3월, 한국임시정부는 건국강령을 제정하는 8가지 원칙을 선언했다.

(1) 민족의 정치의식을 강화하고 신앙을 확고한다.

(2) 민족정의와 혁명공리를 통일한다.

(3) 방황하지 않도록 선행을 택하고 진리를 추구한다.

(4) 정의란 시종일관의 원칙을 지키며 국민의 정치노선을 지도한다.

(5) 역사와 문화에 의하여 과학방법을 활용하여 민족임무를 계승하고 개척하여 우리 민족 전체의 최대 공통요구를 만족시키기 위해 국내 상황을 잘 감안하여 각국의 제도를 비판할 수 있다.

(6) 옛것을 버리고 새것을 추구하며 사(私)적 이익을 버리고 공(公)적 이익을 도모하는 만세태평의 인간 행복을 추구한다.

(7) 강도를 처벌하고 침략자의 무장을 해제하며 제국주의의 독균을 제거한다.

(8) 본 정부의 최고 목표를 달성하고 전후 삼균주의를 실현한다.[14)]

11월 28일, 『대한민국 건국강령』을 정식으로 공포하고 총강, 광복, 건국의 세 부분으로 나뉘졌다. 강령은 '3균주의'를 '대한민국 건국정신'과 임시정부의 최고 이상으로 정하고 "보편적 선거제도를 실시함으로써 정권을 균질화하고 토지국유제도를 채택함으로써 이익을 균질화하며 무상교육제도를 채택함으로써 학습 권력을 균질화한다"고 규정했다. 이 강령은 조국광복운동을 세 시기로 나눈데다가 각 시기의 역사적 사명을 규정해놓았다.

하나는 "독립을 선언하고 국호를 정하며 임시정부와 의정원을 수립하고 임시약법 및 기타 법규를 반포한다." "삼균제도로 민족의 혁명의식을 불러일으키고 국내외 민족혁명역량을 집중하여 광복운동을 총동원하겠다". 강대한 광복군을 편성하고 "일본과 끝까지 싸우겠다".

두번째는 "국토를 일부 회복하고 당, 정, 군 기구를 국내로 이전하라", "모든 방법을 동원하여 민주의 반항, 무장투쟁 및 국제외교 선전의 독립운동을 확대·강화하여 일본의 침략세력을 소멸시킨다." 그리고 "한국독립운동을 동정하고 지원하는 타 민족과 국가와 연락하여 광복운동의 역량을 확대시킨다."

세째는 '적에게 병탄 당한 국토, 노예가 된 국민, 빼앗긴 정치 및 경제, 몰살된 교육과 문화를 다시 회수한다.' '국가를 세우는 데 필요한 인재, 법령 및 기타 계획을 준비한다.' 또한 강령은 건국운동을 세 시기로 나누고 각 시기의 기본 임무를 설계했다. [15] 이

14) 『大公報』(重慶), 1942年11月29日.

15) 金恩忠: 『韓國獨立黨三均制度之詮釋』, 113~119쪽.

강령은 손중산의 삼민주의 사상과 구미의 삼권분립제도, 소련·러시아 사회주의 학설의 일부 성분을 흡수하고 근대 한국의 개혁사상을 종합하여 형성된 것이고 한국 민족주의자들의 자산계급 공화국 관념을 반영하였다.

1944년 4월, 한국임시의정원 제36차 회의에서 임시헌장이 개정·채택되었는데, 총강, 인민권리와 의무, 임시의정원, 임시정부, 재판원, 회계, 보칙 등 모두 7장 62조로 나누어져 있다. 이번 '개헌'은 두 가지 특징이 있는데 우선 새 헌장은 『대한민국 건국강령』을 토대로 생겨났고, 법리적으로 더욱 정비되었으며, 형식적으로 더욱 정연하고 한국이 광복된 후 국가성격과 사회제도, 국민의 기본권리와 의무, 임시의정원, 재판원, 임시정부의 발생절차, 임기 및 그 직책, 국가법률의 제정 기본원칙과 절차 등이 규정되있고 미래의 '민주공화국'의 기본패턴을 그려보았다는 점에서 앞으로 수립될 신 한국에 큰 의미가 있다.16)

둘째, 조선민족혁명당이 임시정부에 가입하는 상황을 감안하여 중국 여야가 한국임시정부의 조직기반을 더욱 확충하기를 간절히 바라면서 새 헌장은 기존의 '주석제'를 '주석, 부주석제'로 바꾸고 국무위원을 '6인 이상 10인 미만'에서 '8인 이상 14인 미만'으로 늘렸으며, 이렇게 수립된 제17기 임시정부는 한국독립당 위원장 김구, 조선민족혁명당 주석 김규식이 부주석을 맡고 국무위원 14명 중 한국독립당이 8명, 조선민족해방동맹과 조선무정부주의자가 각각 1명씩을 차지했다. 한국임시정부는 중국국민당 통치지역에서

16) 金恩忠: 『韓國獨立黨三均制度之銓釋』, 113~119쪽.

한국반일독립운동의 각 정당의 연합정부로 부상됨에 따라 한국임시정부의 위상이 높아지고, 중국과 국제사회한테서 임시정부 승인을 받게 하는 데 많이 이바지하였다.

한국임시정부의 정치체제는 중국에 27년쯤 존재했고 국무총리제부터 대통령제, 국무령제, 국무위원제, 주석제, 주석부주석제 등 여섯 번 중요한 변혁을 거쳤으며, 이런 변화는 임시정부는 전쟁과 생존의 필요에 적응하기 위한 것이고 이러한 변화은 한국의 독립광복을 위한 한국 지도자들의 기울인 노력을 보여주기도 한다.

제3절 임시정부의 외교활동

한국임시정부는 출범되자 국제사회로부터 한국의 독립광복에 대한 지지를 얻는 것을 매우 중요시하였고, 파리강화회의와 워싱턴회의를 개최한 무렵에 국제사회에 지원한 것을 요청하는 절정에 이르렀다. 평화적 방식과 외교노력을 통해 국가연합과 미, 영, 프랑스 여러 나라가 준 압력과 중국 외교적 승인에 의해 일본이 한국의 독립에 동의하도록 강요하려는 의도였다.

1919년 4월 김규식은 고려민국 임시정부 대표자의 자격으로 파리강화회의에 '독립청원서'를 제출하고, 일한병합조약을 취소하자고 요구하며 이유를 자세히 설명했다.

첫째, 합병조약은 사기나 협박으로 체결되었기 때문에 그 법률 및 국제기록상의 효력이 이미 상실되었다.

둘째, 고려 국민과 국가는 고려의 괴뢰황제가 이 조약을 체결한 권리를 부인한다. 인간은 동물이 아닌 이상, 그 조약을 체결한 많은 조건은 고려국민들은 아예 동의하지 않았다.

셋째, 이 조약은 일본이 국제를 직접 침해하는 증거이고 이 증거는 일본 정부가 고려 및 기타 국가와 체결하여 고려인의 독립을 승인해 준다.

넷째, 고려는 일본과 다른 여러 나라가 정한 다수 조약 및 일본은 중국, 영국,러시아가 체결한 고려에 관한 각 조약 중에는 고려는 독립주권국으로서 이미 각 조약에 명료하게 반영되고 있으며, 그 정치적 독립과 영토적 완전을 다수 보장하고 있다.

다섯째, 강화도평화회의는 윌슨 대통령이 제출한 제14조 주의에 따라 회의중 각국의 사항을 결정하도록 요청한다. 일본은 전시에는 연합군의 일원으로써 이미 공도주의에 비롯한 14항을 받아들였으니… 그리하여 이 병합조약을 선언으로 폐지하거나 공고로 취소하는 것은 회의의 권리이자 의무이기도 한다.

여섯, 국제법적 권리와 각국 잘못 이해한 '신공도'를 바로잡는 것은 고려인민은 고려가 독립된 국가로 주장하는 데 근거가 되어 준다.[17]

청원서는 평화회에 한국 독립문제를 전문적으로 심의할 수 있도록 특별히 위원회를 설치해달라고 하고 김규식은 파리 샹젤리가 38번지에서 파리위원부를 설치하고 외교활동을 진행했다. 하지만 한국임시정부의 정의요구는 평화회의에서 묵살되버렸다. 평화회의는 사무총장의 명의로 다음과 같이 답변했다. 한국문제는 제1차 세계대전 전의 문제이므로 이번 회의에서 다루어야 할 범위에 속

17) 『建設雜誌』, 第1卷, 第4號.

하지 않고 이 문제는 곧 설립될 국제연맹에 회부되어야 한다.18)

파리강화회의의 외교활동은 실패했지만 제2세계에서 열린 회의에서는 성공을 거두었다. 1919년 8월, 파리위원부 대표 조소앙 등은 '한국조선사회당' 명의로 제2국제가 스위스 취리히에서 열린 회의에 참석해 '한국독립승인청원서'를 제출하고 한국임시정부의 합법성과 한국독립의 정당성을 천명했다. 회의는 이 청원서를 통과하여 한국의 독립요구를 승인할 뿐만 아니라 한국이 국제연맹 회원국이 돼어야 한다고 주장했다. 조소앙은 알선과 노력하에, 1920년 3월과 1921년 4월, 제2국제집행 위원회 회의에서 두 번의 결의문을 채택하여 국제연맹과 열강들에 한국임시정부와 한국독립을 승인·지지해 달라고 요구하였다.19)

이어서 한국임시정부는 지원요청의 목표를 미국으로 정했다. 1920년 6월, 임시정부는 미국 국회의원이 극동방문단을 결성하고 아시아를 방문하겠한다는 소식을 접하자 대미의원 시찰단준비위원회를 조직하여 1만 1400위안의 예산을 준비하며 안창호를 위원장으로 위임하고 적극적으로 활동을 했다. 그해 9월 12일, 『상해시보』는 한국 지사들이 미국 의원단이 방중을 전후해 8개 방법으로 독립운동에 노력을 기울이겠다고 보도했다.

(1) 조선의 유력자 및 여성단의 서명을 한 독립지원청원서를 제출한다.

---

18) [韓]鄭用大, 『大韓民國臨時政府外交活動研究』, 石源華主編: 『韓國獨立運動血史新論』, 272~285쪽, 上海, 上海人民出'版社, 1996.

19) [韓]鄭用大, 『大韓民國臨時政府外交活動研究』, 石源華主編: 『韓國獨立運動血史新論』, 272~285쪽, 上海, 上海人民出版社. 1996.

(2) 태극기 및 기타 반일본 기념품을 증정한다.

(3) 파업을 실시하여 일제통치에 반대한다.

(4) 길가의 중요한 역과 산꼭대기에서 민중들이 모여 독립만세를 부르며 태극기를 많이 게양한다.

(5) 미국 의원단 앞에서 열광적인 운동을 하여 일본 경찰의 압제를 불러일으켰고 미국 의원단이 직접 그 일을 목격하도록 한다.

(6) 독립운동의 정신을 나타내기 위해 결사대가 관리를 암살하고 관서를 파괴하도록 한다.

(7) 미·일 간의 외교문제를 일으켜 일본 외교가 궁지에 몰리게 하였다.

(8) 조선인민 환영회 개최하고 이 자리에서 독립을 위해 청원하였다.

미국 의원단이 중국에서 활동하는 동안 한국임시정부는 온갖 방법으로 의원단에 진정서, 청원서 등을 보내고 "여러분들이 이번 방문은 극동에서 모든 사건이 일본의 영향을 받아야 하고 일일이 한국은 일본의 폭정에 통제되고 있다는 것을 직접 목격했다", "여러분에게 제공한 마시는 것, 드시는 모두 한국인들이 혈육으로 결정된 것이다." "한국에서 보고 듣고 느낀 것을 여러분이 귀국한 후, 귀국국민들에게 공지하시기를 바란다. 이렇게 하는 것은 한국뿐만 아니라 극동의 평화에도 전 세계에도 도움이 될 것이다."라고 울부짖었다.[20] 1922년 초, 이승만 대통령은 직접 워싱턴회의에 『독립청원서』를 제출하고 한국을 독립국가로 승인해달라고 했다. 하지만 이런 외교노력은 모두 실패로 돌아가고 말했다.

한편, 한국임시정부는 소련과 중국의 지지를 얻기 위한 노력이 약간의 진전을 이루었다. 1920년 7월, 한국임시정부 한신권(韩馨权) 대표가 소련에 가서 소련정부와 공수동맹을 체결하고 주 내용은 다음과 같다. 한국임시정부는 소련정부가 아시아에서 공산주의를 선전하는를 지지하고, 소련정부는 한국임시정부가 한국독립을 위한 투쟁을 지원하며 한국임시정부가 시베리아에서 군대를 육성·주둔을 하는 것을 허락한 데다가 무기 및 탄약까지 공급한다.

소련정부가 지정한 사령관이 시베리아에 주둔된 조선독립군을 지휘하고 조달 할 수 있다. 이 조약이 온갖 원인으로 시행되지는 못했지만 한국임시정부와 소련정부 간 최초의 '밀접한 외교관계'를 반영하고 있다. 이듬해 4월, 한국임시정부 국무총리를 맡은 이동휘는 소련 소오치타정부 대표와『동맹 밀약』을 맺었다. 전문은 다음과 같다.

(1) 소련 경내의 대한독립군은 치타(赤塔)정부 공산주의에 완전히 복종한다.
(2) 일본을 공동의 적으로 하여 러시아경내에서 교전할 때 독립군이 러시아를 지원하고, 한국내에서 교전하면 러시아가 독립군을 지원한다.
(3) 대한독립군정부가 한국경내로 이전하기 전에 러시아는 일정한 구역을 독립군에 할양해야 한다.
(4) 대한독립군정부는 러시아 신정부가 지정한 군대고문 약간명

20) 石源華:『韓國獨立運動與中國』, 上海人民出版社, 1995.73쪽.

임명한다.

(5) 필요시 러시아 새 정부는 대한독립군에 무기 및 급료를 제공해야 한다.

(6) 러시아 신정부는 대한독립군에 하바로스크 제3호, 제6호의 금광 채굴권을 제공했다.

(7) 러시아 철도의 수호는 현재 쌍방이 공동으로 책임을 진다.

(8) 대한독립군이 독립에 관한 군사행동이 있을 경우, 모든 철도 운송은 무료가 된다.

(9) 러시아 정부는 독립군의 별항규정 동안에 5연발 2000정을 발급해준다.[21)]

1922년 초, 임시정부 창설자인 문창범은 극동 각국 공산당 및 민족혁명단체 제1차 대표대회에 참석해 소련 대표와 『러·한조약』을 체결하고 소련한테서 경제적, 군사적 지원을 받었다.[22)]

1920년 10월, '훈춘사건' 후, 한국임시정부는 손중산이 지도하는 남방호법군정부를 지원 대상으로 삼았고 1921년 9월 한국임시정부 국무총리, 외무총장겸 법무총장 신규식은 광주로 건너가 남방군정부에 손중산 비상대통령을 만나 광주군정부에 한국임시정부 승인, 중국사관학교에 한국학생 수용 및 교육, 500만위안 대출, 토지임대 승낙, 한국독립군 양성 등을 요청했다. 11월 28일 손중산은

21) 香港 『華字日報』, 1921年5月10日, 원문에도 글이 안 통한 부분이 있다. 『晨報』 1921年5月3日.

22) 沐濤等, 『大韓民國臨時政府在中國』, 53쪽, 上海, 上海人民出版社, 1992.

신규식이 임시정부 전담사 자격으로 제출한 신임장을 받아들여 서로 승인하며 외교관계를 맺었다.[23]

그 후, 국제정세의 변화와 소·일관계의 개선, 구미 주요대국들이 한국독립에 소홀, 또한 한국임시정부 내부의 사분오열로 인해 한국임시정부가 국제사회한테 지원을 얻는 노력은 점차 가라앉혀져 업무 중심은 중국 여야와의 협력을 강화하고 일본 군정요원을 암살하는 방법으로 반일투쟁을 진행하였다.

1931년 '9·18' 사변 후 중일관계는 점점 더 긴장해져 한국임시정부의 외교 활동이 다시 활기를 띠게 되었다. 1933년 1월 한국임시정부는 항주에서 국무회의를 열고, 외교의 기본방침을 확정했다. 원래 있던 소련과 친한 관계를 벗어나고 일본과 정면에서 충돌이 발생하는 국가와 좋은 관계를 맺으며 극동지역의 약소민족국가와 공동 행동을 취한다는 것이다. 이듬해, 임시정부 외무부 밑에 외교위원회를 설치하고 조소앙, 최동목, 신익희를 외교위원으로 임명하여 외교에 관한 중요한 사항을 논의하고 결정하며 미국에서 주미위원회를 설치하고 이승만을 주미외교위원에, 이용식을 주재 하와이 외무특파원으로 임명하였다. [24]

중일전쟁의 발발로 중국의 중일전쟁과 한국독립운동이 하나로 합류됨에 따라 한국임시정부의 외교활동이 다시 고조되었다. 한국임시정부는 먼저 중국정부 및 각 항일 당파간의 접촉을 강화하고,

23) [韓]閔石麟『中韓外湊史話』, 19~25쪽, 重慶, 重慶東方出版社, 1942.

24) [韓]鄭用大『大韓民國臨時政府外交活動研究』, 石源華主編『韓國獨立運動血史新論』, 上海人民出版社, 1996, 272~285쪽.

공동된 대일전쟁 배경하에서 성공적으로 그들의 지지를 얻었다. 중국정부는 정치면에서 한국독립운동을 적극 지지하고 한국독립운동의 각 정파가 단결하라고 권유하고 추진하였을 뿐만 아니라 한국임시정부 및 각 정당의 정무활동비, 군사활동비, 당무활동비와 교민생활비를 전액 부담하였다. 제2차 국공합작 후, 중국 공산당도 온갖 방법을 동원하여 한국독립운동을 공개적으로 지지했다.

동시에 한국임시정부는 국제정세와 세계전세를 면밀히 주요시하고 있다. 1941년 봄과 여름사이에, 미·일 갈등이 격화되고 미국이 중국에 대한 지원이 확대되자 한국임시정부는 미국을 외교의 노력방향으로 삼았다. 3월, 루스벨트 미국 대통령에게 한국임시정부 승인, 외교관계 개시, 중국과 한국의 항일 지원확대, 군수품 공급, 기술자와 경제 지원, 한국정부대표가 평화회의와 국제영구기구 참석허가 등 6가지 제안을 제출했다.

8월 29일에는 한국 멸망 31주년을 기리는 성명을 통해 "중·미·영·소 정부는 이러한 조건을 솔선으로 받아들이겠다고 믿고 흔쾌히 협력하겠다."며 "독립자주의 민족혁명전쟁을 위해 시종일관 충성을 다하고 용맹한 광복군을 거느리며 대일작전을 계속하여 세계 여러 민족과 함께 최후의 승리를 거두기 위해 공동 노력하자"고 했다.[25] 이는 한국임시정부가 국제정세를 바라보는 시야와 외교활동의 활동폭이 그만큼 넓어진다는 것을 의미한다.

1941년 12월, 태평양전쟁 발발 후 세계반파시즘 통일전선이 결성되자 한국독립광복운동은 더욱 넓은 국제무대에서 진행할 수 있게

25)『新華日報』, 1941年8月29日.

되었다. 한국임시정부는 전후 한국독립의 위상을 노력하고 국제반파시즘전쟁 중 나름대로 위치를 차지하는 것은 최근 목표로 삼았다. 1941년 12월 9일, 중국은 대일선전을 포고한 다음 날 한국임시정부도 대일선전 공문을 발표했는데, 그 주요 내용은 다음이다.

(1) 한국 일체국민은 반침략전쟁에 참가하고 하나 운명공동체로 함께 대일작전을 하겠다.

(2) 1910년 합병조약 및 일체의 불평등조약은 무효를 다시 선포하고, 반침략 국가가 한국에서의 합리적인 기득권을 존중한다.

(3) 일본 침략세력을 완전히 몰아내기 위해 중국, 한국과 태평양에서도 격전을 하여 끝까지 최후의 승리를 거두겠다.

(4) 일본이 지지한 난징괴뢰정부를 결단코 승인하지 않을 것이다.

(5) 루즈벨트, 처칠 선언을 굳건히 옹호하고 한국독립에 적용한다. 26)

같은 날, 임시정부 김구 주석도 중국국민정부 임삼(林森)주석에게 서한을 보내 "한국의 독립과 전 세계 약소민족의 완전한 해방은 모두 중국 대일작전의 최후 승리에 달려있다."고 하며 "인류의 정의를 지키고 동아시아 평화를 위해 귀국과 한국은 세계의 공동된 적에게 벌을 주어야 한다."27) 한국 국민들이 반침략 작전에 나서고 침략국과 끝까지 싸우겠다는 결의를 나타냈다.

국제사회로부터 한국임시정부를 승인받는 것은 중요한 외교목표

26) 『解放日報』, 1941年12月9日.

27) 轉引自石源華: 『韓國獨立運動與中國』, 342쪽.

로 부각된다. 1942년 6월 12일, 한국임시정부 외무총장 조소앙은 중경에서의 기자회견에서 동맹국에 "한국임시정부를 공식적으로 승인하고 한국을 물질적으로 지원해 달라고" 호소했고, 특히 한국임시정부의 중요성과 필요성을 강조하면서 "지난 세계전쟁을 회상하여 중유럽 여러 약소민족들의 해방을 부축했으므로 독일을 이길 수 있었다"고 지적했다.

이때 런던에서는 9개의 망명정부가 영국정부한테 승인받았고, "이는 모두 법률적 관점에서 따지는 것이 아니고 정략을 전제로 했기 때문이이"라고했다. 한국은 일본의 "인력의 2분의 1과 천만 물자공급"을 차지하고 있으니 최적의 방법은 바로 "한국정부를 승인하고, 지원하며 막대한 인적·물적 자원을 적에게 이용당지 않고, 동맹국이 일본침략을 이기는 역량이 되는 것이다."[28]

한국임시정부의 호소는 중국 여·야의 호응을 얻었다. 1942년 12월 27일, 중국 전쟁시 지도자 장개석은 『조선광복운동 부축하는 지도방안』을 심사,비준하고, '타국보다 우선 한국임시정부를 승인하겠다'는 방침을 정하며 한국을 지원하는 정책의 중점은 한국임시정부가 전후 한국 정통정부로 거듭날 수 있도록 부축해주는 것이다.

그해 10월 11일, 중한문화협회가 중경에서 설립되고 중한 양측의 군사, 정치 요원 및 저명한 인사로 구성되었다. 중국 측은 우우임, 풍옥상, 천과부, 장치중, 주은래, 곽말약이고 한국 측은 이청천, 조소앙, 이승만 등 24명이 명예이사로 임명되었고 중국측의 손과, 오철성, 주자화, 왕세걸과 한국측의 김약산, 박정일, 최동작 등

28) 『新華日報』, 1942年6月13日.

40명이 이사나 감사로 임명되고, 연락, 홍보, 연구 등의 위원회를 별도로 설치하여 중한 양측 인사들이 각각 담당하게 되었다. 이 강력한 지도팀은 중한 양국 국민의 협력과 단결을 보여주었고 한국 임시정부의 대중 외교에 큰 진전을 달성한 것을 의미한다.

중한양국 국민들의 공동노력은 전후 독립적 한국 위상을 확립하는 데 매우 이롭다. 『카이로선언』의 발표는 자유와 독립을 노력하는 한국 국민인들을 고무시켰고, 임시정부는 동맹국들의 정식 승인을 얻기 위해 외교 노력을 강화했다. 1943년 12월 2일, 조소앙 외무총장은 성명을 발표하여 『카이로선언』은 "전후 한국독립을 보장하고 일본을 이기는 가장 효과적인 전술이자 대서양헌장이 극동에서 적용되는 구체적인 성명"이라고 칭송하였다. 3국의 지도자와 국민에게 감사를 전하고 "한국임시정부를 즉시 승인하고 무기 대여법도 즉시 한국에 적용하라"고 요구했다.

"삼천만 한민족 동포들이 독립전쟁에 용감하게 참가하여 끝까지 일본을 이기면 중국이 보다 일찍 임시정부를 승인할 수 있게 굳게 확신한다."[29] 1944년 3월 1일, 임시정부는 또 성명을 발표하고 동맹국들에 "유격전에 참가하고 대일작전할 때 동맹국과 공동 전투할 수 있게 한국인들에게 대규모로 무기를 공급해 달라고" 호소하며 미국 정부에 "인류 해방전쟁의 실질적인 참여자 중의 하나가 될 수 있게 "공식 임시정부를 승인해 달라고 요구했다.[30] 같은 달 8일, 한국임시정부는 『작업요강』 중의 외교업무 문제를 배치하였고

29) 『大公報』(重慶)1943年12月3日.
30) 『大公報』(重慶)1944年3月1日.

주 내용은 다음과 같다.

현재 국제관계는 점점 더 긴장해지고 있고, 크고 작은 것을 막론하고 국제관계를 떠날 수 없다. 한국도 동맹국 일원이니 서로 연락을 취해야 하고 '서로 장벽을 해소하고 실정을 이해시키도록 본국의 국정을 동맹국에 잘 선전하고 나서 국제사회한테 신뢰와 원조를 받을 수 있다. 각 주동맹국의 중국대사관 및 영사관에서 취하여 협력하여 서로에게도 유리하게 한다. 우선 영국, 미국 및 이란, 인도와 같은 중동 국가에 대표를 파견하여 접촉을 통해 널리 홍보하고자 한다.[31]

이에 따라 한국임시정부 주미위원 이승만은 3월 말, 외무총장 조소앙 일행 5명이 중경에서 미국으로 건너가 활동하겠다고 미 국무원에 보고했다. 미국측이 조 씨 일행의 목적은 세 가지가 있는데 판단했다.

첫째, 미국이 한국임시정부를 승인하도록 노력하는 것, 둘째, 미국정부가 한국임시정부에 임차나 물자 지원 할 수 있도록 촉구하는 것, 셋째 이승만의 위상 확보라는 점.[32] 하지만 당시 미국정부는 한국임시정부 대표가 미국에 가는 것에 동의해주지 않으니 비자발급이 자꾸 뒤로 미루었다.

그해 6월 미국 부대통령 월리스가 중국을 방문하는 기회를 타서 한국임시정부 지도자들이 월리스 대통령을 회견하려 했는데 역시

---

31) 『韓國臨時政府工作大綱』, 參見[韓]秋憲樹, 『韓國獨立運動』(一), 416~419쪽.

32) [韓]鄭用大, 『大韓民國臨時政府外交活動硏究』, 石源華主編, 『韓國獨立運動血史新論』, 272~285쪽, 上海, 上海人民出版社, 1996.

성사되지 못했다. 6월 17일, 임시정부 김구주석과 외무총장 조소앙은 각각 미국 대통령 루스벨트과 국무장관 헐에게 서한을 보내 동맹군이 신 전쟁터의 개척과 태평양 전장에서 이룩한 중요한 진전을 축하해주는 동시에, 조소앙이 친히 서명한 성명과『반중축국 전쟁에서 조선의 역할』이라는 비망록을 첨부했다. 성명에서 한국반일독립운동이 이미 통일되었고, 한국은 현대민주주의로 매진하고 있으며, 한국 국민들은 자신들의 활동과 동맹국의 활동을 조율시키기 시작하여 또한 한국임시정부는 모든 한국정치단체의 통합을 의미한다는 등 여러 이유로 미·영·중·소 4대국이 한국임시정부를 승인하는 것은 중축국을 반대하는 조치 중 하나로 간주하기 바란다는 내용이 있다.

그리고 비망록 중 여러 측면에서 한국이 동맹국전쟁에 기여할 수 있고, 한국임시정부를 승인해주는 것은 한국독립운동 성장에 도움이 된다고 지적하며 일본이 수립한 괴뢰정부를 부수는 노력은 진정한 한국민주정부를 수립하는 첫 시도라고 하였다. 미국 국무장관은 어떤 방식이든 한국임시정부를 승인하지 않았다는 이유로 아무 답변을 해주지 않았다.33) 8월에는 조소앙 외무총장이 이승만에게 전화를 걸어 유엔준비회의에 참석한 미·영·중·소 4강 각국 대표들에게 각서를 전달하고, 기관지 『독립신문』 복간호에서 『동맹각국에 보내는 각서』를 발표했는데, 이 두 문서 모두 "동맹국에 임시정부을 신속히 승인하고 한국 내 항일투쟁을 전개할 수 있도록

33) [韓]鄭用大: 『大韓民國臨時政府外交活動研究』, 石源華主編: 『韓國獨立運動血史新論』, 272~285쪽, 上海, 上海人民出版社, 1996.

작전물자를 지원해달라"고 촉구했다.

그러나 한국임시정부의 거듭된 호소는 만족스러운 반응을 얻지 못했다. 미·영·소 3국은 각자 극동전략적 생각을 갖고 있기에 한국임시정부를 승인하지 않으려 한다. 중국정부는 '타국보다 우선 한국임시정부를 승안하겠다'는 방침을 정했고 전후 즉시 한국독립 및 한국임시정부 승인을 해주었으며 미국과 영국은 교섭을 거듭하여 국제적으로 한국의 신탁통치에 줄곧 반대하였다. 한국임시정부도 미·영·소 등이 승인해줄 희망이 안 보이는 판국에 중국의 단독 승인을 거듭 요구하였으나, 중국정부는 결국 미·영·소 등의 반대와 국제조약의 제약으로 인해 한국임시정부을 승인하는 실질적인 행동을 취하지 못하게 되었다.

1945년 초, 중·미·영·소 4국은 미국 샌프란시스코에서 유엔 창립대의를 열기로 결정하는 참에 임시정부는 이 회의가 한국독립과 밀접한 관계가 있으니만큼 참석할 대표단이 있으면 한국독립을 위한 발성기회를 얻을 수 있을 뿐 더러 사실상 각국이 임시정부를 승인할 수 있다고 판단했다. 따라서 중·미·영·소 4국에 정식으로 회의 참석을 요청하고, 이 정부의 부주석 김규식, 외무총장 조소앙은 미국에 파견할 예정이며, 이미 미국에 있는 이승만과 회동해 대표단을 구성해 회의에 참석하고자 했다. 2월 28일, 외무총장 조소앙은 유엔 창립회의 참석을 위한 성명을 발표하기도 했는데, 그 요지는 다음과 같다.

본 정부는 유엔의 승리에 박차를 가하기 위해 극동과 세계 평화·안전을 확보하기 위해 올해 2월 28일 오후 3시에, 정식으로 히

틀러정부에 선전포고를 하였다. 독일 침략전쟁을 일으켰을 때 한국 민족은 정신적으로 이미 독일과 적대적인 위치에 처해있고 이는 중립국답지 않은 태도로 세상에 널리 알려져 있다. 최근 크림회의에서 독일, 일본에 선전할 기한내에야 샌프란시스코 회의에 초청받을 수 있다. 본 정부는 한국 전체 민중을 이끌고 수십년 꾸준히 대일작전을 해왔고 아직 5개국의 초청장을 받지 못했으나 그날 정식으로 대일작전을 선포한 후 4월 25일 샌프란시스코 회의에서 반드시 한국임시정부 대표를 볼 수 있다고 본 정부는 확신한다.34)

그러나 한국임시정부 지도자들의 기대는 빗나갔다. 비록 중국 정부가 한국 대표의 참석을 전폭으로 지지하고 미국정부와 교섭도 많이 했을 뿐 아니라 한국 대표들의 미국행을 돕기 위해 특별자금까지 지원했지만, 미국의 반대와 방해로 회의가 끝날 때도 김규식, 조소앙 등은 비자를 받지 못했다. 한국임시정부가 외교에 마지막 큰 행동도 실패로 끝났다.

제4절 임시정부의 군사투쟁

한국독립운동의 군사투쟁은 1907년 8월 1일에 일본 침략자들이 한국국군을 해산시킬 때부터 비롯된다고 임시정부지도자들의 견해였다. 한국 통감 이토히로부미는 한국 국왕에게 퇴위를 협박해 국군을 해산시키라고 선언하자 시위대 박승환 장군은 노발대발하여 적장령을 크게 욕설을 퍼붓고 격분한 나머지 자살했다. 며칠 사이에 삼한 의병이 소문을 접하자 병사와 민중들 서로 협조하여 기세

34) 『中央日报』, 1945年3月1日.

등등하게 일어나서 가는 곳마다 적을 무너뜨렸다. 이렇게 5~6년 동안에 계속 적과 대항해왔고 비록 적을 완전히 몰아내지 못했지만 민족정신을 발휘하여 많은 위대한 민족영웅과 혁명 선열들을 배출하였다.

"의병운동"은 한국독립운동 지사들이 최초로 벌인 무장반일투쟁이다. 1910년 한국이 멸망되자 광복운동의 근거지를 해외로 옮겼고 상해, 길림, 봉천, 블라디보스토크, 호놀룰루, 샌프란시스코 등을 근거지로 군사인재를 양성하거나 두만강, 압록강 연안에서 적과 작전하였으며 군사투쟁을 진행하는 것이 반일광복운동의 주 내용이었다.

1919년 4월, 한국임시정부 수립 이후, 무장투쟁, 국제사회한테 지원받는 게, 민족 역량의 축적은 이 정부가 광복운동 중 3개 내용이 되었다. 같은 해 임시정부는 『육군임시군제』 『육군임시군구제』 『임시육사관학교 조례』를 반포하고 구체적인 군사정책을 세우었는데 주요 내용은 다음과 같다.

(1) 군사회의를 열어 작전계획을 작성한다.

(2) 러시아, 중국 내 의용병 및 자원봉사자 10만여 명을 모집하여 정부군으로 편성한다.

(3) 러시아, 중국 각지에 기구를 설치하고 병사모집을 권장하고 군사교육을 감독한다.

(4) 각종 군사기구를 조사하여 군무부 소속으로 한다.

(5) 국내 각지의 의용병을 모집하고 부대를 편성하여 각 군사 요충지에 잠복시킨다.

(6) 러시아, 중국에서 사관학교를 개설하고 사관을 양성한다.

(7) 비행·제조 기술과 공중전술을 배우기 위해 청년을 선발하고 미국에 파견한다.

(8) 국내외에서 청년을 선발하고 결사대, 폭파대를 설립하여 그들에게 기술을 가르쳐준다.

(9) 학생을 선발하고 중국과 구미 각국에서 군사지식을 배울 수 있게 대상국과 협의해야 한다.

(10) 청년을 선발하고 총포사격, 기차운전 등 전시에 필요한 기술을 습득한다.

(11) 군수품을 수입할 수 있게 미국 등 국가와 협상한다.

(12) 국내외 주요 지대에서 전시 양식에 대비하기 위해 무역상명목으로 곡물을 저축한다.

(13) 군사선전대를 설치하고 각지에서 군대의 전투사기를 북돋우며 무조직과 무규정의 맹동주의가 없도록 노력한다.35)

이 같은 계획은 안팎의 여러 여건 제한으로 모두는 실현되지는 못했지만 한국임시정부가 중국 동북부 40~50개 무장독립군 단체에 대한 거시적 전략지도와 원격 조종을 통해 상당한 영향을 미쳤다. 아울러 한국임시정부 군무부도 1920년 5월 상해에서 이 정부에 예속된 대한광복군총영을 창설했다. 중국 동북부 유하현 화사구에 근거지를 두고 중앙연락처는 서울에 두었으며, 총영장 오동진이

35) [韓]李炫熙: 『大韓民國臨時政府的武裝複國運動』, 石源華主編: 『韓國獨立運動血史新論』, 213~234쪽.

고, 참모장 이탁이며, 경리부장 조맹선이 임명되었다. 광복군총영은 무장력을 한국에 깊숙이 파견하고 일본군의 각종 시설을 파괴하여 일본 관공서를 습격하며 일본 헌병을 사살한다는 등 많은 활동을 하였다. 1921년 8월, 총영이 관장된 무장역량은 통의부에 병합되었다.

한국임시정부는 군사교육을 전개하는 데 좋은 시도도 많이 했다. 우선 1919년 12월 상해 법조계인 강녕리 23호 임시정부 군무부 내에 임시육군사학교를 개설하고 2기 6개월의 속성반을 운영했다. 한국임시정부 임시대통령 이승만, 국무총리 이동회, 내무총장 이동녕, 법무총장 신규식, 노동국 총판 안창호 등이 학교의 각종 행사에 직접 참석하였고 1, 2기 졸업생은 총 41명을 배출하였는데 이들은 모두 한국독립운동의 장교급이 되고 국내 또는 일본으로 파견되어 독립운동에 종사하기도 하고 임시정부에 속한 대한독립영에 배치되기도 하여 한국의 독립광복사업에 중요한 공헌을 하였다.[36]

둘째는 한국임시정부 비행대열을 조직하고 비행사를 훈련시키는 계획을 세웠다. 1920년 2월 미국에 있는 임시정부 군무총장 노백린과 대한국민회 중앙총회 재무책임자 김종림 등이 캘리포니아 할리우드에서 한국인 비행사 양성소를 개설하였다. 캘리포니아 정부가 주립학교의 일부 시설을 제공해주고 캘리포니아 헤드우드 비행학교를 졸업한 한국적 조종사 5명을 교관으로, 미국인 2명을 기사로 채용했으며, 비행기 2대를 구입해 훈련기로 사용했다. 7월 5일

36) [韓]李炫熙: 『大韓民國臨時政府的武裝複國運動』, 石源華主編: 『韓國獨立運動血史新論』, 213~234쪽

이 양성소는 개교식을 거행하고 6개월 동안 학습·훈련을 통해 19명 한국인 조종사를 양성했다.[37]

한국독립운동에 맞추기 위해 한국임시정부 상해 대한적십자사(大韩红十字社)에 간호원 양성소를 설립할 수 있는 권한을 부여하고 3개월간의 학습 끝에 13명 남녀 간호병을 배출했다. 상술한 군사훈련 업무는 20년대에 한국임시정부 어려운 시기에 접어들면서 중단되었고 또한 산발적인 성격을 띠지만, 한국독립운동의 군사간부들을 양성하는 데는 일정한 성과를 거두었다.

1932년 4월 29일 한국임시정부가 이끄는 한국인애국단은 한국지사 윤봉길이 상해 홍구공원에서 일본 침략군의 총사령관인 시라카와 대장을 폭살한다는 등의 사건을 책동했다. 그후 중국국민당정부의 지지하에 한국반일독립운동은 대규모로 한국 군사간부 양성의 새로운 단계로 접어들었다. 우선 낙양의 중국군관학교에서 한국인 특별반을 설치하고, 중국 동북에서 무장투쟁을 하던 한국독립군 총사령관 이청천 등을 교사로 채용하여 교육에 참여시켰고 이어 남경의 중앙군관학교 본부에서도 한국청년을 모집하여 훈련시켰고 임시정부도 한국간첩대 독립군과 학생훈련소를 설립하여 일본군을 처벌해주는 투쟁을 하는 한편, 중국 사관학교에 인재를 보내기도 하였다. 이와 함께 중국국민당 군사위원회는 조선민족혁명당과 밀접한 관계를 맺었고 조선혁명간부학교를 개설하며 3기 연속하여 한국 무장간부를 대량 배출하였다.[38] 이들은 훗날 조선의용대와 남

37) [韓]李炫熙: 『大韓民國臨時政府的武裝複國運動』, 石源華主編: 『韓國獨立運動血史新論』, 213~234쪽.

한 광복군의 중견 역량이 부각되었다.

1937년 중일전쟁이 전면적으로 발발하면서 한국임시정부의 군사활동은 더욱 활발해졌다. 15일 임시정부는 군무부 밑에 군사위원회를 증설하고 중국 동북부에서 독립군이 작전을 지휘했던 유동설, 이청천, 이복원, 현익철, 김학규, 안공근 등 6명을 위원으로 임명하여 주 직책은 "독립전쟁 계획을 연구·제정하고 군사간부를 양성하며 필요한 군사저서를 편찬한다."는 것이다.[39]

광복정규군을 양성하기 위해 군사위원회는 속성훈련소를 설치하고 1기 초급사관 200명을 양성하겠다는 계획을 세웠는데, 1938년도 임시정부의 예산은 57만9천원인데 중 37만원을 군사간부 양성에 썼다. 한국임시정부가 군사사업을 중시한다는 걸 볼 수 있다. 그러나 한국임시정부는 1937년 말 남경에서 철수하고 1939년 5월 사천 치장으로 이전할 때까지 그동안 계속 옮겨야 하니까 이 같은 계획은 실현되지 못했으나 군사위원회는 줄곧 임시정부의 군사임무를 수행하는 핵심기관이 되어왔다.

1938년 10월, 중국 공산당의 도움 아래, 국민정부군사위원회의 허락을 받고 조선의용대가 먼저 무한에서 편성되었는데, 이는 한국의 좌익당파인 조선민족전선동맹이 이끄는 무장력으로서 임시정부에 큰 격려를 주어 한국광복군 창설에 박차를 가하게 하였다. 1939년 10월, 한국임시정부는 조성환을 단장으로 하고 황학수를

38) 範廷傑: 『蔣委員長協助韓國光復軍』, 『傳記文學』, 第28卷, 第5期.

39) [韓]李炫熙: 『大韓民國臨時政府的武裝複國運動』, 石源華主編: 『韓國獨立運動血史新論』, 213~234쪽.

부단장으로 맡는 군사특파단을 서안에 파견하였다. 이어서 한국청년전지공작대가 결성되어 유주와 중경에서 활동하였는데, 나월환이 대장, 김동수가 부대장을 맡았는데, 이들은 모두 한국광복군의 중요한 일부가 되었다. 1940년 2월 한국국민당 지도자 김구는 국민당 중통국 부국장 서은(徐恩)에게 최초로 광복군을 창설하자는 제의를 했다.

"본 당 화북동지들의 보도에 따르면 이곳에 적군 중 조선족 병사들이 반정자가 많으니, 그곳에서 광복군을 창설하고 정보망을 구성하면 장차 군사적으로나 간첩적으로 큰 도움이 될 것이다."[40) 물론 최초 제안은 정보망 측면에서 비롯되었다. 김구는 3월 1일 『한국독립과 동아시아 평화』를 발표하면서 한국광복군의 창설에 관하여 중국정부에 호소했다. "중국이 일본을 쫓아내고 잃어버린 땅을 되찾으려면 한국인들의 독립운동을 무시하면 안 된다."며 "조속히 한국광복군을 편성하는 데 지원해주고 함께 일본군대를 몰아내고 두 민족의 독립·자유·평화를 위한 토대를 마련하기 바란다." 한국의 이런 호소는 중국 정부의 호응을 얻었고, 한국광복군도 바로 이런 정세에 탄생하게 되었다.

1940년 4월, 한국독립당, 한국국민당, 조선혁명당 3당이 새롭게 한국독립당으로 통합되어 한국임시정부의 여당으로 출범하였다. 당강령 제6조는 '국방군을 편성하고 국민의무병역을 실시한다'고 규정하고 있고, 제7조는 '장교 및 무장대열을 획일적으로 훈련하고

40) 『徐恩曾致朱家驊為金九面稱華北鮮籍士兵可成立光復軍情報網並請呈委座酌予補助函』, 1940年2月25日.

적극적으로 광복군으로 편성한다.'고 규정하고 있다. 한국광복군 창설을 신당 창당 후 가장 중요한 임무로 정했고 중국국민당 최고 당국과 이를 합의하였다.

4월11일, 장개석은 한국독립당과 중국국민당의 역사적 관계를 감안하여 한국독립운동의 각 당에 모두 지지해주는 원칙을 입각하여 군사위원회의가 조선의용대 창설에 이미 동의했다는 사실과 조선민족혁명당 거센 반대에도 불구하고 한국임시정부의 한국광복군 창설에 대한 지원에 동의하며 한국을 지원하는 업무를 하던 국민당 중앙조직부장 주자화와 군사위원회 참모총장 하음함에게 "교섭하고 처리하라고" 지시했다.[41] 9월 17일, 한국광복군 총사령부가 중경에서 창설된 후부터 한국임시정부가 지도한 군사투쟁은 광복군을 주체로 하는 신시기로 접어들었다(자세한 내용은 본서 2편 7장 『한국광복군의 전투사략』 참조).

제5절 임시정부의 반일광복선전

한국임시정부 수립 이전부터 한국독립운동의 대열에 의병운동과 애국계몽운동이 있었는데, 전자는 "국가는 위험이 있으면 의거가 일어나 조령징을 기다리지 않고, 직접 적개심으로 군대로 적을 이기자." 무장력으로 일본의 침략과 통치에 무력으로 저항하여 한민족의 생존과 건국을 도모한다고 주장하였고, 후자는 적아(敵我)의 실력차로 인해 장기적으로 작전해야 하며 업무선전, 교육진흥, 산

41) 『蔣委員長致朱家驊為補助光復軍案准照辦希與何總長(應欽)接洽辦理電』, 1940年4月11日.

업발전, 실력축적을 통해 국가주권 회복을 주장하였다. 특히 의병운동이 큰 실패를 겪은 후, 애국계몽운동은 한국독립운동의 주요 부분이 되었다. 한국임시정부 수립 이후, 독립운동의 절정기와 어려운 시기도 반일광복선전과 애국주의 민족교육을 실시하는 것이 내외 정책의 중심이었다. 역사 각 단계마다 직면한 과제에 따라 임시정부의 반일광복선전의 방법과 형식도 약간 다르다.

한국임시정부 수립 초기, 파리회의와 워싱턴회의 기간 중 지원요청의 외교활동을 전개하는 동시에, 반일광복선전은 "세계 각국에 한국독립이 세계평화에 있는 중요성을 알게 되니까 한국을 동정하는 것"에 중점을 두었다. 1919년에 제정된『시정지침』에서 그 국제선전방침을 이렇게 규정하였다.

⑴ 선전사업을 확대한다. 일본의 침략이 세계평화의 화근 및 한국에 대한 만행사실과 한국독립이 세계평화에 준 영향, 한민족은 독립국민으로서의 자격이 충분히 있다는 자료를 수집하고 이를 적극 홍보한다.

⑵ 선전인사 파견. 아시아 및 구미 각국에 선전원을 파견하거나 연설을 발표하고 각국의 작가나 연설가들이 신문이나 간행물에서 글을 통해 정부의 정견을 홍보한다.

⑶ 정당, 단체를 이용하여 아시아 및 구미 각국의 정당, 교회 및 기타 단체를 통하여 여론을 환기시킨다.

⑷ 아시아 이외의 사람 활용. 극동 각국 신문사, 저술가, 목사 등과 연락을 취하고 홍보에 협조해달라고 요청한다.

⑸ 한·중 친목회 결성. 중국에서 한중친목회나 기타 명목의 단체

를 조직하여 선전 및 기타 업무를 수행하며, 다른 나라들은 상황을 고려하여 관계를 맺는다.[42]

한국임시정부는 여러 방면에서 반일광복선전 활동을 하고 있다. 우선 각종 간행물 창간했다. 1919년 8월 21일 한국임시정부에서 기관지 『독립신문』을 창간하였고 원래 중국어판이다가 한글판으로 바뀌었다. 그의 취지는 민족사상을 향상, 민심의 통일, 본국의 역량으로 본민족의 일과 사상을 선전하고 여론의 환기, 새로운 학술과 사상의 소개, 한국역사와 국민성의 선전, 신 사상 수용과 신국민의 양성 등 것이다.[43] 1920년 10월 10일, 한국임시정부 지도자들은 주간지 『진단』을 다시 발간했다. 손중산은 '천하위공(天下爲公)'이라는 축사를 써서 『진단』의 발간을 축하하였다. 이 잡지의 창간사는 한국인, 중국인, 구미인에게 각각 희망과 요구를 제출하였고 또한 격정적인 발언을 했다.

한국은 오천년의 역사, 2천만 국민, 아름다운 강산, 민중들이 궐기하고 광복사업을 진행하는 것은 모두 맞는 일이다. 하물며 세계의 흐름에 따라 생존의 추세로 삼아야 한다. 한국은 동아시아의 중심에 있고 동아시아의 평화와 직결하고 한국이 하루 독립하지 않으면 동아시아의 평화가 하루도 실현되지 않는다는 것은 지식인들의 공식이다. 그렇다면 한국의 독립은 정의에 맡길 것인가? 아니면

42) 『大韓民國臨時政府施政方針』, 轉引自楊昭全等: 『關內地區朝鮮人反日獨立運動資料彙編』, 559~564쪽, 瀋陽, 遼寧民族出版社, 1987.

43) 劉准基, 『大韓民國臨時政府的教育, 文化, 宣傳活動』, 參見石源華主編: 『韓國獨立運動血史新論』, 366~391쪽.

무력에 맡길 것인가? 무력은 정의의 방패이고, 한쪽은 무력을 발휘하고, 다른 쪽은 무력을 마련하며, 다른 길로 병진하여 같은 목적을 이룩하고자 한다. 이 진단보의 편성이다. 44)

이 밖에 한국임시정부에서는 『신대한보』, 『대한독립보』(훗날 『신생활』), 『신한청년』, 『배달공론』등의 한글 간행물과 『천고』 『사민보』등 중국어 간행물을 발행하였다. 이들 잡지는 중·한 국민들과 세계인들에게 일본침략자가 한국인들을 잔혹한 자행과 한국국민들이 반일투쟁의 실상을 많이 보도하였고, 이 정부의 외교전선에서의 지원청구활동과 정치사상전선에서의 민족주의교육에 이바지할 뿐만 아니라 후대에 한국반일독립운동을 연구하는 귀중한 역사적 자료를 남겼다.

둘째는 한국임시정부의 지도자들이 저서를 하여 이론적으로 한국인들의 독립광복운동을 위한 무기를 제공한다. 가장 유명한 논저로는 신규식의 『한국혼』과 박은식의 『한국독립운동혈사』가 있다. 1920년 10월 임시정부 국무총리 대리 겸 외무총장, 법무총장인 신규식은 그가 평생에 노력을 기울여 『한국혼』을 써냈다. "굴원리소의 눈물, 신포서의 진정지곡(屈原离骚之泪, 包胥秦庭之哭)"며 『한국혼』은 그래서 마음이 아프고, 한국민족주의를 선전하여 복수을 위해 작품"라고 비유했다.45) 이 글은 예리하고 기세가 드높으며 중국 역사문화전고를 활용하여 입신출세의 경지에 이르렀으니, 발표되자 한국지사들 사이에 널리 알려져, 민족정신을 결집시키고 민

44) 『創刊辭』, 『震壇』, 第1期.

45) 閔石麟, 『中韓外交史話』, 175쪽, 重慶, 重慶東方出版公司, 1943.

족전통을 고취하며 민족의 성격을 새롭게 만들고 민족투지를 북돋우는 데 중요한 역할을 하였다.

12월에는 임시정부 임시대통령을 맡은 역사학자 박은식도 『한국독립운동혈사』를 출판했다. 책은 상하 2편으로 나뉘며, "문필은 기이하고 웅장하다", "일본제국주의 침략행위에 호되게 규탄하고 한국 국민의 용맹한 헌신을 열렬히 칭송하며, 한국의 3·1 운동 혁명의 절정 출현을 뜨거운 열정으로 칭송했다. "작은 그림자처럼의 태극기가 서울 중앙에 나타나 하늘을 휘날리며, 만세의 소리가 우레와 같이 요란하게 울려 퍼지고, 수 많은 선언서와 작은 국기가 영산회에 비가 내린듯 많았고 사람들이 공중에서 머리 모자를 던지며, 기쁨에 넘쳐 이루 형용할 수 없다", "도시 중심 및 지방 민중들 수십만 명이 물결처럼 몰려왔다. 이는 국가의 혼이 존재하는 한 국가도 반드시 존재하겠다는 것을 의미한다.46)

이 책은 "한편으로는 본국 민족과 문화에 대한 긍지와 자부심을 갖게 하는 한편, 실천에 있어도 독립투쟁에 한국인의 단결에도 큰 영향을 미쳤다."고했다.47)

셋째, 상해의 비교적 안정적인 생활여건을 활용해 애국주의 민족교육을 적극 추진한다. 1919년 한국임시정부는 『시정지침』에서 '교육발전을 위해 최선을 다한다.'고 규정하였는데, 주요 내용은 다음과 같다.

---

46) [韓]朴殷植: 『韓國獨立運動血史』, 下編14쪽, 上編1쪽, 上海, 上海維 新社, 1920.

47) 李潤和: 『中韓近代史學比較研究』, 148쪽, 社會科學文獻出版社, 1994.

(1) 국가 교과서를 편찬하고 아동교육을 강화한다.

(2) 각지에서 학교를 설립하고 의무교육을 실시하도록 장려한다.

(3) 공무원 양성소를 설치하여 정무를 담당하는 인재를 제공한다.

(4) 중요기술을 습득하기 위하여 유학생을 외국으로 파견하여 유학하게 한다.

(5) 위인·열사의 전를 출판하거나 헌신을 홍보하는 애국소설을 펴냄으로써 국민의 충성과 용맹을 격려했다.48)

이 방침에 따라 임시정부는 온갖 노력 끝에 인성학교, 삼일중학교 등을 통해 상해의 한국 교민들에게 민족주의 교육을 실시해 교민들의 열렬한 환영을 받았다.

한국임시정부는 1920년대 중반부터 30년대 중반까지 어렵게 영위해야 할 수밖에 없었다. 상해의 인성학교와 삼일중학교는 각각 1935년과 1932년에 폐교되었고, 임시정부 자체도 상해에서 비밀리에 활동해야 하고 1932년 이후 다시 격동의 시기에 접어들었다. 그 반일선전도 잠잠해졌고, 오르락 내리락의 특징을 보였으며, 선전운동의 정도는 전에 많이 못 미쳤으나 중단되지 않았다. 한국의 3·1운동과 8·29 망국기념일마다 임시정부는 한국교민회나 한국교민교회가 나서서 집회를 거행하고, 임시정부의 지도자들이 나서서 한국항일운동의 역사를 강연하고 한민족의 반일광복 필승 신념을 선전하였다. 어려운 처지에 놓인 임시정부 지도자들은 반일독립에

48) 『大韓民國臨時政府施政方針』, 轉引白楊昭全等: 『關內地區朝鮮人反日獨立運動資料彙編』, 559~564쪽, 瀋陽, 遼寧民族出版社, 1987.

대한 확고한 입장과 불굴의 투쟁정신을 전달할 기회를 놓치지 않았다.

1929년 말 1930년대 초, 한국에 광주사태로 대표되는 한국인의 반일투쟁이 고조되자 임시정부 지도자를 중심으로 결성된 한국독립당은『중국동포에게 고지서』를 발표하여 일본의 30여년 대중국 침략과 대한 박탈을 맹렬히 비판하고, 일본이 다른 나라를 침략하는 그 경제적 원인은 일본식량은 한국, 대만, 중국에 의존하고 공업원자재는 중국, 러시아, 한국에 의존하고, 그 정치적 원인은 서쪽에서는 일본은 미국과 태평양 패권을 다투고 북쪽으로는 러시아와 만주맹골의 이익을 싸웠으니 일본은 제국주의를 포기하지 않고 한민족 전체에 공동연합전선으로 일제와 최후의 결전을 호소하였다.[49)]

1931년 만보산사건과 한국화교참사로 일본이 중·한 감정을 이간시키자 임시정부는 "국내민중에게 즉시 중국을 배척하지 말자고 명령을 내린다." "적의 이간책을 걸리지 않게 잘 감독하고 관리해야한다."란 성명 외에 "일본인들이 변장하고 행적을 감춘채, 참살이 자행되고 파병되어 경찰을 죽이거나 구출하기도 하며 중국에 재앙을 전가하면서도 중국의 친구를 자처했다."며 "실은 이번 화교참사의 장본인은 일본제국이다."라고 한·중 민중들에게 "오해를 풀어주고 신속하게 적개심을 발기하여 동아의 적을 타도하자"고 호소하였다. [50)]

49) 石源華: 『韓國獨立運動與中國』, 167쪽, 上海, 上海人民出版社, 1995.
50) 臺北"國史館": 『近代中韓關係史資料彙編』, 第11卷, 404~406쪽.

1931년 '9·18'사변 이후 이런 반일항전 선전은 절정에 달했다. 중국의 동북을 공격하여 중·일 갈등은 전례없이 첨예해짐에 따라 한국임시정부 지도자들을 크게 고무시켰다. 이들은 상해에 있는 한교민단체를 소집해 긴급회의를 열고 대규모적으로 반일 선전을 결의했다.

그들은 '상해 한국인 각 단체연합회' 명의로 중국 각계에 통보하고 '일본은 중·한 간 공동 원수, 동아시아의 반역자, 인류의 공적(公敵)으로 공포하고, "삼한을 위한 복수 및 광복을 위하여 중국을 위해 치욕을 씻어주고 국제상 전 인류를 위해 강도를 소멸하고 공적을 소탕하기 위하여 삼한의 병사와 함께 무기를 들어 중화호걸의 선과 병립하여 일본을 쫓아내기를 결심하자."고 성명하였다.[51]

중국국민정부가 국가연합정책에 많이 의지하는 상황을 감안하여 중국정부에 "국가 연합자는 강조의 결합체일 뿐이다"란 것을 알려주고 중국정부에 '국가연합에 믿기보다 중국 민중을 격려하고 중국이 결사코 전투하면 2천만의 한국민중은 선봉대로 목숨을 기꺼이 바치도록 하겠다."[52] 중국은 "결사코 전투하고 일본군을 소멸하자" 기원했다. 이와 함께 임시정부 외무총장인 조소앙은 중국 당국에 서한을 보내 기자회견을 열고 "동쪽을 향해 맹세하고, 반드시 일본을 물리치자"며 "용감한 혁명용기를 북돋우고, 물러설 수 없는 민족적 적개심을 떨쳐내고, 동아시아의 치욕을 씻어주며, 중·한의 국토를 회수하라"고 요구했다.

---

51) 臺北"國史館": 『近代中韓關係史資料彙編』, 第11卷, 391~392쪽.
52) 臺北"國史館": 『近代中韓關係史資料彙編』, 第11卷, 391~392쪽.

“한국 민중들은 반드시 결사코 적을 이기자, 중한민족의 철저한 단결을 실현하고 공동 일본제국주의를 쫓아내자”고 호소했다.[53] 임시정부는 『동삼성 동포에게 준 경고서』를 발표하고 “직접 행동을 취하고 짧은 시간에 일본을 근본적 소멸을 위한 계획을 세우어야 한다”고 요구하였고, 상해 한교포들은 “최선의 노력을 다하여 동삼성 동포를 지원하여 적의 주력을 토벌하자”.[54] 이 절정은 이듬해 4월에 임시정부가 윤봉길 의사를 상해 홍구공원에서 일본군 시라카와(白川) 대장을 폭살하도록 책동한 사건까지 이어졌다.

1937년 7월, 중일전쟁이 발발하자 한국임시정부의 반일광복선전은 한국반일독립운동의 고조에 따라, 중국 민중들의 전면적인 항일선전과 하나로 융합되었다. 선전형식상, 한국임시정부의 반일광복선전은 비밀리에 공개로 바뀌어 중국 민간신문뿐 아니라 관영신문, 심지어 중국 공산당원이 주최하는 신문에도 자유롭게 발언할 수 있게 되었다. 선전내용도 많이 달라지고 주로 다음 몇 측면에 나타난다.

먼저 중국의 중일전쟁과 한국반일독립운동의 관계를 널리 선전한다. 1937년 8월, 한국임시정부를 옹호하는 ‘한국광복운동단체연합회’가 중국 전쟁 상황에 대해 “중일전쟁은 중·한 민족의 생사존망의 마지막 고비”라고 선언을 발표하고, 한국 교민들이 일어나서 일본군을 섬멸하고 한국 독립을 완성하기 위한 중일전쟁에 참여하라고 호소했다.[55] 9월 12일에는 한국독립당 명의의 전문으로 중국

53) 臺北”國史館”: 『近代中韓關係史資料彙編』, 第11卷, 390쪽.
54) 石源華: 『韓國獨立運動與中國』, 185쪽, 上海, 上海人民出版社, 1995.

항전전선 각지의 장병들에게 축하의 말을 전하며, "중국내에는 5억 국민들이 전투에 투신하고 외부 전 세계 기타 국가가 함께 응원하고 지지하며 일본을 함께 치면 최후의 승리를 반드시 거둘 수 있다."고 하였다.[56]

한국독립당은 중국중일전쟁이 한국광복의 기회로 삼고 "일어나서 조국을 광복하자". 한국임시정부는 중국인들의 중일전쟁에 깊은 동정심을 품고 있을 뿐만 아니라, 중국중일전쟁을 한국의 독립을 실현하려는 유일한 기회로 여기고, 한국 교민들에게 실제 행동으로 중국 항전에 참여하도록 요구하였다.

둘째, 한국반일독립운동 각 단체들의 단결과 통일을 선전·호소한다. 중일전쟁이 발발하자 한국임시정부는 반일독립운동의 요구에 맞추기 위해 중국에 있는 각 반일단체의 연합과 통일을 적극 선전하였다. "한국광복운동단체연합회"의 편성은 그 첫걸음이다.

1939년 5월 임시정부지도자 김구와 한국반일독립운동 좌익단체 지도자 김약산은 공동성명을 발표하고 지난 수십년간 민족운동이 파벌투쟁 때문에 참패를 초래한 교훈과 현재 중화민족의 최후승리를 위한 민족대단결을 실현했다는 경험에서 "우리가 과거에 저지른 모든 잘못을 깊이 반성해야 한다." 현 시점에서 전민족 이익과 공동 요구를 구현하는 통일조직을 설립해야 한다. "신앙과 당파를 막론하고 통일된 기치 아래 온 겨레를 단결하자."고 강조했다.[57]

55) 石源華:『韓國獨立運動與中國』, 230쪽, 上海, 上海人民出版社, 1995.
56)『大公報』(上海) 1937年9月12日.
57) 金九, 金若山:『聯合宣言』, 轉引自楊昭全 :『關內地區朝鮮人反日獨立運

“온 민족이 완전한 단결을 실현하지 않으면 아무 일도 성사하지 못하겠다”고 강조했다.

셋째, 국제사회, 특히 중국에 한국반일독립운동을 지지해준 것을 요청한다. ‘7·7사변’ 이후 한국임시정부는 주로 중국정부에 한국독립광복사업에 대한 지원을 요청했다. 루스벨트, 처칠은 대서양헌장을 발표한후 한국독립광복에 대한 중·미·영·소 국가들에 승인과 지지를 해준 것을 요청했다. 1941년 8월 29일, 임시정부는 한국의 망국 31주년을 기념하여 선언을 발표하고 미·영 공동선언을 환영의 뜻을 전했다. 중·미·영·소는 반침략국의 주요세력으로 “한민족은 극동항일전선에서 중요한 위치를 차지하고 있고 이를 간과할 수 없으며, 시급히 함께 협력해야 하며, 최후 공동의 적을 물리치고 나아가 동아시아와 세계를 개조할 수 있다.”며 “세계 우방 각 민족과 함께 최후의 승리를 얻을 수 있도록 맹세하자”고 밝혔다.58)

이어 한국임시정부는 중국정부에 임시정부 승인해달라고 요청했다. 같은 해 10월 18일 임시정부 외무총장인 조소앙은 중경 언론계를 초청해 “영국 런던의 체코, 폴란드 등 망명정부는 모두 영국의 승인을 받았으니 이런 전례가 있는 것 같다.”고 지적했다. 현재 소련-독일 전쟁의 비상사태는 중국이 임시정부를 승인하기에 적절한 시기이며 반파시즘의 단결 등을 위해 언론계의 후원을 호소하고 있다.59)

動資料彙編』, 625~629쪽.

58) 『新華日報』, 1941年8月29日.

59) 石源華: 『韓國獨立運動與中國』, 334쪽, 上海, 上海人民出版社, 1995.

한국임시정부가 중국 중일전쟁 전기에 진행한 반일광복선전은 한국 교민을 중국의 항전과 한국의 독립광복투쟁에 참여하게 동원하고 한국임시정부의 영향과 국제 영향력을 강화시키며, 중한 양국 국민이 공동의 반파시즘 투쟁을 통해 결성된 우의와 관계를 강화하는 데 매우 긍정적인 역할을 하였다.

태평양전쟁 발발 후 한국의 독립광복의 전망이 밝아지면서 한국임시정부의 항일광복 선전은 고조되었고, 그 내용은 한국교민이 중국항전의 참전을 격려하는 것에서 전후 한국의 독립과 임시정부의 합법적 지위를 국제사회에 승인해준 것을 요청하는 것으로 바뀌었으며, 그 대상은 중국과 재중국 교포에 중점을 두었다가 미·영·소 등 대국으로, 특히 미국을 중심으로 확대되었다.

1942년 6월 12일 한국임시정부 외무총장 조소앙은 중경에서 언론계를 초청하여 동맹국들에 한국임시정부를 승인해준 것을 강력히 소호하였다. 내용은 다음과 같다.

지난 세계전쟁 때 중유럽의 약소민족 해방을 도와 독일을 이길 수 있었던 것을 회상하면서 이런 정략적 요소는 우리 모두가 중시해야 한다. 이번 제2차 세계대전의 의미는 중앙유럽의 약소민족을 해방시키는 데 그치지 않고, 나아가 동아시아의 약소민족을 돕고 비로소 최후의 승리를 거둘 수 있다. 따라서 한국 해방을 지원하는 것이 곧 중일전쟁의 최후 승리를 위한 정략이었다. 만약 각국이 한국임시정부를 승인해 준다면 일본군에게 타격을 줄 수 있겠는가 묻는다면 우리의 답은 긍정적이다. 충분히 할 수 있다고 말할 수 있다. 인력으로는 일본의 2분의 1의 인력과 일억원 해당의 물자를 공급한다는 점을 따져보면 이 재력과 인력은 만만치 않다. 적과 이런 막대한 인적, 물적 자원을 쟁탈하는 가장 효과적인 방법은 한국임시정부를 승인하고 한국임시정부를 지원하는 것이다. 이렇게 방대한 인적, 물적 자원을 적에게 이용당지 않을 뿐만 아니라 동맹국이 일본 침략을 물리칠 수 있는 역량의 원천이 되는 것이다.[60)]

8월 29일 한국임시정부는 국치를 기리는 선언문을 발표하고 국제사회에 여덟 가지 원칙을 체계적으로 제시하였는데, 이는 전후 민족문제 해결의 강령으로서 민족독립자유와 세계평화정의를 수호하려는 한민족의 강한 염원을 반영한 것이며 중요한 의미가 있다. 그 내용은 다음과 같다.

⑴ 제1차 세계대전 후의 전철을 밟지 마라.

⑵ 제한이 없는 『대서양 헌장』을 잘 활용한다.

⑶ 자력도 없고 각국의 적극적인 지원도 없어 대규모 참전을 하지 못한 국가더라도 전후국 회의에 참가하게 한다.

⑷ 민족자결의 원칙을 집행하고 한 나라, 한민족, 약소민족에 적용한다.

⑸ 식민종속국의 공동관리 및 보호국 제도를 완전히 폐지시킨다.

⑹ 인종차별관념을 착실히 폐기하다.

⑺ 동방민족문제를 해결하기 위해서는, 반드시 전쟁이 끝나기 전에 동방각민족 대표대회(일본 제외)를 소집하고 합리적 방안을 내놓아야 한다.

⑻ 한국은 1910년 이전의 독립 상태로 되돌아가야 한다.[61)]

60) 『新華日報』, 1942年6月13日.

한국독립광복을 조속히 실현하기 위해 한국임시정부지도자들은 한민족의 독립분투 정신을 천명·홍보하는 데 더욱 힘썼다. 『대한민국 건국강령』을 만들고 한국국민들에게 미래 공화국의 청사진을 그려주었을 뿐만 아니라, 한민족의 입국정신을 꾸준히 이론적으로 설명하고 결심을 북돋아 주었다. 1943년 3월 1일, 임시정부 김구 주석은 한국의 '3·1운동' 24주년을 기념하여 『3.1운동의 혁명정신의 선전』을 발표하면서 한민족의 '3·1혁명'정신은 네 가지 포함되어야 한다.

첫째, 자존과 공존의 정신, "신의를 중시하고 세계와 함께 공존하는 것은 한민족이 변함없는 전통적 국제도의"이고, 둘째, 민주와 단결의 정신이다. "민주 없이는 단결할 수 없고, 단결이 없이는 다른 나라한테 모욕을 퇴치할 수 없다."며 "민주와 단결은 민족국가가 독립할 수 있는 주요한 전제이다."라고 지적하였다.

세째, 의리와 도의정신이다. '위세나 무력으로 그 지조를 꺾을 수 없고 빈천이 그 절개를 바꾸지 못한다.(威武不能屈,貧賤不能移)'는 민족긍지와 '살신성인, 사생취의'의 민족도의는 잘 보편적으로 보급되고 영원히 존속하는지 '한 민족이 존재여부의 관건'이다. 넷째, 자신과 자존의 정신이다. '한민족은 5천년의 찬란한 문화와 역사가 있고 3천만 우수한 동포가 있으니 이는 민족 자긍심과 자존심을 지키는 기본 조건이다.' 온 한국동포에게 '임시정부 지도하에, 내부적으로는 민족의 단결을 공고히 하고, 외부적으로는 국제적 지원을 얻어 3·1혁명이 이루지 못한 사업을 완성하며, 자유롭고 행

---

61) 『紀念國恥宣言』, 『新華日報』, 1942年8月29日.

복한 새로운 대한민국을 수립하여, 평화공영의 신동아를 건설하기 위해 적극적으로 혁명사업을 전개해야 한다."고 호소했다.[62]

중일전쟁 말기, 영국과 미국은 전후의 세계계획을 짜고자 하여 한국을 국제로 위탁관리로 삼겠다는 국제여론이 제기되자 한국임시정부 지도자들은 바로 나서서 이를 반박하며 전쟁 후 한국의 즉시 독립해야 한다는 엄정한 입장을 밝혔다. 1943년 5월 10일, 한국임시정부를 옹호하는 한국독립당 등 6개 당은 『공동선언문』을 발표하면서 서양 소수 정치인들이 전쟁 후 한국을 국제로 위탁관리의 주장을 반박하면서 "전우들을 모욕하고 적에 이익이 줄 뿐만 아니라 『대서양헌장』의 정신 및 동맹국의 대일방침에도 어긋난다."고 하여 본국의 주장을 정중히 성명하였다.

첫째, 한민족의 일치하고 단호한 요구는 바로 한국의 완전한 독립과 자유이다. 어떤 국가나 국제의 간섭, 호위 또는 공동관리는 모두 결연코 반대를 부딪혔다. 한민족은 5천년의 유구한 문화역사와 자력경생으로 스스로 꾸려온 민족이다. 전후 새 평화의 세기에는 온전하고 독립적인 국가생활을 할 수 있는 권력을 향유할 수 있다.

둘째, 한국은 8만여 평방리의 국토와 3천만 명의 인구, 매우 풍부한 물산과 현대적인 공업 건설이 갖추어져 있다. 전후 동맹국들이 평등·호혜, 상부상조의 바탕 위에, 더 이상 어떤 세력으로부터도 침탈당하지 않고 강대한 민주국가를 빨리 건설할 수 있다.

셋째, 한민족 전체가 항일투쟁에 적극 나설 때 동맹국들은 전후

62) 金九: 『闡揚三一大革命精神』, 『新華日報』, 1943年3月1日.

한국의 완전한 독립을 공포함으로써 그들의 전투정신과 전쟁중 용감한 행동을 격려해야 한다. 그러나 정반대로 호위라는 정보를 퍼뜨리는 것은 동맹국한테 신뢰를 잃게 하고 그들의 전투 의욕을 손상시키며 적에 이간질 기회를 줄 수도 있다.

넷째, 정치·지리학적으로 한국은 극동에서 가장 중요한 위치를 차지하고 있다. 바꿔 말하면 한국의 독립여부가 극동 평화의 유지나 파괴를 좌우한다는 것이다. 과거에도 그랬고 앞으로도 그럴 것이다. 따라서 전후 한국의 완전한 독립은 극동은 물론 태평양의 평화도 보장해줄 것이다.

『공동선언』은 동맹국들에 이른바 국제호위 문제를 부인하고 전후 한국의 완전한 독립을 선언하며 한국임시정부를 즉각 승인해준 것을 호소하면서 이렇게 해야 "우리 3천만 한민족이 중일전쟁을 더욱 맹렬하게 참전하여 반침략의 최후 승리를 거두고 진정한 세계평화를 실현할 것"이라고 주장했다.63) 이러한 한국임시정부의 홍보활동은 카이로회의에서 전후 한국의 독립적, 법적 지위를 확보하는 데 좋은 역할을 하였다.

중일전쟁 종전까지 한국임시정부의 반일광복 선전은 다시 중국 및 동맹국들에 임시정부를 승인해준 것에 데 집중되고 있고 그들은 떳떳하게 국내로 돌아와 한국의 정통정부가 거듭날 수 있도록 하는 것이다. 1944년 4월, 한국임시의정원 제36차 회의가 폐막되고 중국국민정부 통치구에서 한국반일독립운동을 전개한 각 당파가 서로 뭉치고 나서 이런 선전 공세가 더욱 강화졌다. 회의가 끝난

63) [韓]秋憲樹: 『韓國獨立運動』(2), 306~307쪽, 延世大學出版社, 1972.

당일, 한국독립당, 조선민족혁명당, 조선민족해방동맹, 조선무정부주의자총동맹은 연합 선언문을 발표하고 네 정당이 "미, 중, 영, 소 동맹국 및 전 세계 모든 정의로운 인사들의 동정과 지원을 얻기 위해, 특히 가장 짧은 시간에 임시정부의 국제적 승인과 국제지원을 받기 위해 함께 적극 노력하겠다"고 밝혔다.64)

한국임시정부 지도자들과 중국 당국및 동맹 국가 정상들에게 임시정부 승인을 해달라는 외교활동이 긴박해지면서 언론선전도 한층 고조되고 있었다. 8월 29일, 한국 망국 34주년을 기념하기 위해 4당은 성명을 통해 다시 한국 내부 통일되었다고 했다. "온 민족은 계급이나 당파와 주의신앙은 막론하고 임시정부의 통일된 깃발아래 단결해지고 임시정부는 대내적으로는 온 민족을 통합할 수 있고 다양한 반일세력을 지휘할 수 있으며 대외적으로는 온 민족의 뜻(의지)과 권리를 충분히 대변할 수 있는 권위 있고 유능한 최고지도기관으로 거듭난다"고 밝혔다.65)

동맹국가에게 임시정부를 인정해 달라고 요구했다. 9월 22일에는 한중문화협회가 나서 임시정부승인 문제를 논의하는 좌담회를 열고 회의 참석대표들은 여러 각도에서 임시정부 승인의 필요성과 중요성을 논의했다.66)

1945년 3월 13일, 한국임시정부 외무총장 조소앙은 기자회견을 갖고 세계 반파시즘 전쟁에서 한국의 전략적 위치를 상세히 논증

64) [韓]秋憲樹: 『韓國獨立運動』(2), 354쪽, 延世大學出版社, 1972
65) 『新華日報』, 1944年8月29日.
66) 石源華: 『韓國獨立運動與中國』, 511쪽, 上海, 上海人民出版社, 1995.

하면서 “샌프란시스코 회의는 민주세계를 위한 입법회의임에도 불구하고 한국을 거부하는 것은 마치 한 나라가 국민의 권리를 박탈하는 듯, 이는 민주국가가 하는 일이 아니다.”고 비판하고, 프랑스 임시정부가 한국임시정부를 실질적인 정부로 인정하는 것처럼, 동·서양 각 동맹국에 한국임시정부를 즉각 승인해주고 한국이 샌프란시스코 유엔 창립회의 등에 참석할 수 있게 동의해야 한다.67)

이러한 선전 활동은 계속해서 전쟁이 끝날 때까지 이어졌다. 비록 임시정부의 요구가 동맹국에 의해 받아들여지지 않았지만, 임시정부의 정치 주장을 잘 선전하고 독립과 자유를 그리워하는 한국 국민들의 목소리를 잘 대변하는 것은 여전히 긍정적인 의미를 가지고 있다.

제6절 임시정부와 독립운동 각 당파와의 관계

한국임시정부와 한국독립운동의 각 당 간의 관계 문제는 항상 이 정부의 건전한 발전 및 국제사회의 인정을 받기 위한 핵심문제로 작용해왔고, 이들간의 상호관계의 변화는 한국임시정부의 발전 과정에서의 중요한 부분이었다.

한국임시정부는 3·1혁명운동이 전국적으로 만장일치로 벌어진 토대 위에서 생성되었으며, 독립광복운동에 참여한 각 정당과 당파들의 공통 투쟁의 결과였다.

이 정부는 출범될 때부터 3·1운동에 참여한 거의 모든 정파를 아우르고 있다. 지역적으로는 보면 기호파와 서북파, 중국 관내파

67) 『中央日報』, 1945年3月14日.

와 만주파로, 정치적 주장으로 따져보면 문치파와 독단파, 불평파와 간부파로, 임시정부를 대한 태도에서 창조파(임시정부 전복 주장), 개조파로(임시정부 개편 주장), 조직 형태로는 한인사회당(후에 고려공산당으로 개명), 신한청년당, 흥사단, 신한동맹, 철혈단, 상해 대동단 등이 나눠어 있다.[68]

이런 상황은 임시정부이 각 정당과 당파들의 연합체로 구성된 정치적 실체임을 반영하며, 한국의 독립광복이 모두의 공통된 목표임을 보여준다. 반면에 이는 각종 정치적 주장과 지역 감정이 새로 탄생된 아직 취약한 임시정부로 전입되어, 이 와중에서 수많은 인사분쟁과 끝없는 내부 갈등에 부딪혀 이 정부의 국제적 이미지와 건강한 발전에 심각한 영향을 끼쳤다.

한국임시정부 수립 초기에는 주로 내정과 외교에서 문치파와 무단파 사이에 심각한 의견 차이가 있었다. 문치파의 주요 대표는 임시정부 대통령 이승만, 임시의정원 의장 이동녕, 노동총판 안창호, 법무총장 신규식, 학무총장 김규식 등이 있다. 그들의 중장은 외교적으로는 외교적으로는 유럽과 미국의 강대국 및 국제 연맹의 지원을 적극적으로 확보하여 일본이 한국에 대한 식민 통치를 포기하도록 강제하고, 내정적으로는 무력폭동을 반대하고, 교육을 선전하여 실력을 축적하며, 점차적으로 한국의 독립광복을 실현하자는 것이었다.

그들 중 일부는 상해 한국인민단장 여운형 같은 몇몇 사람들은

68) 參見楊昭全等: 『中朝關係通史』, 928~929쪽, 長春, 吉林人民出版社, 1996; 胡春惠: 『韓國獨立運動在中國』, 24~25쪽, 臺北, 1976.

심지어 일본 당국에 식민지 정책을 포기하도록 설득하고, 일본이 한국의 독립을 승인하고 동맹을 맺어야 국운을 번창시킬 수 있다고 고취하기까지 하였다. 무단파의 주요 대표사람은 임시정부 국무총리 이동휘, 군무총장 노백린, 교통총장 문창범 등이다. 그들의 주장은 자신들의 무장으로 독립광복 전쟁을 벌이자는 것이고 외교적으로 중국, 소련과 좋은 관계를 맺고 열강에 독립을 구걸하는 것을 반대하는 것이다. 일부는 심지어 즉각적인 군대 역량을 동원하고 국내로 돌아가 독립과 국가 재건을 실현하려고 했다.

1919년 8월 공산주의를 신봉하는 한인사회당 이동휘 위원장이 상해로 파견되어 임시정부 국무총리로 임명되었고 상해에서 활동하던 한국독립운동 지도자들 예를 들면 조완구, 신채호, 조동우, 안병찬 등이 한인사회당에 가입했고 이로써 무단파의 영향력이 크게 증가하며, 임시정부 내에서 우위를 점하게 되었다.

1920년 초 이동휘는 한인사회당 대표 박진순과 임시정부대표 한신권을 모스크바에 파견하여 소련 정부와 공산국제한테 경제적 지원을 요청했다. 소련 정부는 한국독립운동을 지원하기 위해 200만 루블을 주기로 약속했고, 1차 지원금 40만 루블은 한형권이 가지고 귀국했다. 이동휘는 이 자금이 소련이 본당에 대한 지원금이라며 한인사회당에 속해야 한다고 주장하니 임시정부 구성원들이 이를 강력히 반대하고 이씨가 러시아 지원금을 횡령했다고 비난했다.

이 무렵 1920년 11월 상해에 도착한 임시대통령 이승만은 문치파의 지도자로써 미국과 국련의 지지와 임시정부에 대한 외교적 승인을 적극적 주장하고 이렇게 하여 일본의 양보를 요구했다. 파리강화회의 기간 동안에 미국 대통령 윌슨과 국제연맹한테에 국제 신탁의 요청서까지 제출한 바가 있었고 이는 이동휘파의 정치적 주장과 첨예하게 대립하였다.

이동휘는 대일본 무장투쟁을 진행하기 위해 임시정부를 대한민국 국경과 가깝고 소련 정부의 지원을 받기 쉬운 러시아 극동지역으로 옮기라고 제안했고, 이승만 등을 강렬하게 반대했다. 1921년 1월 자금사건의 압박으로, 이승만에 대한 강한 불만을 품고 있는 이동휘는 국무 총리직을 사퇴하고 임시정부에서 퇴출되어, 문치파의 정치주장에 계속 반대하였다. 이에, 이승만은 즉시 성명을 발표하여 이동휘 등의 '죄행'을 규탄하고 법무총장 신규식은 대리 국무 총리로 임명하였다. 이로써, 임시정부 지도부가 처음으로 공개적으로 분열되었고, 정치실권이 문치파에게 넘어갔다.69)

그러나 임시정부의 상황은 결코 독단파 주요 인물이었던 이동휘가 떠나더라도 안정되지 않았다. 이동휘 파는 임시정부 바깥에서 문치파를 반대하는 입장을 계속 견지했을 뿐만 아니라, 한국의 반일독립운동 내에서도 임시정부에 대한 반발이 높아졌다. 호혜춘의 저서 『중국에서의 한국독립운동』에서 임시정부가 직면한 어려움을 이렇게 기술했다.

신채호, 박용만, 신숙 등 반정부 경향의 북경파 인물들은 북경에서 이른바 '군사통일회의'를 개최한 뒤 '군사통일회의'의 명예로 서한을 보내 상해의 한국임시정부에 대한 불신을 공식 나타냈다. 이

69) 參見楊昭全等: 『中朝關係通史』, 928~929쪽, 長春, 吉林人民出版社, 1996; 胡春惠: 『韓國獨立運動在中國』, 24~25쪽, 臺北, 1976.

어 여준, 이척, 김동삼 등이 중국 동북에서 '액목현회의(额穆县会议)'를 열어 이진을 대표로 보내 상해임시정부를 개조해달라고 요구했으며, 원세훈, 신숙, 왕삼덕, 박은식 등도 임시정부 개조를 위한 공동성명을 발표했다. "정구단(正救团)"등 사람은 즉시 이승만을 비롯한 국무원을 맹렬히 비난하였고 좀 늦은 후에, 김약산을 비롯한 조선의렬단이 임시정부지도자들에 대한 비상적 수단을 취하자고 제의했다. 한창 동안에 임시정부는 갑자기 여론의 표적이 되었고, 그들의 독립광복사업을 지도하는 데 어려움이 있음을 짐작케 한다.

이승만은 이 위험한 국면을 만회하려 애썼지만 힘이 없었고, 정권을 잡는 문치파 내부도 사분오열되었다. 3월, 이승만은 이동녕, 신규식 등과 함께 '협성회의'를 발족시켜 취지는 "임시정부를 절대 옹호하고, 광복정신과 협진주의를 장려하며, 국세납부를 독려하여, 군사봉사를 매진한다."는 것이다. 이 선언문을 발표했으나 응답자는 적었다.70)

4월과 5월 사이에는 그는 임시정부 내각을 크게 개편하여 문치파의 중심지위에 있던 유럽미주위원회 김규식 위원장과 노동총판 안창호를 차례로 해임하고 각료들 새로 임명하였지만 세력 간의 갈등은 여전하며, 이로써 이승만은 철저히 실망하였다. 6월 4일, 워싱턴 회의에 지지를 청한다는 핑계로 급히 상해를 떠나 미국으로 간 뒤 상해로 다시 돌아가지 않았다.

한국임시정부가 무장지졸 상태에 놓여 혼란과 어려움의 시기에 들었다. 1923년 4월, 한국임시의정원 조덕진 등 11명이 연명으로

70) 石源華:『韓國獨立運動與中國』, 104쪽, 上海, 上海人民出版社, 1995.

이승만을 탄핵하는 것을 제안했다. 탄핵 사유는 다음과 같다. 정부 소재지를 무단으로 떠나 정무 지연을 초래하여 상황을 수습할 수 없게 되었고, 국무원의 동의 및 국무위원의 임명 없이 명령을 임의로 내렸다. 법률에 따라 각종 행정 배치에 참여해야 할 것임에도 불구하고 이를 따르지 않았다. 유럽미주위원회 부문과 그 직무를 임의로 설치하고 그 부문장을 임명하고 미국 공사를 임명했다. 대외 공채 500만 위안을 사용하고 유럽미주위원회 부의 재정을 임의로 처리했다.71)

그러나 이승만은 이를 무시하고, 아시아와 아메리카에 흩어져 있는 한국교민을 각각 상해 임시정부와 워싱턴 구미위원부가 관리하도록 제안했으며 이는 임시정부에게서 아메리카로부터의 재정 지원을 차단했다. 이에 따라 임시정부 지도자들은 이승만에 대한 불만이 더욱 커질 것으로 예상되었다.

1925년 3월, 임시의정원 나창헌 구성원 등이 『임시대통령 이승만 심판서』를 제출하여 법적으로 이승만의 직무를 해임하는 결의안을 제출했다. 그 후 임시정부의 체제가 계속 바꾸고 내각도 주마등처럼 바뀌면서 임시정부와 반일독립운동의 각 당파의 관계, 문치파와 독단파에 관한 정략적 싸움이 크게 감소하였으며, 무원칙적 파벌 분쟁이 점차 강해지고 임시정부은 소수의 사람들만으로 고생항며 버티고 있는 곤경에 빠지게 되었다.

1927년 4월 한국임시정부가 제3차 개헌을 시행하여 정당 정치로의 전환을확립했다. 이를 위해 임시정부와 반일독립운동의 각 당간

71) 石源華: 『韓國獨立運動與中國』, 127쪽, 上海, 上海人民出版社, 1995.

의 관계에 새로운 변화가 나타났고 이로써, 임시정부를 지지하는 여러 개 정당들이 형성되었고 그들은 점차 여당의 특징을 보이고 있다. 1928년 3월 25일, 이동녕, 안창호 등이 상해임시정부 사무실에서 한국독립당을 창당하였고 주 구성원은 김구, 조완구, 조소앙, 이시영, 안공근, 윤기섭, 엄항섭, 김두봉, 차리석 등 있고 임시정부를 옹립하자는 취지로 많은 사람들이 임시정부에서 재직하였다.[72]

1929년 3월 한국독립당은 조선혁명당, 상해한인소년동맹, 애국부인회, 여자청년동맹 등과 하나로 병합되어 여전히 한국독립당으로 불린다. 조완구를 이사장으로 하고, 이동녕, 김구, 안창호, 조소앙, 이시영 등을 이사로 하여 임시정부를 지지하는 취지로 삼았다.[73] 1932년 10월, 한국독립당은 조선혁명당, 한국혁명당, 조선의열단, 광복동지회 등과 함께 "한국대일 통일전선동맹"을 결성해 반일광복투쟁을 진행하였다.

1935년 7월에는 이 당은 조선의열단, 조선혁명당, 신독립당, 대한독립당과 함께 "조선민족혁명당"을 공동 창립하여 대한민족 혁명의 최고 조직체로 자리 잡았다. 신당은 선언문을 발표하여 정치강령을 천명하였으나 임시정부에 대해서는 반대의 입장을 취했다. 같은 해 9월 옛 한국독립당 일부 당원 조소앙, 이청천, 최동작 등 11명이 정견 차이로 조선민족혁명당을 탈당하고 항주에서 한국독립당을 재편성해 임시정부를 계속 옹호하고 비교적 보수적인 민족주의 전통

72) [韓]玄主煥: 『韓國移民史』(上) 703쪽, 轉引自楊昭全等: 『關內地區朝鮮人反日獨立運動史料彙編』, 224쪽.

73) 潘公昭: 『今日的韓國』, 142쪽, 中國科學圖書儀器公司, 1945.

을 유지하며 임시정부의 주요 지지역량으로 자리 잡았다.[74)]

한국국민당은 한국임시정부와 밀접한 관계를 유지하고 있는 또 하나의 중요한 당파이다. 1935년 7월 김구를 비롯한 일부 한국독립당 인사는 조소앙 등이 조선민족혁명당에 병합한 것에 불만을 품고 11월에 한국국민당을 따로 창당하였다. 창당 경과에 대해 김구는『백범일지』에서 다음과 같이 회고했다.

이번 통합에 대해 적극적으로 행동하는 사람은 김약산, 김두봉 등 의열단원들은 임시정부를 눈엣가시로 여기고 임시정부 해체를 적극 주장했다. 당시 임시정부의 국무위원인 김규식, 조소앙, 최동목, 송병조, 차이석, 양기탁, 유동설 등 7명 중 차이석, 송병조 두 명을 제외한 다른 5명은 통일합병에 동의하였고 임시정부에 무관심했다. 김두봉은 임시정부의 소재지 항주로 달려가 차익섭, 송병작한테 5당이 합당하는 오늘, 유명무실한 임시정부를 반드시 해체해야 한다고 강경하게 제안했으나 송병조, 차이석 두 사람은 단호히 반대했다. 그러나 7명 중 5명이 기권하는 바람에 국무회의가 열리지 못했으니 사실상 완전 무정부상태라고 할 수 있다. 완구 형이 편지로 이 일을 알려줬고, 나는 매우 화가 나서 바로 항주로 떠났다. 이때 김철은 이미 병사했고, 5당 합당에 참여했던 조소앙은 이미 민주혁명당을 탈당했다. 항주에 사는 이시영, 조완구, 김붕준, 양소벽, 송병조, 차이석 의원 등과 임시정부를 계속 유지해야 한다는 문제를 상의한 결과로 가흥에 같이 갔고 거기에 있던 이동녕, 안공근, 안경근, 엄항섭 등과 함께 남호의 요트를 타고 배에서 회

74) 潘公昭:『今日的韓國』, 142쪽, 中國科學圖書儀器公司, 1945.

의를 개최하여 이동녕, 조완구, 김구 등 국무위원을 3명 증원한 것이었다. 여기에 송병조, 차이석 두 명 포함하여 모두 5명이니 국무회의를 열 수 있다.

5당 통일론이 대두되었을 때, 어떤 동지들은 다른 단체를 새로 조직하자고 주장했지만, 나는 끝까지 반대했다. 왜냐하면 한 단체가 더 추가되면 파벌 싸움이 길어질 것이기 때문이다. 지금 임시정부가 유지되려면 배후에 정부를 옹호하는 단체가 있어야 하고, 게다가 조소앙은 이미 한국독립당을 재창당했기 때문에 내가 창립할 새 단체는 통일에 도움이 되고 동지들의 동의를 받아 한국국민당을 조직했다.[75]

이를 통해 한국국민당이 임시정부를 수호하기 위해 창당되었음을 알 수 있다. 김구가 이사장이고, 이사는 이동녕 송병조 조완구 차리석 김붕준 안공근 엄항섭이며, 감사는 이시영 조성환 양묵이 맡았다.[76] 이 당은 정치적으로 중국국민당과 밀접한 관계를 유지하고 있으며, '삼균주의'와 토지 국유화를 정치강령으로 삼고 있다. 중국국민당은 이 당에 대한 강력한 경제적 지원과 정치적 비밀리의 보호로 창당 초기 100여 명의 구성원으로 급성장했고 1936년 7월과 1937년 2월 각각 외부단체인 '한국국민당 청년단'과 '한국청년 전위단'을 조직해 한국독립운동 각 단체중 매우 활약하고 한국임시정부를 지지하는 중심세력으로 부상했다.

---

75) [韓]金九: 『白凡逸志』, 233~234쪽, 民主與建設出版社, 1994.

76) [韓]玄主煥: 『韓國移民史』(上), 717쪽, 轉引自楊昭全等: 『關內地區朝鮮人反日獨立運動史料彙編』, 239쪽.

한국임시정부를 지지하는 또 다른 중견 단체는 조선혁명당이다. 이 당은 1920년대 중반 중국 동북부에서 활동한 한교민 민족주의 단체 '정의부(正義府)'에서 발기되었고 항일무장력을 지도하고 반일 유격전쟁을 진행하였는데 주 지도자들은 현하죽, 현익철, 이청천 등이 있다. '9·18'사변 이후 이 당은 관내로 옮겨 활동했고, 김구파와 협력해 청년들을 중국 낙양군사학교에 보내 군사훈련을 받은 바가 있었다. 1932년 10월, 1935년 7월에는 조선의열단이 조직한 '한국대일통일전선동맹'과 5당으로 병합된 '조선민족혁명당'에 참여했다.

1936년 4월 이청천, 최동작 등은 김약산 파의 독과 재정 통제에 불만이 많고 많은 사람들을 데리고 조선민족혁명당을 탈당하여 남경 부자묘 근처에서 조선혁명당 조직을 복원시켜 이청천, 최동작, 유동설, 이광제, 박세창, 양기탁, 현익철, 김학규, 강창제 등을 중앙집행위원으로 임명되었다. 이 당의 정치강령은 한국국민당에 가깝고, 한국임시정부를 지지하는 태도를 취한다. 또한, 중국 동북부에서 항일 유격전쟁의 경력과 성과도 있으니 임시정부는 군무부 산하에 군사위원회를 설치하고 있어 이 당의 성원으로 편성했고 이는 정치적 안배와 위로이면서 군사투쟁의 장점을 살리기도 했다.77)

1937년 중국의 중일전쟁이 전반으로 발발했을 때 한국국민당, 한국독립당, 조선혁명당은 한국임시정부를 지지하는 비교적 안정적인 정당으로 정착되었다. 한국반일독립운동이 다시 고조되는 새 시기를 맞아 임시정부의 지도자들이 8월 17일 위의 3당을 중심으로 미주, 하와이 한교민단체 등 9개 단체를 묶어 '한국광복운동단체연

77) 胡春惠: 『韓國獨立運動在中國』, 226~228쪽, 臺北, 1976.

합회'를 결성하여 중국국민정부 통치권내 한국 우익 민족주의 정당의 연합을 이룩했다. 10월, 이 연합회는 선언문을 발표하고 다섯 가지 임무를 제출했다.

(1) 우리 전체 민족의 선전을 확대한다.

(2) 우리 중·한 민족의 생사존망의 관계를 선전한다.

(3) 독립과 자유를 향한 새 길을 개척한다.

(4) 직접 일하는 각종 패턴을 발양한다.

(5) 강도인 일본의 모든 만행과 부서진 과정의 각종 형세를 폭로시키고, 우방과 약소민족의 혁명동지를 제공하여 국제여론을 불러일으키고, 일본을 징벌하며, 두 나라의 치욕을 씻어주어 잃어버린 국토를 회복할 것을 맹세한다.78)

잠시 후 중국 국민정부 통제구역 내에서 활동했던 한국 좌익민족주단체인 조선민족혁명당, 조선민족해방동맹, 조선혁명자연맹도 11월 '조선민족전선동맹'을 결성하여 기본강령과 현재의 투쟁강령을 세우었는데 한국임시정부를 여전히 반대 입장을 취하고 있다.

한국임시정부는 구성원들이 우익 정당에 국한된 상황을 극복하고 임시정부의 전투력을 강화하기 위해 반일독립운동 각 당파들이 임시정부 지도하에서 어떻게 단결과 통합을 실한하기 위해 노력했다. 1938년 5월 7일 한국국민당, 한국독립당, 조선혁명당의 3당 당수는 창사 남목청(楠木厅)에서 회의를 열고 3당이 합당하고 통일

78) 『韓國光復運動團體聯合宣傳委員會宣言』, [韓]韓國國史編纂委員會: 『韓國獨立運動史』資料2, 486쪽.

된 임시정부의 여당을 창당하기로 논의하였으나, 조선혁명당 당원 이운환이 회의장을 습격하여 현익철을 죽이고 김구, 류동열이 중상을 입었으며, 이청천이 경상을 입었다는 심각한 결과가 발생하여 삼당합당은 당분간 그만두었다.[79] 이듬해 5월에는 중국 최고 당국의 권유와 재촉으로 두 대표적인 당파의 지도자인 김구와 김약산이 『연합선언』을 발표하고 중국 관내 모든 한인혁명단체를 해산하고 단일조직을 재건할 것은 '급선무'로 삼았다.

그해 8월 27일 중국국민당 중앙당부의 추진으로 한국7당 통일회의는 중국사천 치장에서 개최되었고 이 회의에 참가한 당파는 광복전선 측에는 한국국민당, 한국독립당, 조선혁명당이 있고, 민족전선 연맹측에는 조선민족혁명당, 조선혁명자동맹, 조선민족해방동맹, 조선청년전위동맹 등 7개 정당이 있다. 중국국민당 중앙통계국 파견한 대표가 이 회의에 참석했다.

이번 회의에서는 조선민족해방동맹과 조선청년전위동맹이 주의(主義)가 다르기 때문에 단일당 방식의 각 당파 통합에 결단코 반대하고 우왕좌왕하다가 퇴장했다. 이어 나머지 5당은 통일협상을 계속했고, 조직 방식에서는 5당 모두 통일조직 창설을 주장했으나 통합당의 조직, 당의, 정책 등에 의견이 맞지 않아 통합되지 못하고 결렬되었다. 7당 통일회의의 실패에 관해, 회의에 참석한 중국국민당 중통국 왕영생은 그 이유를 다음과 같이 밝혔다.

첫째, 민족적 단결 정신이 부족했다. 조선 민족은 각자의 강한 성격을 가지고 있으며, 상대적으로 자만심이 강해 젊은세대가 기성

79) 石源華: 『韓國獨立運動與中國』, 245쪽, 上海, 上海人民出版社, 1995.

세대를 둔갑이라 여기고, 기성 세대는 젊은이를 어리석고 무지하게 여긴다. 각자가 자기만의 생각을 갖고 있어 정신이 흩어져 있어 의견 차이가 나타나고 정당이 많이 난립했다. 이러한 민족적 본질은 통일 실패의 원인으로 작용했다.

둘째, 위대한 지도력이 부족하다. 한국당의 수령인물이 덕망이 높고 민중을 동원할 수 있는 인물은 김구와 진국빈(즉, 김약산) 두 명 뿐이다. 김구는 높은 덕망적 명성과 근면 정신을 가지고 있어 혁명을 지도하기에 충분하지만 재능은 약간 부족한 편이다. 김약산은 재능이 김구보다 우세하지만 덕망은 전체를 지도하는데 미치지 못하므로 위의 두 사람은 각각 단점이 있어 당원들의 절대 순종을 보장하기 어렵다.

셋째, 중심적 사상이 부족하다. 한국혁명당의 역사는 약 20여년이고 대외적으로 민족사상으로 대중을 지도하는 경우가 많았지만 내부 당원들을 위한 구체적인 중심 사상은 아직 세워지지 않았다. 이로 인해 외부의 다양한 사상이 침투되어 저항하기 어렵게 되었으며, 결과적으로 이로 인해 이념적 파벌이 발생하고 당 내부에서의 갈등과 대립이 발생하게 되었다.

넷째, 각 당파 간의 의심이 심하다. 한국 각 당은 선천적인 불건전함으로 인해 행동이 불안정하며 우왕좌왕하고 변덕스럽다. 협력하기도 하고 갈라질 때 있으니 당파간의 상호 신뢰가 없어졌다.80)

7당 병합에 실패하자 한국임시정부 지도자들은 임시정부를 옹호

80) 汪榮生: 『綦江韓國七黨統一會議經過報告書』, 『國民政府與韓國獨立運動史料』, 18~28쪽, 臺北“中央研究院”近代史研究所, 1988.

하는 3당을 우선 통합하기로 했다. 1940년 5월 8일, 한국국민당, 한국독립당, 조선혁명당은 중경에서 선언문을 발표하여 기존 조직을 해산하고 한국 독립당이라는 새 정당을 창당했다. "과거 3당이 공통된 당의, 당강, 당책을 계승하여 본당 혁명의 정치신조를 확립하고 앞길의 장애를 뚫고 신행의 관념을 굳건히 지키자." "한국임시정부를 옹호·지지하는 것'을 중요한 당책으로 명시하였다.[81] 이 당은 김구를 위원장으로, 홍진, 조소앙, 이청천, 김학규, 유동설, 송병조, 조성환, 안훈, 조시원, 엄항섭, 김봉준, 양묵, 차이석, 이복원을 위원으로 선출했다.

10월에는 한국독립당은 한국임시정부의 제4차 '개헌'을 주최하고, 새 헌법에 따라 김구를 임시정부주석으로 선출하고 대내적으로는 행정정상, 대외적으로는 국가원수로 한다. 한국독립당 지도부가 임시정부 국무위원 및 각 부장을 맡게 함으로써 독립당은 임시정부의 집권당이 정착되었고 독립당, 임시정부, 광복군 삼위일체의 새로운 체제를 갖추게 되었다. 새 정부의 호소력과 전투력이 한층 강화되면서 반일독립운동은 새로운 국면을 맞게 되었다. 그러나, 조선민족 전선연맹 의 각 당파는 여전히 임시정부에 대해 "상관없는 대토"를 취하고 있다.

그 이유는 세가지가 있다. 첫째, 국토가 광복되기 전이므로 임시정부는 국민이 없는 외국에서 그 정권을 실행할 수 없었다. 둘째, 각국이 아직 임시정부을 승인하거나 지원하지 않고 있다. 세째, 현

---

81) 『韓國獨立党創立宣言』, 參見[韓]秋憲樹: 『韓國獨立運動史』(2), 136~137쪽.

재 임시정부는 각 혁명단체나 국내 국민의 민주적인 합법 선거에 근거하지 않고 조직되었기 때문이다.[82] 따라서 임시정부의 기구만을 유지하는 것은 별로 의미가 없다. 이런 상황은 임시정부의 이미지에 손상을 줄 뿐만 아니라 중국과 국제사회한테 승인과 지지를 받는 데에도 도움이 되지 않는다.

태평양전쟁 전날 밤에는 국제 정세의 변화는 임시정부의 발전에 유리해지고, 또한 중국 여야가 한국 양파의 단합, 통일을 강력히 촉구하자 조선민족혁명당 등 좌익 정당들은 임시정부에 대한 태도가 바꾸기 시작했다. 1941년 5월, 이 당은 제5기 7차 중앙전체회의를 개최하여 임시정부에 참여하고 지원하기로 하고, 조선민족 전체를 대표하는 기구이자 조선혁명대중의 최고 전투지휘부가 되도록 임시정부를 확대해야 한다고 주장했다.[83] 이후 임시정부, 한국독립당과 조선민족혁명당 등이 논의를 거듭했다. 1942년 5월, 중국군사위원회는 조선민족혁명당이 이끄는 조선의용대를 임시정부가 지도하는 한국광복군에 편입시키라는 명령을 내렸고 우선 양대파의 군사적 협력통일을 이뤄냈다. 8월 조선민족전선동맹은 "각 당과 각 파벌은 공동 임시정부가입"을 공개적으로 주장하고 "조속히 의회를 소집하여 부족한 의원을 보충하라." "정부기구를 강화하고 발전시켜라"고 요구했다.[84]

82) 『朝鮮民族革命党第六屆全黨代表大會宣言』, 參見[韓]秋憲樹: 『韓國獨立運動史』(2), 204~211쪽.

83) 『朝鮮民族革命党第六屆全黨代表大會宣言』, 參見[韓]秋憲樹: 『韓國獨立運動史』(2) 204~211쪽.

84) 『八二九第32周年琴恥紀念宣言』, 『新華日報』, 1942年8月29日.

10월, 한국임시의정원은 제34차 회의를 열어 조선민족혁명당 의원 몇 명을 보충·선거해2개 부처의 장관과 6개 부처의 차장을 이 당에 넘겨주면서 초보적으로 임시정부 내부 양당의 협력을 실현했다. 그러나 조선민족혁명당은 이에 만족하지 않고 이 두 정당의 정치강령이 서로 다르고 구성성분과 계급기반이 각각 다르며 경비배정, 권력분배에 마찰과 충돌이 끊이지 않았다. 1944년 4월 임시의정원은 제36차 회의를 열어 조선민족혁명당의 김규식을 부주석 1명으로 늘리는 한편 국무위원을 14명으로 늘리고 이 당원 4명을 차지하고 3개 부장을 맡아 임시정부에서 실질적인 위상이 높아졌다. 이런 상황은 종전 때까지 계속되었다.85)

한국임시정부는 형식적으로 중국국민정부 통치 구역에서 활동하는 대한민국반일 독립운동의 주요 정당들의 연합정부가 정착되었고 제36차 임시의정원 회의 이후 한국독립당, 조선민족혁명당, 조선민족해방동맹, 조선무정부주의자 총동맹은 공동선언문을 발표하고 그들의 공동의견을 정중히 선언하였다.

첫째, 우리 4정당은 이번에 수정된 임시헌장을 전 민족 행동의 최고 준칙으로 인정하며 우리가 솔신수범으로 이를 준수할 것이다.

둘째, 우리 4정당은 신임 정부주석겸 국무위원인 김구 선생은 한민족의 최고 지도자라는 것을 인정하고, 우리가 앞장서서 성심성의껏 옹호하고 지지해야 한다.

셋째, 임시정부의 기치 아래, 우리 4정당은 민족 전체를 단결하

85) 胡春惠: 『韓國獨立運動在中國』, 270~272쪽, 臺北, 1976.

고 동원하며, 일본 제국주의자에게 최후의 대결을 펼칠 결의를 하였다.

넷째, 중, 미, 영, 소 동맹국 및 전 세계 모든 정의로운 인사들의 동정과 지원을 얻기 위해 특히 최단 기간에 임시정부의 국제적 승인과 강력한 국제지원을 얻기 위해 우리 4정 당은 적극 노력해야 한다.86)

임시정부의 이런 행동은 좋은 결과를 가져왔다. 중국의 국민당과 공산당, 그리고 언론 매체들이 각각 다른 방식으로 한국반일독립운동 각 당파의 통일을 축하하며 임시정부의 국제적 이미지도 많이 개선되었다. 임시정부는 이 기회를 타서 국제사회로부터 인정과 지원을 요구하는 외교적 공세를 전개했다. 6월 임시정부는 각각 중국 국민당 제5기 12중전회와 중, 미, 영, 소 등 30여 개 동맹국에 각각 각서를 보내 각국이 승인하고 필요한 물질적 지원을 해준 것을 요구했다.

하지만, 임시정부의 주역은 여전히 한국독립당이었고, 한국독립운동 두 정당의 결합은 세계 정세의 영향 때문이었고, 더 큰 것은 중국 당국의 권유나 압력 때문이지, 양당의 진심 어린 협력에서 나온 것은 아니었다. 조선의용대가 한국광복군에 가입하고 조선민족혁명당은 임시정부에 통합되면서 양당 간 오랫동안 형성된 정책적인 차이와 종파적 감정도 한국광복군과 임시정부에도 들어오면서 수많은 정치 갈등을 일으켰다. 두 정당의 갈등은 물론이고 집권한 한국독립당마저 다시 분열이 일어났다.

86) 『四党聯合宣言』, 參見[韓]秋憲樹: 『韓國獨立運動』(1), 354쪽.

1945년 2월에는 한국독립당 내 일부 원로인 홍진, 유동설, 유진동 등과 급진적이고 억압받던 일부 젊은 사람들이 조선민족혁명당의 탈당자들과 함께 임시정부에 맞서는 신당인 신한민주당을 창당했다. 이 신한민주당은 임시정부가 '무능력, 안목이 짧은 소수자' 손에 쥐고 있는 것을 비판하며 "짧은 시일 내에 국내외 민주지도자들을 적절히 초청해 독립운동자대표대회를 열어 절박한 문제를 해결하고 정권을 제때 회수하고자 노력해야 한다."고[87] 주장했다. 이렇게 함으로써 임시정부를 배꼽을 잡고 궁지에 몰아넣었다.

한국임시정부는 한국반일독립운동 내부 각 정당과의 관계 문제에 대한 노력을 기울였고, 일정한 성과를 거두었지만, 전반적으로 보면 한국반일독립운동의 각 당파 통일문제는 제대로 해결되지 못했고 이런 상황은 임시정부의 발전과 최종 결말에 막대하고 치명적 영향을 미쳤다고 할 수 있다.

제7절 임시정부와 국내 국민의 연락

한국임시정부는 중국에서 약 27년간 투쟁해 왔고 오랜 동안의 반일독립운동의 실천이 있지만 본국 국민과의 연락이 부족하고, 그들의 전투교류도 할 수 없으며, 또한 국내외 국민을 하나의 단단한 전투실체로 뭉쳐지지 못한 것이 임시정부의 치명적 약점이자, 이는 국제사회가 임시정부를 승인하지 않는 중요한 이유이기도 하다.

그럼에도 불구하고 각 시기의 임시정부 지도자들이 가능한 한,

87) 『新韓民主黨創立宣言』, [韓]韓國國史編纂委員會: 『韓國獨立運動』 資料 2, 535~536쪽.

최선을 다해, 한국국민들의 반일광복투쟁을 이끌기 위한 여러 측면에서 많은 노력을 했고 이는 한국독립운동 투쟁사의 중요한 부분으로 기록되어 있다.

한국임시정부 수립 초기에, '혁명의 거인'으로 칭송받던 안창호는 내무총장으로서 혁진적이고 임시정부에 '연통제'란 체계를 제안하고 입안했다. 1919년 7월 10일, 한국임시정부는 '국무원 제1호령'을 반포하고, '연통제'를 임시정부의 국내용 비밀행정조직으로 선포하여 내무부 관할하에 있었고, 34개의 특별조례가 제정되었는데, 그 요지는 다음과 같다.

(1) 정부와 국민간 잘 소통하기 위하여 본지와 외국거류지 간에 비밀연락처를 설치한다.

(2) 국내의 각 도(道)에 감독부를 설치하고, 각 군에 총감부를 두었으며, 국외에 거주하는 한국인은 상황에 따라 각 부(府)를 설치하였다.

(3) 감독과 부감독은 임시정부 내무총장의 추천을 받아야 하고 국무총리가 임명해주며, 감독부의 서기 및 재무관은 감독이 임명하고, 내무총장에게 보고하며, 감독은 내무총장에게 책임을 지고 법령을 집행하고 관할구역의 사무를 처리한다.

(4) 연통의 각 부는 15일마다 반드시 직속 하급자와 소식을 교환해야 하고 정부는 법령 및 기타 공문을 공포하여 정부, 감독부, 총감부, 사감부의 순서에 따라 국민에게 하달한다.

(5) 연통 각부의 직책으로는 정부의 법령과 기타 문서를 선전하고, 국민들이 독립시위운동을 진행할 수 있게 격려하며, 장차

일본군과 본격적으로 싸울 때 군대의 소집과 군수품의 수송 등을 담당하였다.88)

임시정부가 시행한 '연통제(聯通制)'는 정부와 국내외 국민간의 연락을 취하는 지방 행정 체제뿐만 아니라 지방 행정을 지휘하고 감독하에 반일 독립운동의 기본조직을 통일적으로 지도하는 것을 의미했다.

임시정부의 조직과 실시하에 '연통제'는 한국국내에서 널리 보급되었다. 10월 17일 임시정부가 '통제방법'을 공포했다. 11월 30일 서울에서 임시총괄부서를 설치하여 국내에서 '연통제'의 각종 조직을 정식으로 확대하고 보급했다. '연통제'는 교육계, 종교계, 관공서에서 특히 지식인들 사이에서 강한 반응을 일으켰다. 1920년 말까지, 현재 9도 1부 45군 및 중국 동북3성에서 이에 어울린 조직을 구축했고 각급 관료도 임명했다. 그 명단은 다음과 같다.89)

황해도	감독: 최석호, 내무사: 간병제, 재무사: 장홍범, 경무사: 김기형 재령군감: 김염영, 송하군감: 최홍달, 신천군감: 방금신, 서흥군감: 이건필, 안악군감: 한석규, 장연군감: 최홍기 은율군감: 장의택, 해주군감: 노선형
평안남도	독판: 이덕환, 내무사: 윤성운, 재무사: 최용훈 평양부장: 김성탁, 진남포부장: 김지간 대동군감: 노인묵, 용강군감: 김병관
평안북도	독판: 안병찬, 내무사: 김시저, 재무사: 김승만 교통사: 김두만, 경무사: 신기언 용천군감: 함일형, 정주군감: 조욱균, 태천군감: 배동린

88) 石源華: 『韓國獨立運動與中國』, 43쪽, 上海, 上海人民出版社, 1995.
89) 根據[韓]韓國國史編纂委員會: 『韓國史論』第10輯, 112~120쪽.

	운산군감: 최창렬, 벽동군감: 김석부, 강계군감: 김수장 초산군감: 남정봉, 선천군감: 오희갑, 희천군감: 양찬훈 의주군감: 송문정, 영변군감: 지희전, 구성군감: 이춘모 창성군감: 강제희, 삭주군감: 송영호, 위원군감: 저울모 자성군감: 김힐의, 후창군감: 김폐태
함경남도	독판: 윤화수, 내무사: 이익로, 재무사: 오명근 교통사: 권승경, 경무사: 홍기진, 경감: 박원팔 함흥군감: 김준, 영흥군감: 한창현, 덕원군감: 강기찬 홍원군감: 이상종, 정평군감: 원정준, 신흥군감: 유승해 익원군감: 강수현
함경북도	독판: 오중묵, 경감: 최방훈 최필주 회령군감: 진홍진 경성군감: 이상호 경흥군감: 김문협
충청북도	독판: 이용, 청주군감: 정운회, 회산군감: 서정은 단양군감: 원용갑 디천군감: 이의식, 충주군감: 박승익
전라북도	독판: 이석현
전라남도	독판: 기석연
경기도	인천부장: 최응삼 간북남부총판부 총판: 구춘선, 부총판: 방우룡, 총무: 금함 간북북부총판부 총판: 서일, 부총판: 현천묵, 총무: 김준근 간서부판부 총판: 여준, 부총판: 김형식

'연통제'의 실행으로 임시정부와 한국국내 및 중국 동북지역의 교포들 간의 접촉이 크게 강화되었고, 국내와 중국동북지역의 홍보, 통신, 연락, 모금 및 친일파 총살, 기밀정보획득, 반일근거지 구축 등의 활동이 한창 활발해졌으며, 점차 더 많은 교사, 학생, 선교사, 승려 등 지식인들이 임시정부의 깃발 아래 다양하게 반일 광복운동을 벌이고 있었다. 하지만 얼마되지 않아, 이 연결망은 오래 지속되지 않았고 곧 일본 경찰에 파괴되었고, 엄한 수색과 잔혹한 탄압으로 인해 임시정부와 한국내 국민들간 어떠한 연락도 극

도로 어려워졌다.

20년대 중후반, 임시정부가 어려운 시기를 겪었고, 국내와의 연락도 끊어졌다. 1931년 '9·18사변' 이후 한국반일독립운동은 점차 부활하면서, 임시정부는 국내와의 연락도 점차 회복되었다. 김구가 이끄는 한인애국단은 애국지사를 일본에 보내 천황암살을 하게 하고 상해 홍구공원 폭탄사건 등 일으켰고 국내도 잠입한 한국인들을 통해 반일암살활동을 전개했다.

예를 들어 김구는 제자 나석주를 서울로 보내 총과 폭탄을 들고 일본군 7명을 살해한 뒤 나석주는 자살하였다. 또한, 이덕주 유진식을 귀국시켜 일본의 조선총독을 암살하게 하고 유상근 최흥식을 중국 동북으로 파견하여 일본 관동군 사령관을 암살하도록 했다.

그 이후로, 임시정부는 중국국민당의 지원을 받아 군사 간부들을 훈련시키기 시작했고, 훈련 받은 한국 지사를 계속해서 국내로 보내 혁명활동에 참여시키기도 하였다. 그러나 장기간 동안 이런 활동은 산발적이고 개별적이어서 큰 효과를 거두지 못하고 막중한 정치적 영향도 생기지 못했다.

1937년 중일전쟁이 전반적으로 발발한 후, 한국독립운동도 다시 고조되자 임시정부는 이른바 '후방에서 소란 피우기'를 중요한 임무로 삼았다. 7월 30일, 김구는 중국 당국에 제출한 『한국국민당 전시 후방소란계획요약』 에서 구체적 계획을 제시하며, 한국인이 적후에 깊숙이 침투해 '일본 방해' 작업을 하는 것이 "가장효과적이고 쉽게 효과를 거둘 수 있는 것이다"라고했다.[90] 1940년 5월 한국임시정부 김구는 『총동원방략』을 세우고 국내 사업에도 계획을 제정하여 주요 내용은 다음과 같다.

첫째, 대종교, 대도교, 예수교, 불교 등각 종교단체에 절실하게 연락을 받고 좋은 방법을 찾아서 적의 기구에서 당단(党团)의 역할을 제대로 수행한다.

둘째, 농민의 소작물(소작) 논쟁과 노동자의 노력의 대립을 활용해 농공단체의 옛조직을 확장하여 적시에 가동할 준비를 한다.

셋째, 지식인과 학생들에 내재된 불평등한 심리를 이용하여 혁명조직에 도입시켜 단기훈련을 시켜 민중의 활동을 지도하게 한다.

넷째, 적군 각 기관 내 한국인을 선동하여 동맹 파업을 일으키게 한다.

다섯째, 중국 중일전쟁 총반격이 시기가 무르익고 동맹이 총궐기할 때, 다만3·1운동의 실패를 감안하여 맹렬하고 실질적인 무장투쟁을 취한다.[91]

1944년 3월 8일, 임시정부는 중국국민당 중앙에 제출한『공작대강』에서도 국내 업무에 대한 일부 계획을 수립하기로 결정했다. 국내 조직 문제를 규정하면서 "현재로서는 외국에서 직접 업무자를 선발하지 않고 과거 했던 초보조직의 토대로, 조직을 재확장해야한다. 인력 파견 방법은 중국 화북에서 동북, 국내로 하는 식으로 한다."[92] 중일전쟁 발발할 때, 임시정부는 국내 사업에 대해 논의와 결정을 했지만 실제로는 전개되지 않았다.

---

90) 石源華:『韓國獨立運動與中國』, 227쪽/上海, 上海人民出版社, 1995.

91)『韓國光復軍編練大綱』,『國民政府與韓國獨立運動』, 241~242쪽.

92)『韓國臨時政府工作大綱』, 參見[韓]秋憲樹:『韓國獨立運動』(1), 416~419쪽.

한편으로 이는 중일전쟁의 객관적 환경 때문이고 다른 한편으로 임시정부의 실력부족과 국내작업에 대한 중요성에 대한 인식 부족을 반영하고 있다. 이에 대해 임시정부 내에서 반대파들은 비평의 견이 많았다. 이와 관련하여 이광제는 중국 국민당 중앙비서관 오철성에게 서한을 보내 "임시정부가 본국국민의 배경이 없다." "국내업무에 대해서는 스스로 하지 못하고, 다른 사람이 하지 못하게 하며, 다른 사람과 협력하지 않는다."며 "한국혁명의 중심은 국내에 있어야 하고 국내 혁명의 중심은 천도교에 있어야 한다."93) 중국 정부에 확실하게 천도교를 지하도록 요청했다. 이런 비판은 당시 파벌 싸움의 측면을 가질 수 있지만, 지적한 내용은 사실이다.

1945년 초까지 한국임시정부는 비로소 국내사업을 중요한 위치에 올려놓았다. 이는 세계 반파시즘 전쟁의 승리가 가까워지면서 동맹군이 한국 본토에 진입하여 작전이 현실화되었고, 국내 지하군을 조직하여 동맹군과 협력하는 것이 필요해진 것에 기인한다. 다른 한편은 임시정부가 국제사회한테 승인과 지지를 얻는 과정에서 여러 차례 좌절을 겪었고 이로 인해 미국과 영국 등이 임시정부를 반대하는 주 이유 중 하나로 국내민중들과 밀접한 관련이 없고 한국을 대표할 만한 정부도 아니다. 국내 사업을 강화하고 이미지를 전환하는 것이 외교목표를 달성하기 위한 전제조건이 되었다.

3월 임시정부는 『군사계획서』를 작성하고 전반적인 방향을 제시했다. '한반도를 점령한 왜적을 소멸시켜 독립적이고 자유로운 국가를 세우기 위해, 즉시 각종 군사역량을 구성하여 동맹군과 함께

93) 李光濟 : 『報告書』, [韓]秋憲樹 : 『韓國獨立運動』(2), 440~443쪽.

작전하며 육해 양면으로 적을 공격하여 소멸시키는 것.” 이 목표로 세우고, 국내 지하군을 조직하는 것이 가장 중요한 급선무이고 이 계획서에 따르면 “통사부는 직접 지하군 조직 기구를 설치하고 한국 본토에 간부를 파견해 기존 애국 조직의 지하군을 일으켜 적시에 내륙에서 적군을 공격하고 민중들이 적군에 대항하도록 지도할 것”으로 규정한 바가 있다. 계획서는 지하군을 구체적으로 배치하겠다고 하고 “비밀지휘부를 경성에 두고, 지부를 용산, 평양, 나남, 대구 등의 적군이 있는 곳에 두며, 각 요지에 세포를 넓게 두어 모집된 한국군을 조직하여 적의 군사조직을 파괴하고, 적군 중의 한국인 애국지사를 흡수하도록 하였다.

또 기본 군대를 강원도 산지에 은둔시켜 광복군, 동북의용군 또는 해상한군이 한국 본토에 접근할 때면 적의 교통로를 파괴하고 나아가 경성을 점령하여 적군의 남북교통을 차단하고 적을 섬멸하는 데 우군에 협력한다. 계획서에는 지하군의 공급방안과 통신연락방안을 규정했다.

또 “적절한 시기에 적 창고를 탈취해 지하군의 장비에 보충하고 중·미 정부와 교섭해 항공기로 보급하며, 동북한국인의용군 및 내륙지하군 통신연락은 주로 육로로 설치한 비밀교통로를 이용해 적군 기설통신기관을 활용해 비밀방법으로 구축하고 나서 무선연락을 시도하고, 이후 연합군 항공기를 이용해 연락을 취하고자 한다.”고 지하군의 보급방안과 통신연락방안을 규정했다.94)

이 계획에 따라 광복군은 ‘국내 정진군’을 편성하기 시작했다.

---

94) 『軍事計畫書』, [韓]秋憲樹: 『韓國獨立運動』 (1), 170~171쪽.

미군OSS의 지원과 도움을 받아 '국내진출군대편성표'를 작성했다.[95)]

총지휘: 이범석

부관: 김성근

본부요원: 이재현, 민영수, 김동, 이윤장, 강일융, 오건, 한경수, 김동걸

제1지구 대장: 안춘생

평안도반 반장: 강정선

1분대 장덕기 계의성 장철

2부 팀 김용 이지홍 이우경

3부 김중호 전성윤 선우기

4부 김영호 박명광 안국보

황해도 반장: 송면수

1부 노성환 황삼룡 이동환

2부 홍기화 중영 석호문

3부 이우성 허풍석 송수일

경기도반 반장: 장준하

1분대 이승 이명 박수덕

2부대 송창석 정정산 최문식

3부대 김유길 오서희 이순승

95) [韓]韓詩俊: 『韓國光復軍硏究』, 295쪽, 韓國一潮閣, 1993.

제2지구 대장:노태준

충청도 반장: 정일명

1부대 이덕산 박영섭 김욱배

2부대 팀 장재영 박재화 송형석

3부대 윤치원 윤태현 김세용

전라도반 반장: 박훈

1분대 노능서 신국빈 김상을

2부대 이정선 장두성 백준기

3부대 임재남 한종원 박금동

제3지구 대장: 노복선

함경도 반장:김용주

1부대 석근영 태륜기 이욱승

2부대 최봉상 김덕원 김선옥

강원도 반장:김준엽

1부대 이계현 임시정부근 이준명

2부대 고철호 홍재원 김성갑

3부대 김춘정 동방석 이호길

경상도 반장: 허영일

1부대 김성환 구자민 이동학

2부대 유덕량 이지성 윤재현

3부대 이종무 이건림 이운학

8월 7일, 임시정부 김구 주석은 미군OSS책임자인 도널드 울런 소장과 합의에 도달하해 귀국 전선에 정진군의 구체적인 계획을 확립했다. 하지만, 출발대기 직전에 일본은 무조건 항복을 선언했고, 광복군정진대 귀국작전의 계획은 결국은 실현되지 못했다. 임시정부는 결국 국내 국민과 긴밀한 관계를 구축하지 못하였으며, 게다가 동맹군이 한반도에 상륙할 때 실질적인 협력적 역할을 할 수 없었기 때문에 그 결과가 매우 치명적이었다.

제8절 임시정부의 귀국과 잔무

1945년 8월 15일, 일본제국주의가 무조건 항복을 선언하고 세계 반파시즘 전쟁은 끝났다. 온 세계가 함께 경축할 무렵에 한국임시정부의 지도자들은 기쁨과 근심은 반반이며, 기쁜 것은 수십 년을 견지해 온 한국반일독립운동이 마침내 승리를 거두고 한국 독립과 국가 재건의 염원이 실현될 것이었다. 우려되는 것은 이 승리는 이처럼 갑작스럽게 닥쳐오는 바람에 국내외 여러 가지 제약으로 인해 강력한 광복군 창설, 국제사회한테 승인과 지원확보, 동맹국 가입, 국내 지하군을 편성하여 동맹군과의 전투등이 모두 실현되지 못했다.

세계 반파시즘 전쟁에 더 큰 공헌을 하지 못하게 되어 매우 유감스럽고 임시정부가 불리한 위치에 놓이게 되었다는 것이다. 종전함에 따라 대국들이 세계를 분할하기 위한 온갖 음모를 꾸미고 있는 마당에, 임시정부를 줄곧 지지해 온 중국국민정부는 예상계(豫湘桂)전역에서 군사적으로 대패하고 이로 인해 정치 경제적 심각한 위기를 겪으면서 국제적 위상이 크게 하락하고 있다.

그리하여 한국문제에 대한 발언권이 크게 약화되고 소외받는 경우도 많다. 이는 임시정부의 결말에 상당한 영향을 미쳤다. 한국의 독립광복이 곧 실현되기 직전이고 임시정부 내부의 한국독립당과 조선민족혁명당이 존재했으며, 그리고 임시정부와 반임시정부의 각 파벌 간의 갈등이 높아지고 있고 이로 인해 임시정부는 안팎으로 곤경에 빠지게 되었다. 미국과 소련이 비밀리에 협정을 달성하여 '38선'을 경계로 하여 미·소 양국 군대가 한반도 남북부를 군사적으로 점령하기로 결정했다. 대국들이 한국을 '위탁관리' 여론이 들끓으면서 한국의 독립에 먹구름이 드리워져 임시정부의 지도자들은 한민족이 새로운 분열 위험에 직면하고 있는 걸 느껴졌다.

한국임시정부는 이런 특별한 상황을 대처하기 위해 많은 조치를 취했다. 8월 18일, 임시정부는 먼저 광복군 정진대 총지휘 이범석과 동행한 김준엽, 장준하, 노능예를 포함한 18명의 미군 장교들과 함께 미국의 047형 비행기를 타고 서안에서 서울로 직항하여 속히 국내에서 전진기지를 구축하고자 했다. 이들은 광복된 조국 대지로 최초로 돌아왔지만 당시 서울 일본군의 강력한 저항과 미국의 한국 정책 불명확성으로 인해 이번 행동은 목적을 달성하지 못한 채, 이범석 일행은 착육 28시간 후에 어쩔 수 없이 도로 상해로 돌아갔다.

한편, 임시정부는 중국정부에 긴급 지원을 요청했다. 임시정부 김구 주석은 22일, 오철성 중국국민당 중앙당 비서장 오철성을 회견했다. 24일, 김구는 한국독립당 당수 자격으로 장개석에게 7가지 사항을 요구했다.

(1) 두 정당은 계속 서로 대표를 파견하여 연락을 주고받으며, 동맹 각국에 다시 한번 임시정부를 승인해달라고 최단시간 내에 실현될 수 있게 제의하였다.

(2) 미군 당국에 최단기간 내에 비행기를 빌려 임시정부의 주요 인원을 한 번이나 여러 번 나누어 귀국시켜 신속하게 초보적인 작업을 진행하도록 전달해주라고 하였다.

(3) 중국 연해 각지에 필요한 기구를 설치하고 중국 함락지역의 다수의 교포를 위로하고 국내 동지들과 연락을 취한다.

(4) 적군의 한국적 병사를 우대하여 무기를 지급하고, 광복군을 넘겨 임시정부의 기간대로 편성한다.

(5) 각 수복구 군정장관에게 중국 함락구 각지의 한교포에 좋고 나쁜 것을 구별하고 적절하게 보호하며 친목을 도모하도록 통령한다.

(6) 중경에 거주하는 한국인 노인과 어린이를 우대하여, 먼저 배를 뽑아주고, 한 번에 모두 귀국시키도록 노력한다.

(7) 화위안 3억 위안을 차용하여 자본을 통해 이익을 얻는다.96)

이 비망록의 핵심은 국제사회에 임시정부 승인과 협조를 해준 것을 요구하고 임시정부 구성원의 귀국을 위해 중경 당국이 나서 도움을 준 것을 요구했다.

집권의 수요에 따라, 한국독립당은 8월 28일 제5차 임시대표대

96) 參見『備忘錄』, [韓]秋憲樹韓國獨立運動』(1), 451쪽.

회를 개최하고 새로운 정세와 국내 투쟁요구에 근거하여 당의와 당강, 당책을 개정했다. 9월 3일, 상술회의 정신에 따라 임시정부 김구 주석은 『국내외 동포의 고지서』97)를 발표했고 이 고지서에서는 임시정부가 전후 한국정부의 구상을 전면적으로 진술하였다. 그 기본 정신은 임시정부이 정식 과도정부가 출범하기 전의 임시행정권으로서 한국국민을 대표해 정무를 처리하고, 물론 정식과도정권이 임시정부의 토대위에 탄생해야 할 뜻도 담겨 있다.

그런데 전후 한국정국의 발전은 임시정부의 구상과 의도에 맞지 않았다. 중국 국민정부는 임시정부의 경우를 동정하고 그때가 바로 동맹국들이 한국임시정부를 승인해줄 '적절한 시기'라고 생각하여 외교부에 미국 측과 교섭을 진행하라고 지시하였지만 미국의 대한(對韓) 정책이 이미 정해져 있으니 즉시 회신했다. "미국정부는 한국 해외의 어떤 정치단체에든 절대적 협조할 생각이 없다." 이어 외교경로를 통해 중국 정부에 통보했다.

"미국 영국, 소련은 한국을 4강에 위탁관리에 믿기는 원칙을 하기로 하고 구체적인 방안이 내놓은 후에 중국과 협상하고자 한다. 임시정부의 수립문제는 국제위탁기구가 설립된 후에야 다시 검토하기로 합의했다. 이렇게 함으로써 한국임시정부를 승인해 라는 중국의 요구를 거부한 것은 물론, 중국을 한국 문제를 논의하는 나라에서 배제하고 미·영·소 결정 이후 피통지자가 전락되버렸다."98) 임

97) 金九: 『告國內外同胞書』, 金恩忠: 『韓國獨立黨三均制度之詮釋』, 120~121쪽.

98) 石源華: 『韓國獨立運動與中國』, 567쪽, 上海, 上海人民出版社, 1995.

시정부는 이에 대해 불만이 매우 강하다.

김구는 23일 공개담화를 통해 "4강은 남한의 행정권을 한국인에게 조속히 돌려주고 한국인이 직접 그 어려움을 해결한다는 것은 시기상조가 아니다"며 "27년간 대한민국을 대표한 한국임시정부는 보편 선거정부 수립 이전 과도기에 유일하게 각종 업무를 맡길 수 있는 기구"라며 "임시정부도 하루빨리 광복된 조국에 돌아와 사랑하는 동포들을 만나고 4강의 협조아래 한국인들을 위해 봉사하며 세계평화와 동맹국들이 협력할 수 있도록 최선을 다하겠다"고 밝혔다.[99]

그러나 임시정부의 다각적인 노력은 미국 정부로부터 외면당했고, 미국정부는 임시정부가 교섭대상으로 삼지 않고 임시정부 지도자들이 개인 자격으로 한국에 돌아와 정치활동을 할 수밖에 없다는 점을 동의했다.

이런 상황에서 한국임시정부는 자신들의 외교적 노력을 바꿀 수 밖에 없었고, 그 지도자의 민중적 영향력을 이용하여 정치활동을 전개하고 독립광복 실현에 힘을 바치고자 했다. 9월 26일 임시정부 김구 주석은 다시 장개석에게 서한을 보내 또 다른 7개 요구를 냈다.

⑴ 아무 형식이든 상관없이, 중경에 있는 동지들을 비행기로 귀국시키고 불편하면 먼저 상해를 비행기로 운송한 후 상해에서 배를 타고 입국할 수 있는지 바란다(독립당원 우선입국).

⑵ 미국 정부는 최소한(임시정부)를 비공식 혁명의 과도정권으로

99) 『大公報』 重慶, 1945年9月23日.

묵인하고, 입국을 허용하며, 동맹국의 협조하에 각 측 대표를 소집하여 과도정권을 조직하여 민선공식 민주정부를 수립하여야 한다.

(3) 재중 한국인교포 총계 약 400만 명으로 다양하게 구성되어 있으며, 그 가운데 좋은 사람, 나쁜 사람이 존재하고 있다. 호랑이 앞잡이 노릇을 감행하는 등 각 수복구 군정장관에게 "우두머리를 엄벌하고, 협박 받은 사람을 용서하여 중국 정부의 관대함을 보여주라"고 명령하고, 동북 각 성에 흩어져 있는 한국인 이색분자에 대해서는 "특별기구를 설치하라"며 "서로 협력하여 사고를 미연에 방지해야 한다"고 말했다.

(4) 중국국민당과 한국독립당은 "대표를 파견하고 연락을 취하여 영원한 친목을 기하기 위해 상호 약속을 한다."고 말했다.

(5) 적군 중 한국적의 병사는 무기를 반납한 후 한국광복군에 넘겨주며, 건국기의 기간부대로 편성시킨다.

(6) 중경에 거주하는 한국 교민 수백 명이, 교통 당국에 신속히 배로 운송하여 그들을 귀국시키도록 명령내려야 한다.

(7) 자금을 중국 화폐 3만 위안을 특별 대여해 주고 활동경비로 사용한다.[100]

중국 정부는 임시정부의 긴급요청에 대해 최대한 지지해주었다. 9월 장개석는 임시정부 주석 김구에게 1억법폐와 20만 달러를 빌려주겠다고 허락하고, 미군과 적극 교섭하여 김구 일행이 제때 귀

100) 『金九致蔣介石函』, [韓]秋憲樹: 『韓國獨立運動』 (1), 467~468쪽.

국할 수 있도록 비행기를 태워달라고 요청했다. 11월 5일 상해에 도착한 김구 일행은 23일 임시정부 해체를 약속하는 조건으로 미국 비행기를 타고 귀국했다.

김구 등 임시정부 지도자들이 귀국 전, 그 정부는 여담 문제에 대한 대비책을 마련했다. 중국 정부의 지원을 받아 임시정부는 먼저 주화대표단을 설치하고, 박순을 단장으로 임명하였고, 이청천, 민석린을 대표로 하여 이 정부 구성원들이 귀국한 후 교민업무 및 중국 정부와의 연락·교섭을 담당하였다. 업무의 필요에 따라 주화대표단은 북평·천진·청도·상해 등 한교민 밀집지역에 주화북 사무처소(처장 리광), 특파화북 사무처 천진사무소, 특파화북 사무처 청도사무소(조경연), 주상해사무소(처장 민석린) 등을 차례로 설치했다.[101]

이어 중국 각 수복구에 흩어져 있는 교포를 조사하고 보호하기 위한 임시정부의 특별선무단을 화북, 화중, 화남의 3개 구역으로 나눠 각 선무단 내에 교민사무, 구호, 군무의 3개 조를 설치한 『한교 선무단 복무조례』를 제정해놓았다. 임시정부가 국내로 돌아간 후, 임시정부 주화대표단의 지도감독을 받아 중국 정부의 협조 아래 업무를 수행했다. 이에 따라 임시정부는 중국 동북지역에 임시정부 동북대표부를 설치하고 남부 요령, 북부 송강, 동부 길림 3개 사무소를 두었으며, 교무, 지방, 정치, 외교, 산업, 문화, 조사, 군사 제부를 설치하였다.[102]

101) 『韓國駐華代表團特派各地辦事處及分事務所主持人員名單』, 上海檔案館 卷宗 011-4-2080.

지적할 만하 것은 임시정부 고위층이 귀국 당시에 임시정부 해체를 약속했음에도 불구하고 임시정부 주화대표단은 김구 등 임시정부 지도부의 지시를 받고 중국에서 활동을 계속하였다. 1947년 3월 1일, 주화대표단 민석린 대표는 3·1운동을 기념하여 한국의 혼란스러운 정세와 동맹국들이 임시정부를 묵살한 행위를 비판하는 기념문을 발표했는데,[103] 이 행동은 전후 한국정세 발전에 대한 견해와 임시정부 요인들이 임시정부에 대한 묵살에 대한 비분강개한 심정을 잘 반영했다.

한국임시정부 주화대표단은 한국의 독립건국과 관련된 많은 큰 문제에 대하여 자신의 의견을 나타냈다. 1947년 3월 6일, 임시정부 주화대표단 박순 단장, 이청천 대표는 한국독립문제에 대해 중, 미, 영, 소, 프랑스 5대국에 각서를 보내 곧 개최될 모스크바 회의에서 4가지 해결책을 제시했다. 이 네가지 해결책은 한국사람이 스스로 임시정부를 조직하는 것, 소·미 점령군이 철퇴하는 것, 위탁관리 폐지, 4강 기술자방문단은 조직되어 한국건설업무에 협조를 해주는 것이다.

동시에 민석린도 중국 신문에 『모스크바 외교장관회의에 한국이 진정으로 독립시키기를 바란다』는 기사를 발표하고 주화대표단이 한국 정세에 대한 관찰과 의견을 상세히 밝혔다.[104] 임시정부 주

---

102) 『韓國臨時政府東北代表部設置及組織經過』, [韓]韓國國家報勳處, 『大韓民國臨時政府與韓國光復軍』, 288~297쪽.

103) 上海檔案館館藏檔案卷宗 0~1-7-94.

104) 同上.

화대표단이 한중 관계 발전을 추진하기 위해 긍정적으로 작용했다.

임시정부 주화대표단의 또 다른 일상업무는 전후 재중 교포들의 각종 문제를 처리하는 것이다. 이 대표단은 중국정부에 교포문제와 애로사항을 즉각 반영해주고, 중국정부와 한국교포 간의 관계를 조절하여 중국정부가 교포문제를 처리하는데 협조하고, 교포의 정당한 권익을 보호하는 데 많은 노력을 기울여 한중 양측의 호평을 받았다. 상해 기록보관소 자료에 따르면 1948년 5월까지 이 대표단은 임시정부라는 이름으로 계속 상해에서 활동해오면서 중국정부한테 승인받았다.[105]

제2장 한국광복군의 전투 역사

제1절 한국광복군의 창설

三千萬大眾的呼聲,

使年輕胸膛熱血沸騰。

五千年浩然正氣中,

光復軍旗幟高高飄揚。

揮舞戰刀, 殺向敵人,

血灑大地, 豐碑聳立。

光復軍意志堅如鋼鐵,

光復軍使命道遠任重。

105) 上海檔案館館藏檔案卷宗 0-1-7-609.

緊密團結，沖入敵陣，

萬眾一心，勇往直前。

獨立獨立，光復祖國，

努力建設民主國家。[106]

한국광복군의 군가는 비장하고 격앙하며 웅장하여 수천만의 한국인들이 세계 반파시즘 전쟁과 중국 중일전쟁의 위대한 사업에 뛰어들도록 고무시키고, 또한 한민족의 독립광복사업을 위해 용감하게 노력한 것을 격려하고 있다. 한국광복군은 중국 전장에서 활약하고 있고, 중국 군민과 함께 싸운 국제종대이자 한국임시정부밑에 한국의 독립광복을 목표로 하는 한민족 무장부대이다. 한국광복군의 투쟁역사는 중국의 중일전쟁사와 한국독립운동사, 그리고 근대 중한 관계사에서 중요한 위치를 차지하고 있다.

한국광복군은 1940년 9월 창설되기 전에 한국임시정부는 중국 국민당 당국과 일련의 교섭을 해왔다. 4월, 장개석은 한국임시정부가 한국광복군을 창설하는 데 지원을 해주겠다고 원칙적으로 승인하였다.[107] 5월 15일, 하응흠은 주가화에게 서한을 보내 광복군 편성의 두 가지 원칙을 제시했다. 편성 단위는 한국측의 기존 인원수에 따라 보고를 제출하고, 광복군이 창설되면 책임자가 상황 필요에 따라 계획을 세워 군사위원회에 보고하고 그의 활동구역을

106) 『韓國光復軍軍歌』, [韓]國史編纂委員會: 『韓國獨立運動史』 (五), 70~71쪽.

107) 『蔣介石致朱家驊電』, 『國民政府與韓國獨立運動史料』, 210쪽, 臺灣中央研究院, 近代史研究所, 1988.

정한다.

그 다음으로 군사위원회가 현지 최고군사장관에 보고하고 협조를 해달라고요 청할 수 있다.[108] 국민당 중통국 부국장 서은(徐恩)은 23일 주자화의 명령을 받아 김구와 광복군창설 문제에 관하여 면담을 가졌고 김구는 담화에서 세 가지를 강조했다.

첫째, 광복군 지휘권은 한국임시정부에 예속되어야 하지만 '군사, 정치는 모두 임시정부에 맡겨야 더 큰 힘을 발휘할 수 있다.'

둘째, 광복군 내부 행정관리에는 자주권을 보유해야 한다. 특히 "조선의용대의 조직형태가 되어서는 안 된다"(한·중 공동지도위원회를 편성하고 조선의용대를 지도한다).

셋째, 광복군의 수량은 반드시 확대할 수 있다. "광복군은 몇 만 명에 못 미쳤지만" "태극기 국기는 무궁무진한 힘을 갖고 있고 10만 대군을 능가할 정도로 힘이 세고 그 호소력이 심오하고 크다." "적군 점령구 일본에 순종한 한교민을 쉽게 반란할 수 있으니 광복군의 확대에 문제가 없다." 이 세 가지는 '조(组)의 인원수는 현 인수에 근거하여 편성해야한다.'는 점을 말한 것이다.

서은(徐恩)은 중국 군부에 한국측 입장을 설명해주었고 장차 한교포에게 호소할 때 두 가지를 유의해야 한다고 했다. 첫째, 반란한 한교민들이 쉽게 접촉할 수 있도록 확실한 기관 및 사무원이 있어야 한다. 둘째, 확실히 반란할 수 있는 한교민들에 대해, 그들이 성의가 있는지 속이지 말고 잘 파악해야 한다. 그리고 김구에게 책임자와 활동장소, 대원수 및 배치, 진행방법, 소요경비 및 무기

108) 『何應欽致朱家驊電』, 『國民政府與韓國獨立運動史料』, 213쪽.

수 등을 포함한 내용을 구체적인 계획서를 제출하라고 요구했다.109)

이어서, 김구는 국민당 중앙에『한국광복군 편련계획대강』과『총동원방략』을 전달했다. 계획대강은 한국광복군의 성질을 일본 무장세력을 대항한 정식 기간부대로 규정지었고, 그 임무는 “이로써 중국의 항일군은 전투 상황이 유리해지고, 적군 내의 모든 한국 무장부대가 급속히 반란하여 한일 역화 음모를 무너뜨리고, 중한 연합작전의 의미를 국내외에 공포하였다. 긴급히 중국 작전부대의 보조를 맞추어 관외에서 상당한 규모의 광복군을 조직하고 이를 점차 확장하고 강화함으로써 국민 총동원의 원동력으로 삼을 수 있다.”고 하였다.

광복군 총사령부에 소속되며, 중국 최고 군사 지취자는 중한 연합군 총사령관의 자격으로 이 군대를 지휘하게 된다. 군력은 당분간 ‘1사단 기준’으로 하며 훈련 장소는 일시적으로 서안이나 낙양에 두며 부대는 ‘하북, 삼서, 하남, 산서, 산동 및 동북4성을 주요 활용 구역으로 한다.’고 규정했다.

『총동원방략』에서는 일본, 한국, 중국 동북, 중국 관내 4개 분야로 나눠 임시정부 총동원의 계획을 설명하였다. 중국 관내 지역과 관련하여, 『방략』은 이 지역을 ‘한민족 혁명의 발원지’로 하고, 그 행동 방안은 다음과 같다. 적극적으로 조직, 선전, 훈련 등의 작업에 힘쓰고, 국내외 및 미주 등 전 세계의 한인 혁명 단체를 지도하며, 적절한 시점에 혁명 총동원을 실시한다.

---

109) 「援助朝鮮革命運動談話記錄」, 『國民政府與韓國獨立運動史料』, 217쪽.

국내외 및 미주 등 각지의 한인혁명단체를 교육을 실시하여 한국혁명사상을 무장시켜 청찰, 파괴등 특수업무를 실시한다. 광복군을 훈련시켜 중국 항전군대와 함께 노력하면서 많은 인재를 양성하고 장래의 광복군의 핵심역량이 성장할 수 있도록 하는 것이다. 중국 정부에 갑종별의 기준에 맞추어 군용비를 지불하고 광복군에게 영방, 무기, 이불, 진영기구를 제공해달라고 요구하였다.110)

한국 측이 제시한 방안은 대부분 중국국민당 측에서는 찬성했지만, 중국 군대측은 한국광복군이 중국 군사위원회에 예속해 야한다고 주장하고 '중·한 연합군'이라는 제의에는 동의하지 않았다. 한국측은 광복군의 양이 많지 않다는 점을 감안하여 일반 군대의 기준으로 부대를 편성할 수 없고, 별도의 실용적인 조직 시스템을 마련해야 한다는 의견이 한국측에 받아들여진 것이다.111)

1940年 9月, 한국임시정부 및 한국독립당 본부는 모두 중국 중경으로 이전되었다. 9월 17일, 한국임시정부는 청칭 가릉빈관에서 광복군 총사령부의 창설식을 개최했다. 중국 국민당 정부 관리 및 청칭 지역에서 수백 명의 중한 인사들이 이의식에 참석했다. 임시정부 주석 김구가 먼저 인사말을 하며 중국 정부의 특허를 받아 광복군이 중국 내에서 공식적으로 훈련을 받게 되어 한인들이 중국 항일 전투 기간에 중한 연합군의 일부 임무를 수행하고 한국

110) 『韓國光復軍編練計畫大綱』『總動員方略』『國民政府與韓國獨立運動史料』, 236~242쪽.

111) 『汪榮生審査〈韓國光復軍編練計畫大綱〉意見』, 『李超英致朱家驊為光復軍編練計畫大綱已審査完畢並附呈意見函』, 『國民政府與韓國獨立運動史料』, 227~229쪽.

독립의 위대한 목표를 달성할 수 있었다고 감사의 뜻을 표현했다.

그는 "이로써 중국 내에서 공식적인 광복군을 편성하고 중국 항일대군과 함께 적을 공격할 수 있을 것이라 믿는다"며 "동북에 있는 한국군인과 화북 일대에 흩어져 있는 한민족 민중을 동원할 뿐만 아니라, 국내 3천만 혁명민중들이 소문을 듣고 고무를 받아 왜적의 봉쇄를 끊는 임무를 수행할 수 있을 것"이라고 말했다.112) 이어서 임시정부 외무총장 조소앙이 광복군 총사령부 창설보고서를 낭독하며 광복군의 역사적 배경과 창설경과를 자세히 보고했다.

홍진, 조완구, 장개석을 대표한 류치(刘峙)가 각각 축사를 했다. 마지막으로 광복군 총사령관 이청천은 답사를 통해 "재능은 부족하고 임무를 감당하지 못하지만 다만 중국 군대에 맞추기에 급급하여 중국군대와 함께 전투하고 원수를 물리치고 한국도 독립을 얻으면 한국국민들이 밤낮으로 열심히 일하겠다."며 "우리나라 밤낮으로 해이해진 정신을 저버리지 않고 독립할 수 있다"고 밝혔다.113)

행사가 끝난 뒤 광복군 총사령부는 설립위원회 명의로 『장개석 위원장께 드리는 서한』 『중화민국 장병께 드리는 서한』 『전방 장병께 드리는 서한』을 발표했다.

한국광복군의 창설은 한국임시정부 발전사에서 획기적이고 의미있는 사건이다. 임시정부는 이를 위해 『국내외 동포에게 준 고지서』를 발표하고 "적극적으로 한국광복군을 확대하고 강화하자"고

112) 「金九在光復軍總司令部成立典禮上的開幕詞」, 『韓民』, 第1卷, 第1期.
113) 「韓國光復軍總司令李青天之答詞」, 『韓民』, 第1卷, 第1期.

호소하였고, 이글에서는 "모든 힘을 다해 각 지방의 혁명적 무장 및 반무장 군대를 광복군의 명의로 재편성해야 하며, 동시에 전국 청년과 장년들을 적극 동원하여 광복군에 참가해야 한다!"고 하였다.114)

제2절 한국광복군 편성의 우여곡절

한국 광복군 총사령부는 설립되었지만, 중국 군부는 광복군의 편성 및 각 지역에서의 활동에 대한 구체적인 결정을 내리지 않았다. 또한, 조선 의용대와 한국 광복군 간의 관계에 대한 처리 방법은 임시정부와도 일치하지 않았다. 이에 더해, 한국 지원사무를 담당하고 있고 주로 임시정부를 지지하는 국민당은 조선의용대를 지지하는 중국 군부 간에 의견 차이도 있었다. 이로써 광복군의 실제 편성 작업은 복잡한 과정을 거쳤다.

광복군 총사령부 창설 사흘째인 1940년 9월 19일에, 김구는 주가화에게 서한을 보내면서 시간을 정해 신임 광복군 총사령관 이청천을 대동하고 광복군 편성에 관한 일을 면담하기를 요청했으며 광복군의 편성에 대한 문제를 논의하고 총사령부 직원 명단을 첨부했다. 총사령관 이청천, 참모장 이범석, 참모장 채군선, 부관처장 황학수, 정훈처장 조소앙, 군법처장 홍진, 관리처장 김기원, 군수처장 차이석, 군수의사처장 유진동이다. 특무대 제1-4대는 각각 이준식, 김학규, 공진원, 김동산이 대장을 맡아 한대열은 60명씩이고

114) 『韓國臨時政府告國內外同胞書』, 『韓國獨立運動文類』(1), 韓國臨時政府宣傳委員會刊印.

총 240명이었다.

다른 총대 동북사령은 총병력은 4,800명이 있다. 이에 중국 측은 제때에 회답하지 않았다.[115] 12월 3일, 광복군 총사령부는 서안에서 사무소를 설치했고 곧이어 한국청년전지공작대를 광복군 제5지대로 개편하였다. 그러나 광복군 전체의 편성업무는 제대로 이뤄지지 않았다.

1941년 1월, 김구는 주가화를 통해 서한을 장개석에게 전해드리고 광복군의 향후 7가지 업무 절차를 제시했다. 한국광복군은 현재 시안에 집중된 간부는 200여 명이 있고 화북 각지에 흩어져 있는 구부(舊部) 200여명이 있으며 그들은 속속 시안 일대로 집결하고 있다. 하루속히 정식 광복군을 설립한 것을 허락해주고 군사인원을 편성에 참가시켜 각지의 당·정·군 장관들에게 협조해준 것을 요청한다.

광복군은 대내적으로 임시정부의 지휘를 받아 "전국민 혁명을 지도하고 국민을 총동원하여 일본을 쫓아내고 나라를 세우는 한국국군 기본의 책임을 지고 한국인 각파의 무력을 지도하는 능력을 파악하고 있다." "각 민족의 사상이 복잡하니까 국가 군대의 근간을 확립하지 않으면 전 국민이 일본을 반항하는 역량을 집중하기 어렵다."는 등의 역할을 담당하였다.[116]

2월 14일, 김구는 다시 주가화에게 서한을 보내 중국 군정부가

115) 『韓國光復軍總司令部職員名單』, 『國民政府與韓國獨立運動史料』, 246~247쪽.

116) 『金九致朱家驊函』, 『國民政府與韓國獨立運動史料』, 248~251쪽.

늑장을 부리고 행동을 취하지 않는 것에 불만을 표하며, 광복군 편성의 즉각적인 필요성을 상세히 설명하였다.

첫째, 일본군의 힘은 쇠락하고, 강제로 한국 청년들을 모집하고 있으며, 이른바 한국을 제어하려는 음모가 점차 실현되고 있으며, 즉각적으로 모집을 홍보하고 적의 계획을 파괴하는 데 노력이 필요하다.

둘째, 광복군 조직에 대한 소식이 전해지면서 대한민국 국민들은 전국이 환희에 넘치며, 국내 및 적군 후방에 퍼져있는 한국 청년들은 수십만 명에 이르는 인원이 한국 혁명의 깃발 아래로 헌신하고자 하며, 특히 진선 전쟁 지역(晋陕战区者)에는 대거 비밀리에 투입하고자 하는 청년들이 계속해서 늘어나고 있으므로, 신속한 모집과 훈련이 필요하며, 유격전쟁을 전개해야 한다.

세 번째, 최근 적군의 패배가 계속되자 한국인들이 일어나 반발하고 있으며, 한국 내 수백만 기독교 신자들이 먼저 반응을 해주었. 동북 지역의 4백만 한국 교포와 일본 내 백만 명이 넘는 한국 공장 노동자들 모두 해보자하려는 의지가 강하며, 마치 폭풍우가 다가오는 듯한 기미가 보이며, 한국인 총 동원을 촉진하기 위한 연락 및 배치가 긴요하다.

마지막으로 광복군 문제를 강조하며 “두 민족의 부활과 동아시아의 재정착에 관한 큰 문제”라고 언급했다. 또한 "한국 광복군이 조속히 실제 작업을 시작하면 일본의 전체적인 붕괴가 미리 실현되고, 중국의 항일전선에 신예부대가 추가될 것"이라고 지적했다.[117)]

최고 당국은 한국 광복군의 편성 문제에 큰 관심을 가지고 있으며, 국민당 중앙당은 중국 군부와의 협상 작업을 많이 했다. 중국 측과 한국 측, 그리고 중국의 정당 및 군부 간에 여러 차례의 상담을 거쳐, 드디어 의견을 일치했다. 10월 23일, 장개석은 하응함에게 전화를 걸어 한국 광복군과 원래 군위회 정치부에서 지도한 조선 의용대를 군사 위원회에 통합시키고, 참모 총장이 이용할 수 있게 지시하여 의견 차이를 줄이기로 했다.

또 군위회 내 부속서 군사처가 이 대군에 대한 지휘 명령 및 예산 인계 무기 등을 전담하도록 지정하여 중요한 광복군의 소속 문제를 확정했다. 11월 13일, 군사 위원회 사무처는 한국 광복군 총사령관 이청천에게 『한국광복군 행동기준』과 『한국광복군 총사령부 임시 편성표』를 수여했다. 전자의 주요 내용은 다음과 같다.

(1) "한국광복군은 중국경내 항일작전 기간 동안 참모총장이 직접 지휘하고 이용하도록 하였다."

(2) 한국광복군은 "중국경내에서 항전을 계속 진행하는 한국독립당, 임시정부가 한국에 들어가 전에는 유일하게 중국 최고 통수부의 군령만을 받고 다른 어떤 군령이나 다른 정치적 제한을 받을 수 없으며, 한국독립당과 임시정부와의 관계는 고유한 명의관계를 유지해야 한다."

(3) 한국광복군은 "한국에 들어가기 전에 한국인들이 끌어들일 수 있는 함락지역을 위주로 활동해야 한다."며 중국 전역의

117) ①과 같음, 259~262쪽.

최일선 근처에서 훈련을 받을 때 "중국 현지의 최고군사장관의 제한을 받아야 한다."고 말했다.

(4) "전구 제1전선 이후지역에서는 전역 장관소재지 및 본회의 소재지에만 연락통신기관을 설립할 수 있고, 부대를 모집할 수 없고 임의로 체류하거나 기타 활동을 할 수 없다."

(5) 본 군대 총사령부의 소재지는 군사위원회가 지정해야 한다.

(6) "이 군대는 함락 구역과 전역의 후방에 관계없이 우리 국적의 병사 및 독단적인 행정 관리를 모집할 수 없다."

(7) "이 군대의 지휘명령 및 돈과 기계 등을 수령하는 일은 본회가 지정한 판공청 군사처가 담당한다."

(8) 이어 "중일전쟁이 끝나기 전에 한국독립당, 임시정부가 이미 한국 경내에 들어간 경우, 그 군대와 임시정부의 관계는 별도로 정하기로 했다."며 "그러나 여전히 본회의 군령을 받아들여 전투에 협력해야 한다."고 덧붙였다.

(9) 중일전쟁이 종전 때 이 임시정부가 한국에 들어가지 못한다면 광복군은 어떻게 이용되어야 할 것인가는 군사위원회 집행해온 정책에 따라 당시의 상황에 따라 스스로 처리할 것"이라고 말했다.118)

이 기준의 핵심 문제는 광복군이 명의상 한국임시정부에 속해 있지만 사실상 중국 군사위원회 및 관련 전역 지휘관 부서에 완전

118) 『韓國光復軍活動準繩九條』, 『國民政府與韓國獨立運動史料』, 335~337쪽.

히 지휘되고 통제된다는 것이다. 이러한 전쟁의 특별한 환경에서의 특별한 처리에 대해 당시 한국 측은 이해하고 받아들였다. 임시정부의 주요 인물인 엄대위는 중국 영토에서 일본과의 전쟁을 할 때 중국 최고 군사지휘관의 지휘를 받아야 한다고 공개적으로 기고한 바 있다.

'이것은 마치 영국 군대가 프랑스에서 전쟁을 할 때 프랑스 군의 최고 지휘관이 영국과 프랑스 동맹군 총사령관 자격으로 영군을 지휘하는 것과 같다', '영국의 독립과 위신에 손상을 입히지 않았다'고 말했다.[119] 그러나 이는 한국임시정부가 처음에 구상했던 광복군 지도 체제와는 매우 다르며 이로 인해 나중에 양측 간 충돌의 위험성이 도사리게 되었다.

중국군대가 비준하고 반포된 『잠정편성표』에 따라 광복군의 편성업무는 속히 전개되었다. 총사령관 아래 참모장을 두고 중국군측이 파견한 군사위원회 선임참모 윤정보가 겸임하고, 산하에 참모, 총무, 정훈 3곳을 두고 있으며 처장은 중국군측이 파견된 사람이 맡고 부직은 한국 측 담당한다. 광복군은 제1, 2, 3, 5개 지대를 설립하고 이범석, 고운기, 김학규, 나월환이 지대장을 맡았다. 또한 광복군은 다른 지역에서 한국 교민들을 모집·집결하였는데, 1942년 2월까지, "함락된 지역을 제외하고 산시, 서안, 상요 등지에서 400여 명이 집결하였다."[120]

119) 嚴大衛: 『對於韓國光復軍的正當認識』, 『新華日報』, 1942年9月17日.

120) 李青天, 李範奭, 「關於韓國光復軍最近情形」, 『國民政府與韓國獨立運動史料』, 365~375쪽.

제3절 조선의용대의 합병 · 편성

한국광복군과 조선의용대 한국항일무장 두 군대는 서로 대립한 한국독립당과 조선민족혁명당에 소속되어 있었다. 조선의용대는 중국군부의 지원을 받아 관내에 최초로 설립된 한국인 무장부대로, 조선의용대를 중심으로 한 한국인 무장부대로써 한국인 무장 통일을 주장하고 있다. 이 때문에 그들은 끝까지 한국광복군 창설에 반대했고, 국민의 정부 통치구의 모든 한국 청년들을 조선의용대의 깃발 아래 집결시키려 했다.

중국군대측이 한국광복군의 공식 창설 승인을 자꾸 뒤로 미루는 것도 이들은 막후에서 활동한 것과 관련이 없지 않다. 광복군이 창설되자이들은 광복군의 '국군' 지위를 승인하지 않고 조선의용대와 한국광복군을 하나로 묶어 조선의용대를 주체로 하는 조선민족혁명군을 창설하고자 주장했다.

임시정부와 한국광복군 지도부가 광복군을 정부의 '국군(國軍)'으로 삼으며 조선의용대를 비롯한 모든 무장력이 당연히 포함돼야 한다고 주장했다. 두 부대의 군사지도권 쟁탈은 한국반일독립운동 내에서 좌우 양당의 정치적 지도권 쟁탈을 반영하였다. 두 파벌의 지도자는 군부지도권을 획득한 일방이 미래의 국가정권에서 우위를 차지하겠다는 걸 잘 알고 있으니 서로 양보하지 않고 정치적 충돌을 자꾸 일으키었다.

태평양전쟁 발발 후 세계 반파시즘 전쟁과 중국 중일전쟁의 정세에 따라 한국독립의 전망이 밝아지면서 두 가지 추세가 나타났다. 한국반일독립운동 각 파벌의 이견해소와 단결촉진을 실현하는 것이 중국 여야의 공통된 요구이고 두 가지 한국 무장력의 통일을 요구하는 국내외 여론이 높아지는 한편, 중국정부가 대남정책 조정으로 인해 중경에서의 한국반일독립운동 내부의 역량대비도 확연히 달라져 점차 임시정부와 광복군 측에 유리해지면 광복군이 조선의용대의 통합이 순조롭게 이루어지었다.

중일전쟁이 발발하자 중국국민당 당국은 한국반일독립운동의 각 당파가 중국의 중일전쟁에 참가하는 것을 지지해주는 방침을 취하고, 두 가지 한국 군사 무장력을 중국전장에서 활동하도록 허락해 주었다. 태평양전쟁 기간, 국제정세의 변화에 따라 국민당 당국은 한국임시정부를 승인하는 문제를 고민하기 시작했고, 임시정부와 광복군의 위상을 높이는 것은 매우 자연스러운 일이 되었다.

다른 한편은 국민당 보수파는 제1차 반공활동을 일으키자 국공관계가 긴장되면서 공산주의사상성향이 비교적 강한 조선민족혁명당과 조선의용대에 대한 국민당 당국의 태도도 급변하였다. 특히 조선의용대의 주력이 북상하여 중국공산당이 이끄는 적후항일 근거지에 들어가는 일이 발생하자 장개석은 한국 좌익당파에 대해 의구심과 경계심을 갖게 되었다.

국민당 중앙당부의 주가화 등도 장개석에게 한국 임시정부와 광복군을 지지하는 것이 국민당과 국민정부에 유리하다고 거듭 진언하면서 “본당의 입장에서 보면 김구가 이끄는 당파를 지원하는 것이 비교적 합당하고 향후 진행방법은 김구가 조선의용대 중 믿을 만한 사람을 다각도로 끌어들이는 데 격려해야 하고 한편 정치부와 협상하고, 철저히 조선의용대를 개편하고 김구 측에서 사람을

파견하여 책임을 맡도록 해야 한다."고 구체적 건의했다.[121)]

조선의용대는 주 부대가 적후전장으로 북상하여 항일유격전에 참전한 후 중경의 힘이 크게 약화되었고, 특히 화북조선청년연합회와 조선의용대 화북지대가 창설된 후 중경본부와의 연락이 끊기면서 본 당 지도부의 실제 인원수도 한국독립당보다 뒤처졌다.

조선민족혁명당은 임시정부에 줄곧 반대해 왔으나, 새로운 정세에 따라 중국 및 동맹국들에 승인받을 만한 가능성을 직감하니 1941년 5월 열린 본 당 제5기 7중전회에서 임시정부의 참여와 지지를 결의하면서 한민족 전체를 대표할 만한 기구가 되도록 임시정부를 확충시켜야 한다고 주장했다.[122)] 이는 조선민족혁명당과 한국독립당간의 지도력 다툼에서 점차 밀려졌음을 시사한다.

이런 상황에서 김구 파의 공세는 더욱 거세졌다. 한편, 이들은 중국당국이 원한정책을 조절하는 시기를 이용해 조선의용대원들이 팔로군에 투신했다는 이유로 조선의용대를 통합하고 광복군 재 중국 한국인으로 무장하라고 중국당국에 재차 요구했다.

1942년 2월 김구는 주가화를 통해 장개석에게 서한을 보내 중국 군측이 "조선의용군을 따로 편성해 한국광복군과 따로 거행하려는 계획을 반대하고 조선의용대는 한국광복군에 통합시켜 조직을 통일하고 무장도 통일하고자 한다." 한국광복군에 소속돼 조직을 혼합해 무장통일을 도모하라"고 요구했다.[123)] 한편, 김구파도 적절

121) 參見石源華, 『韓國獨立運動與中國』, 335~336쪽, 上海人民出版社, 1995.

122) 「朝鮮民族革命党第六屆全黨代表大會宣言」, 參見[韓]秋憲樹: 『韓國獨立運動史』 (2), 204~211쪽.

한 경로를 통해 김약산파와 직접 교섭하였고 단결을 중시하여 더 이상 분단되지 않도록 하여 조선의용대를 한국광복군으로 병합할 수 있게 김약산파를 설득하려 하였다.

1942년 5월 15일, 중국군사위원회는 조선의용대를 한국광복군으로 개편하고, 한국광복군총사령부에 부사령관 일원을 증원하고 김약산을 부사령관으로 파견하여 기존의 조선의용대를 제1지대로 개편하라는 명령을 내렸다. 김약산은 이번 개편을 마지못해 받아들였고, 이들은『개편선언문』에서 이런 정서를 공개적으로 드러냈다.

이 명령이 발표되기 전부터 우리는 군사통일보다 정치통일이 먼저라고 주장해 왔다. 그러나 정치가 통일되지 못한 상황에서 우리의 군사통일에 관한 구체적인 의견은 조선의용대와 남조선광복군을 합쳐서 조선민족혁명군으로 편성하는 방안을 제시하였는데, 기존의 한국광복군도 각 당간의 협력에 의해 편성된 것이다. 다른 조건들을 따져볼 때 진정한 명실상부한 국군이 아니라 광복군이라는 군명도 복고적인 색채를 짙게 띠고 있어 적극적인 혁명의 의미가 부족하다. 우리는 전 민족이 함께 단결하고 진정한 한국혁명무장군대를 창설하려면 위와 같은 주장을 내고 여러 방면에서 노력하였다.

하지만, 한국임시정부와 광복군은 끝내 우리의 주장에 동의하지 않았고, 결국 중국 군사위원회의 명령으로 조선의용대를 한국광복군 제1지대로 개편했다. 물론 우리의 정확한 주장이 실현되지 못한 점에 매우 유감스럽지만 어찌되든 통일은 우리의 기본 주장이니 이번 군사통일에 대해 무한한 기쁨과 다행의 뜻을 표할 뿐만

123)「金九致朱家驊函」,『國民政府與韓國獨立運動史料』, 377~381쪽.

아니라, 이번 군사통일로 관내혁명운동이 획기적으로 발전될 것이라고 확신한다.124)

중국군부의 명령에 따라 한국광복군은 조선의용대 병편을 완성했다. 새 광복군은 이청천, 김약산이 각각 정, 부사령관으로 담당하고, 조선의용대가 제1지대로 개편되면서 김약산이 지대장을 겸임하고, 광복군 제1, 5지대가 제2지대로 통합되어 이범석이 지대장을 맡았으며, 제3지대는 원상태로 유지하고 김학규가 지대장을 맡았다. 지금부터 중국국민정부의 지배하에 있던 한국인들의 무장력은 드디어 통일을 이룩했다.

제4절 중국 항일전선에서의 격전

한국광복군은 창설된 후부터 중국 중일전쟁의 국제종대와 한국독립운동의 민족무장력으로 두 가지 신분으로 세계 반파시즘전쟁과 중국 중일전쟁의 위대한 사업에 뛰어들었다. 주 임무는 "한국이 흩어진 힘을 독립군에 모아시키고 조국광복전쟁을 본격화하며, 중국의 항전에 참전하여 중국 항일군대와 결합하여 일본을 섬멸하여 국내민중의 무장 반일투쟁을 적극 지도하며, 정치, 경제, 교육이 균형있게 성장하는 새 국가를 건설하는 기본 무장력이 되도록 하는 것이다."125)

반일광복선전을 하고 광복군의 정치적 영향력을 확대하는 것은

124) 馬義, 『朝鮮義勇隊勝利的四年』, 28쪽, 重慶, 重慶國際出版社, 1943.
125) 『韓國光復軍之任務與計畫』, 引自[韓]國史編纂委員會: 『韓國獨立運動史』 (五), 65쪽.

한국광복군의 전투과정에서 중요한 위치를 차지하였다. 1941년 2월, 광복군 총사령부 정훈처는 '광복군 및 한국혁명 민중의 충실한 대변인'으로 간주된 기관지 『광복』을 창간했다. 광복군 및 한국혁명민중들의 참된 발성기관으로써 그의 주 임무는 다음과 같다.

(1) 중국 친애하는 민중에게 한국혁명의 내용과 이론을 성실하게 소개한다.

(2) 한국민중들에게 중국의 영웅적인 항일소식과 중국의 필승조건을 충실히 소개한다.

(3) 일본제국주의 만행, 음모와 그 실패의 요소를 전 세계에 폭로한다.

(4) 중·한 양 민족이 협력하여 공동 항일을 주장한다.

(5) 중·한 민중들의 항일민족 정서를 환기한다.126)

『광복』은 광복군이 반일광복을 선전하는 중요한 진지가 되었다. 1942년 3월 한국광복군총사령부는 한국의 3·1운동을 기념하여 광복군을 '우리 민족국가의 전위이자 간성'이라고 선언하고, 국제적으로부터 특히 중국으로부터 깊은 동정과 지원을 받았으며, 재중 교민들에게 "모든 역량을 용감하게 광복군에 집중하여 강철 같은 단결을 실현하고 국제 우군과 행동을 함께 취하여 일본의 통치를 분쇄하고 독립을 실현할 것" 등을 호소하였다.127)

그해 9월 광복군 총사령관 이청천 장군은 창군 2주년을 기념해

126) 『創刊詞』, 『光復』, 第1卷, 第1期.

127) 參見石源華: 『韓國獨立運動與中國』, 357쪽, 上海人民出版社, 1995.

발표한 중요 담화에서 한국 혁명자들의 무장반항투쟁사를 회고한 후 "대규모 군사행동을 일으켜 압록강을 건너 한국의 3천만 동포를 만나 동맹군의 전략에 맞춰 적과 결전을 벌일 것"이라며 "한국은 일본군이 묻었던 폭탄이며 멀지 않은 장래에 폭발할 것"이라고 말했다. 한국은 일본 침략자들의 마지막 묻은 곳이 될 것이다."[128] 광복군의 항일광복 선전은 한국 교포들이 활발하게 중국 중일전쟁과 세계 반파시즘전쟁에 참전하는 데 긍정적인 역할을 했다.

한국 청년을 모집해 참군시키고 임시정부의 국군을 확충하는 것이 광복군의 가장 중요한 작업이었다. 광복군 편성 이전부터 임시정부이 중국 정부에 제출한 『한국광복군편성·훈련 계획대강』에는 명확한 모집방법을 밝혔다.

(1) 최근 몇 년 동안 동북쪽에서 들어온 화북각지에 분포한 한국독립군 옛부대는 무슨 방법을 써더라도 모집하고자 한다.

(2) 함락구 내에 흩어져 사는 한국 청년을 최대한 모집한다.

(3) 한국국내 및 동북 각지의 장정에 대하여 군령을 비밀리에 내려 모집한다.

(4) 적군 내 한국인 무장대오에게 무기를 나눠주고 그들을 귀순시킨다.

(5) 포로가 된 한국인을 개선한다는 등. 광복군의 확충 방향을 대충 규정하였다.[129]

---

128) 『新華日報』, 1942年9月17日.

129) 『韓國光復軍編練計畫大綱』, 『總動員方略』, 『國民政府與韓國獨立運動史 料』, 236~242쪽.

광복군이 정식으로 편성된 후, 화북의 적후방 선후로 5개의 모집소를 설치하였다. 제1모집소는 산서 대동에 설치되고 이준식이 주임을 맡고 활동구역은 임분, 태원, 석가장 등을 포함한다. 제2모집소는 수원 포두에 설치되고 공진원이 주임을 맡고 활동구역은 수원, 하북, 차하얼성 등을 포함한다.

강서 상요에 설치된 제3공모지점은 김문호가 주임을 맡고 활동지역은 남경(南京), 상해(上海), 난창(南昌) 등 화중 각지를 포함하며, 제5모집소는 삼서 서안에 설치되고 라월환이 주임을 맡고 활동지역은 로안, 신향, 초작, 장치, 개봉 등이 있다. 안휘 보양에 위치한 제6모집점은 김학규가 주임을 맡고 활동지역은 서주, 귀덕, 회양, 제남, 청도 등이다.130)

중국군의 지원을 받아 한국광복군은 서안에서 중앙전쟁시 간부훈련단 제4단 한국청년훈련반, 보양에서 중앙육군사학교 제10교 간부훈련단 한국광복군 훈련반, 성도에서 중앙육군사학교 한국광복군 간부훈련반 등을 잇달아 개설하는 등 정치군사 간부를 많이 양성하여 한국광복군의 양적 발전은 물론 구성원의 자질도 많이 향상시켰다.

대일 군사정치투쟁에 직접 참여한 것도 광복군의 노력 방향이었다. 그러나 온갖 까닭으로 광복군은 그보다 일찍 창설한 조선의용대와 화북에서 활동했던 조선의용군보다 뒤처졌고, 항일전선에서 무장투쟁에 참여한 군인은 대부분 광복군에 병입한 옛 조선의용대원이었다. 그럼에도 불구하고 광복군 장병들은 적지 않은 전쟁업적

130) [韓]韓詩俊, 『韓國光復軍研究』, 237쪽, 韓國, 一潮閣, 1993.

을 남겼다. 『신화일보』에서 1942년 10월 3일의 기사는 "평진지역에서 광복군이 활약했었다."라고 보고했다.

한국광복군의 모 부대는 평진 연선에 거점을 잘 구축하여 적군 중의 한교민과 밀접하게 연락을 주고받았으며, 소식이 자주 전해지니 한교민이 잇달아 돌아와 조국광복사업에 투신하였다. 적군은 크게 당황하여 전선의 한국인들을 철수시키고 도시에 집중시켜 감시하였다. 또한 '군부' 및 '조선협력회'(북평지역 일본 어용기관의 한교포단체, 회장은 김상곡이다.) 명의로 항공기를 이용해 『조선의용대 형제들에게 준 고지서』와 전단, 표어 등을 수십 번 살포하는 등을 통해 중·한 양민족의 협력을 깨뜨리려고한데 광복군이 이들을 불태워 적의 음모는 실현하지 못하게 했다.

3일 뒤 이 신문은 『한국광복군, 하북·하남 변경에서 활약』 라는 제목으로 광복군의 항일전선의 전투를 보도했다.

하북 변경의 우안현 일대에서 활약한 한국광복군은 적군에 맞추어 전개한 선전이 매우 효과적이어서 적군의 사기를 위축시키고 전쟁을 증오하는 마음은 날로 강해진다. 이렇게 함으로써 적군의 수령은 이들을 매우 두려워하니 어느 날 파병하여 광복군 모부를 크게 포위·공격하고 중과부적으로, 그 부서는 잠시 지붕에서 물러나 계속 저항했고, 마침내 수류탄으로 용감하게 포위를 뚫고 무사히 탈출하여 게다가 30여명 적군을 죽였다.

광복군의 모 부대는 철강성 동부의 전쟁이 급박할 때 헌신적으로 분투하여 용감하게 적을 죽이니까 중국 군사위원회 정치부로한테 표창을 받았다. 현재 이 부처는 병사를 보내 일본이 점령하는 모 도시에 깊숙이 들어가 한민교 모집하는 업무를 종사하게 하였다.

1943년 1월 10일, 신화일보는 『화북전장에서 활약한 조선민족 동포들』라는 기명문을 통해 옛 조선의용대 제3지대를 개편한 광복군 제1지대와 제3지구대가 화북의 적후에 들어가자 적후 지역에서 무장선전대를 조직하여 적군을 맞추어 선전을 하고, 중국 우군에 협조하여 전쟁에 참가하고, 대적투쟁에 용맹하게 헌신한 일을 자세히 보도했다.

제5절 인도·미얀마 전쟁지역 공작대를 파견하다

1941년 12월 중국정부를 이어 임시정부는 『대일 선전포고 성명서』를 발표하고 나서 전투의 한 개체로 동맹국들에게 세계 반파시즘 전쟁에 참전하고 동맹국의 27번째 회원국이 되기 위해 노력한다. 임시정부가 문제를 보는 시각, 지원을 신청하는 대상, 활동 지역 등이 중국을 넘어 세계로 뻗어나가고자 노력했다. 한국광복군도 중국중일전쟁의 국제종대 역할에 만족하지 않고 미국, 영국 등과 직접적인 접촉과 협력을 맺고, 그에 맞춰 작전하면서 국제적 영향과 자신의 위상을 높이려 했다.

인도·미얀마 전역 공작대의 파견은 한국광복군이 전쟁 후반기 중요한 전략적 조치였다. 1943년 5월, 광복군 부사령관 김약산은 조선민족혁명당 총서기 신분으로 주 인도 영관 총사령부 대표 맥견석(麦坚锡)과 『조선민족혁명당 조선민족혁명군 선전연락단위의 파견에 관한 협정계획』을 체결하고, 한국측은 주 인도 영국군대의 대일작전에 협조하여 영국군이 완전한 승리를 추진하고, 영국은 조선민족혁명당의 대일투쟁에 지원해주며 조선민족의 독립을 쟁취하려는 원칙 아래 다음과 같은 협정을 맺었다. 주 내용은 다음과 같다.

(1) 조선민족혁명당은 영국군의 대일작전에 협조하기 위하여 조선민족군 선전연락대를 파견한다.

(2) 연락대는 10~25명으로 구성되며 대장 1명을 두며, 영군의 유니폼을 입고 "조선민족혁명당 연락대"의 배지를 달아야 한다.

(3) 연락대의 주요 업무는 영국군이 대일 작전에 유리한 대적 선전, 전투 중 획득한 적군문서의 번역 등의 것이다.

(4) 연락대의 복무기간은 6개월을 1기로 하며, 쌍방의 협의에 따라 연장할 수 있다.

(5) 앞의 조항이 만료되기 전에 조선민족혁명당이 필요하다고 판단하거나 영국측의 요구가 있을 때에는 구성원의 일부 또는 전부를 교체할 수 있다.

(6) 연락대장은 인도 주 영국군 대위와 동등한 대우를 받고, 대원은 인도 주 영국군 중위와 동등한 대우를 받으며, 업무상 공적이 뛰어난 사람은 특별 표창을 받는다.

(7) 연락대의 업무를 효율적으로 추진하기 위하여 조선민족혁명당은 인도에 상주대표 1명을 파견하여 활동에서 전반적으로 긴밀하게 협력하였다.

(8) 연락대원은 영국군이 잡은 조선인 포로와 자유롭게 접촉할 수 있고 가능한다면 서비스 업무에 참여하도록 훈련을 시킨다.

(9) 연락대원의 파견, 교체 또는 철회에 필요한 모든 경비는 영국 측이 부담한다.

⑽ 연락대 성원은 여행시 영국군 장교와 같은 조건 및 대우를 향유한다.

⑾ 대원은 델리에서 근무시 무료 숙박을 제공하되 텐트의 가능성이 높으며, 호텔에서 숙박하는 경우 경비에서 100루블 공제하고 숙식비로 데운다.

⑿ 조선민족혁명당 대표는 주로 델리에 거주하며, 사무, 생활, 여행 등의 비용을 영국 측이 부담하고 상당한 대우를 하였다.[131]

당시 이 협정은 양측이 비밀리에 체결되었다. 이 사실이 알려지자 중국정부와 한국임시정부 측은 강렬한 반대에 부딪혔다. 중국 전쟁시 최고 지휘자인 장개석은 이를 철저히 추적하라는 명령을 내렸고, 재중 한국인들이 당파적 이름으로 영국과 어떤 협정을 맺어도 "절대 찬성하지 않는다"고 했다.[132] 한국임시정부도 측에도 조선민족혁명당이 임시정부에 가입하고, 조선의용대가 광복군에 가입한 뒤에 영국군 대표와 군사협력을 위한 협정을 따로 체결하는 것은 받아들일 수 없다. 결국 영국 측과 협의 끝에, 한국광복군 총사령부가 나서서 인도에 홍보와 연락대 파견하는 업무를 처리하기로 했다.

9월부터는 한지성 대장을 맡은 한국광복군의 인도, 미얀마 전쟁 지역공작대는 9명이 선후로 인도로 떠났다. 1944년 6월 한국임시

131) 『關於朝鮮民族革命黨派遣朝鮮民族軍宣傳聯絡單位之協定計劃書』, 轉引自 楊昭全, 李輔溫, 『朝鮮義勇軍抗日戰爭史』, 哈爾濱, 黑龍江出版社, 1995.

132) 參見石源華: 『韓國獨立運動與中國』, 455쪽, 上海人民出版社, 1995.

정부 군무부장 김약산은 담화를 발표하고 광복군 9명이 인도, 미얀마 전선에서 영국군과 협동작전을 진행하고 있으며 전방에서 대적 방송과 포획된 서류의 번역작업을 맡아 임무를 잘 해냈다고 했다. 어떤 전역에서, 또한 말로만 적을 물리친다고 영국인들로부터 칭송 받았는데, 특히, 그 적군의 실정에 대한 정확한 판단은 영국군한테서 높은 평가를 받았다.[133)]

1945년 3월 27일, 한국임시의정원은 『광복군 주 인도 연락대 협정초안』을 통과하여 광복군 주 인도 연락대 대장과 영국군 당국에 넘겨 협상하고 시행하기로 했다. 초안은 1943년 5월의 협정문과 비슷하게 12개 항목으로 있는데 다만 남측의 대표가 광복군이고 한영교섭의 모든 사안은 광복군 총사령부와 연락해야 한다고 강조했다.[134)] 한편 임시정부 김구 주석은 국민당중앙당부에 서한을 보내 조지영 등 9명을 인도에 파견하여 업무를 시작할 예정이고 여권을 발급해 달라고 요청했다. 중국 최고당국의 비준을 받아 조지영, 이병훈, 진가명, 황민 등 4명은 광복군 간부훈련반에 남아 있고, 왕영성, 진춘호, 여정순, 조건, 김빈 등 5명은 영국에서 근무하라고 했다.[135)]

1945년 7월, 한국광복군 주인도 연락대는 영국 측의 요구에 따라 인도, 미얀마 전선에서 동맹군과 함께 작전해야 하는 역사적 사명을 끝고 중경으로 철회하였다.

133) 『新華日報』, 1944年6月22日.
134) [韓]韓詩俊, 『韓國光復軍研究』, 269쪽, 韓國, 一潮閣, 1993.
135) 『賀國光致吳鐵城函』, 轉引自[韓]秋憲樹: 『韓國獨立運動』(3), 229쪽.

제6절 9조 행동기준 교섭 갈등

한국광복군 창설 초기에, 중국 군사위원회가 제정한 『한국광복군 행동 준칙』은 임시정부지도자들의 찬성을 얻었을 뿐만 아니라, 중국 군사당국도 광복군에 지지, 지원, 지도하는 책임을 확실히 맡으면서 광복군의 성장에 긍정적인 역할을 했다. 하지만, 한국독립운동 지도자들은 광복군이 명목상만 임시정부에 예속된 것은 마음속으로 불만을 품고 있었다.

정세에 따라 국민정부는 어떻게 한국임시정부를 승인하고자 고민하기 시작했고 특히 1942년 하반기 일본이 태평양전쟁에서 연신 실패하자 반파시즘 전쟁과 한국독립광복의 전망이 밝아질 무렵, 한국독립운동 중에는 많은 사람들은 『준칙』이 한국의 군사주권에 파괴한다며 생각하기에 강한 불만을 나타냈다. 어떤 사람은 임시정부가 중국정부에 대한 '매국'을 빌붙는 행위에 대해 매우 격분했다. 이로 인해, 한국독립운동 내부에 새 파벌투쟁을 일으켰고, 한국임시정부와 중국 군정당국 간의 교섭사건을 일으켰다.

1943년 2월 20일, 임시정부 외무총장 조소앙은 중국당국에 제안서를 제출하고 『한국광복군 9개 행동준칙』을 짧은 시실내에 폐지하고 따로『중·한 상호군사협정』을 체결하고자 요구했다. 이 제안은 중한 두 나라의 역사적 우호관계, 중국의 대항전 건국요령의 외교정책, 루스벨트·처칠치선언의 원칙, 협조 전략과 전략의 관계, 광복군의 정당성 인정, 그리고 양국 민족의 선례 등 여섯 가지 측면에서 "준성"을 폐지해야 하는 이유를 설명했다. 또한 "평등을 형식으로 하는 외교와 내용으로 하는 군사가 결합되지 않으면 대규모 참전을 완수할 수 없으며 대중의 혁명적 힘을 발휘할 수 없다"고 강조하며, "그래서 군사와 외교는 분리될 수 없으며, 정부의 인정과 '준성'의 수정은 미룰 수 없는 문제를 동시에 해결해야 한다"고 강조하고 있다. 조소앙은 중국 측에 '한·중상호군사협정' 초안을 제출하여 내용은 다음과 같다.

(1) 중·한양국 정부는 대일 공동작전 동안에 공동작전의 실효를 최대한 거둘수 있도록 모든 방식으로 상호 지지와 협조를 보장하여야 한다.

(2) 중국 정부는 중국경내 한국광복군을 편성하는 것에 동의하고 한국임시정부에 예속하고 광복군은 중국 영토내 대일작전할 때, 그의 지휘원은 태평양 전역의 중국 전역 최고군사장관에게 속한다.

(3) 한국임시정부가 한국광복군의 인원 임명과 정치훈련을 주관하되 중국적의 기술자를 고용할 때에는 중국정부가 그를 임명한다.

(4) 중국정부는 한국광복군이 한국내지 및 접경지역에서 활동하는 것을 지원하고 중국의 중일전쟁에 협조하는 것을 목적으로 하고 광복군이 국경에 들어가기 전에 한국인을 흡수할 수 있는 함락지역을 주요 활동구역으로 삼았다.

(5) 한국광복군이 전역 제일선 이후지역에서 중국정부는 전역 장관소재지 및 중국정부 소재지에서 연락통신기관을 설치하는 것에 동의하였다.

(6) 한국광복군 총사령부는 광복군의 작전지휘가 편한 지역에서

설치한다.

(7) 한국광복군은 함락지역과 전역 후방에서 한적 병사를 모집할 수 있으되 따로 행정장관을 설치하지 않는다.

(8) 한국광복군이 필요한 무기와 기계는 신용차관이나 무기대여법 등의 방식으로 쌍방이 협상하고 시행하면 된다. 무기의 수수기관은 중국 전역의 최고군사장이 지정해야 한다.

(9) 중일전쟁이 종전 전에 한국임시정부는 이미 한국내를 들어간다면, 여전히중국의 항전업무에 협조하고 진행하여야 한다.

(10) 본 조약이 발효되면 광복군 9개 행동기준은 즉시 폐지된다.136)

이 초안의 핵심내용은 한국광복군이 임시정부에 예속시켜야 한다는 것이고 중국 측은 대표를 보내 즉시 협상해달라고 한데 중국 측은 이에 즉시 반응하지 않았다.

12월 8일, 한국임시의정원 제35차 회의는 광복군의 현행 9개 행동준칙을 개정하겠다고 결의했다. 내용은 다음과 같다. 신임 국무위원은 취임 후 3개월 이내에 평등과 상호원조의 원칙에 따라 중국 정부에 새로운 협약을 개정하도록 요청하여야 하며, 중국 군위원회가 이전에 공표 및 시행한 아홉 가지 행동 원칙을 대체하는 것을 목표로 하여 대한민국 군의 핵심 부대를 구성할 것이다. 불행하게도 새로운 협약을 개정하지 못할 경우, 임시정부는 즉시 해당

136) 『中韓互相軍事協定』 (草案) 轉引自[韓]秋憲樹, 『韓國獨立運動』 (3), 246쪽.

아홉 가지 원칙의 효력을 해제하고 군의 사후 조치를 계획할 것이다.[137] 그의 강력한 태도는 전례가 없다.

이 기간 동안 중국 군정 당국은 한국 지원 정책을 큰폭으로 조정했으며 '다른 국가보다 우선 한국임시정부 승인'의 방침을 정했다. 중국은 한국 독립 운동의 각 정당에서 임시 정부, 독립당 및 광복군의 발전을 중점적으로 지원할 것으로 결정하였으며, 이 결정은 중국 군대와 한국 군의 관계 조정에 도움이 될 것으로 예상된다.

1944년 7월 10일, 하응흠은 장개석에게 제출한 보고서에서 "한국광복군이 명예상 한국임시정부에 예속하는 것이 바람직하며, 그 9조의 행동 준칙은 중국 측도 자체적으로 수정하거나 폐지할 수 있으니 중국의 중일전쟁에 손상시키지 않도록 하며, 한국 측의 희망을 격려하는 데도 도움이 된다." 등 내용에 동의하면서 "각 전쟁 지역에 파견하여 근무하거나 전쟁지역에서 모집된 인원은 중국 군사위원회의 동의를 받고야 파견할 수 있다."고 강조했다.[138]

7월 31일, 국민당 당중앙 한국지원지도팀의 성원인 오철성, 하음함, 주가화는 공동으로 장개석에게 제안해드렸다. "한국광복군 행동준칙 9개 항을 즉시 취소해야 합니다. 이 행동 준칙 가운데 한국 광복군은 중국 군사위원회에 종속되어 있다는 부분은 한국의 독립정신을 훼손한다고 여기며, 이를 평계로 임시정부를 공격할 수 있겠습니다."[139] 9월 8일 장개석은 광복군을 임시정부에 예속시키

137) 『韓國臨時政府議政院關於〈光復軍九項行動準繩〉決議案』, 轉引自[韓] 秋憲樹: 『韓國獨立運動』(三), 250쪽.

138) 『何應欽呈蔣介石之報告』, 轉引自[韓]秋憲樹: 『韓國獨立運動』(3), 252쪽.

기로 수정했고 『행동준칙』을 폐지시키는 것에 동의했다.

이후, 오철성의 주관으로 중한 양국은 관련 문제에 대해 반복적인 협상을 많이 진행했다. 10월 7일 김구는 오철성에게 "한국광복군환문초안"과 "요구사항"을 담은 서한을 보내어 장개석에게 전해드리라고 하며 군사 고위 인사를 파견하여 협상을 진행할 것을 요청했다. 이 교환문 초안의 주요 내용은 다음과 같다.

(1) 한국광복군은 조국을 광복하는 것을 목표로 하지만 한국에 들어가기 전에는 중국군대 항일작전에 협조하고 작전에 참여해야 한다.

(2) 한국광복군이 중국 내에서 대일작전을 하는 동안, 이 군대의 실력 성장과 전쟁 상황의 변화에 따라, 그 군대의 일부 또는 전부는 중국 총사령부의 지휘를 받아야 한다.

(3) 한국광복군이 중국 내에서 필요로 하는 모든 군비는 중국이 차관의 방식으로 한국임시정부에 제공해준다.

(4) 한국광복군이 중국 내에서 훈련 및 모집 작업을 진행할 때에는 중국이 필요한 협조와 편의를 제공하여야 한다.

(5) 중한 양국은 각각 상주하는 군사 대표를 지정하여 한국광복군과 관련된 교섭사항에 대해 협상해야 한다.

(6) 중국 군사 당국은 연락 및 한국광복군 작업을 돕기 위해 여러 명의 연락참모를 파견해야 한다.[140]

---

139) 『吳鐵城, 何應欽, 朱家驊呈蔣介石文』, 『國民政府與韓國獨立運動史料』, 630쪽.

140) 『韓國光復軍換文草案』, 『韓國光復軍要求事項』, 轉引自[韓]秋憲樹 :

『요구사항』에서는 중국이 부담해야 할 의무로는 군사비용, 주택, 물자 등을 명시했다. 예를 들어 모집비는 월 200만 위안, 훈련반 개설비는 300만 위안, 활동진행비는 월 30만 위안, 대원이 집중적인 여비 20만 위안 등이 포하되어 있었다. 당시 중국이 어려움을 겪고 있었기 때문에 중국이 만족시키기에 어려운 요구였다.

한국 측이 더 강력히 요구하자 양측 간에 협상이 진행되지 못한 상황이었다. 1945년 2월에 이르러서야 양쪽은 『한국광복군에 대한 지원방법』에 도달하였고 3월 9일, 장개석의 승인을 거쳐 5월 1일부터 시행하기 시작했다. 구체적인 내용은 다음과 같다.

(1) 한국임시정부 소속의 한국광복군은 조국광복을 목표로 하며, 중국내에서는 중국군에 협조하여 항일작전에 참가하여야 한다.
(2) 한국광복군이 중국 내에서 전투 작전을 수행하는 경우, 중국 최고 사령부의 지휘를 받는다.
(3) 한국광복군이 중국 내에서 훈련및 모집 작업을 진행할 때에는 양국 간의 협상을 통해, 필요한 경우에 중국이 협조와 편의를 제공해준다.
(4) 한국광복군과 관련된 접촉 사항은 한국임시정부와 중국 군사위원회에서 파견한 대표들 간에 협상해야 한다.
(5) 한국광복군이 필요로 하는 모든 군비는 협상을 통해 대출 형식으로 중국이 한국임시정부에 제공해 준다. 그러나 광복군의 예산은 중국 군의 현행 규정에 따라 중국군사위원회가 매월 한국 임시정부에 지급한다.

『韓國獨立運動』(三), 529쪽.

(6) 중국 각 포로 수용소에 있는 모든 한국적의 포로들은 감화 과정을 거친 후 한국 광복군에 이양된다.141)

이후 양측은『향후 광복군 군사 예산 지급 방법』『광복군에 대한 문서 작성 방법』등에 대한 합의에 이르렀다. 그후로 한국광복군은 더 이상 중국군사위원회에 종속하지 않고, 중국이 파견된 참모장, 부관 등 군사간부들은 모두 철수되었으며 중국이 제공한 광복군에 대한 다양한 지원도 임시정부를 거쳐 이루어졌다. 한국광복군 소속 변경은 임시정부와 광복군의 국제적 위상 향상 및 향후 발전에 긍정적인 의미를 가지게 되었다.

제7절 한미공조 OSS 훈련

한국광복군은 인도-미얀마 전쟁 지역에 작전팀을 파견하고 영군 작전에 협조하는 일 외에도 중국 주재 미군과 적극적으로 연락을 유지했다. 한시준의 저서『한국광복군연구』에 따르면 1945년 3월 15일 한국임시정부는 중국 주재 미군과 『한미협력협정』을 체결하였고 내용은 다음과 같다.

(1) 한·미는 공통의 적인 일본군을 소멸시키기 위해 서로 협력하여 공동 작전을 진행한다.

(2) 한국광복군은 미군으로부터 무선 및 기타 군사 기술 훈련을 받아 한반도에 잠입하여 공동 작전에 필요한 군사지휘를 제공해 준다.

141)『吳鐵城致蔣介石文』, 轉引自[韓]秋憲樹:『韓國獨立運動』(三), 260~261쪽.

(3) 미군은 한국광복군에게 공동작전시 필요한 모든 무기, 기자재 및 군수물자를 제공한다.

(4) 미국은 한국광복군에 육·해·공 및 교통·통신의 편의를 제공한다.

(5) 기타 필요한 군사 지원은 서로 제공한다.

(6) 합의사항을 이행하기 위해 쌍방의 상급의 비준과 중국군사위원회의 동의를 받아야 한다.142)

1945년 5월 1일, 임시정부 김구 주석과 외무장관 조소앙은 중국 주재 미군본부를 방문하여 중국 전역의 참모장이자 중국 주재 미군 사령관 웨이더마이 장군을 접견을 요청했고 웨이더마이 장관은 그의 참모장 글로스(glos)를 파견하여 이들을 환대했다. 김구는 서한을 글로스를 통해 위더마이에게 전달할 영문 공문을 전달했는데, 요지는 다음과 같다. 만약 미군이 군사적으로 한국광복군의 지원이 필요하다면 중국군사위원회의 동의를 거치지 않고 한국광복군 총사령부에 직접 연락할 수 있다는 것이었다.143)

한국임시정부는 또한 군사계획서를 제출하여 주로 남양에 간부를 파견한 것을 요청했다. 이를 통해 적군 중 한국인을 반정하게 하며, 해상 한국 군대를 조직하여 태평양 미군과 협동하여 작전하고, 해상에서 일본 본토를 공격하고 한반도 상륙 작전에 참여한다

142) [韓]韓詩俊: 『韓國光復軍研究』, 278쪽, 韓國, 一潮閣, 1993.

143) 『韓國臨時政府主席金九等訪魏德邁』, 轉引自[韓]秋憲樹: 『韓國獨立運 動』(1), 427~428쪽.

는 작전의 계획이었다. 144)

한국광복군이 수백 명밖에 되지 않은 구성원은 일본군과 정면 전역에서 주요한 역할을 하기 어려웠다. 이들은 중국 중일전쟁에 참여하면서 주로 포로 심문, 적 암호 해독, 전단 제작, 대적 방송, 무공대 조직, 적군 감화, 반란와 군심(軍心) 해체 등 특수 업무를 했다.

한국광복군의 이러한 특기들은 미국 전략첩보기구(OSS)한테 주목받고 양측의 협력은 미군 주재 중국 전략첩보기구가 한국광복군에무선 전파 및 기타 군사기술 훈련을 제공함으로써 전략적 대반격 시 미군이 한반도로 진출에 맞춰 조국의 독립을 회복하는 소원을 성취하는 데 기여할 것으로 기대되었다.

한미합작 OSS특수훈련은 서안과 부양의 광복군 제2지대와 제3지대에서 진행했었다. 5월 28일, 임시정부 김구 주석은 국민당 중앙당부에 서한을 보내 중국 측의 비준을 요청했다. 6월 11일 장개석은 김구의 요청을 허락해 주고 서안과 부양 두 곳에 한국광복군 훈련반이 창설되기로 하였고 또한 서안과 부양 군정 당국은 필요할 때마다 도움을 제공하기로 합의되었다.145)

한국광복군 제2지대 이범석부 부대는 90명으로, 제3지대인 김학규 부대는 22명으로 구성되었으며, 각 부대는 미국 군대에서 3개월 동안 특수 훈련을 받았고 예를 들어 전투 훈련, 사격 기술, 폭파 기술, 강 건너기술 등 첩보업무자의 전문기술도 배웠다.146) 8

144) 『韓國臨時政府軍事計畫書』, 轉引自[韓]秋憲樹: 『韓國獨立運動』 (1), 170~171쪽.

145) 參見石源華: 『韓國獨立運動與中國』, 554쪽, 上海人民出版社, 1995.

월 15일, 일본정부의 무조건항복 선언으로 한·미 합작된 OSS 훈련은 갑작스럽게 종료되었다.

제8절 광복군의 잔무와 귀국

일본제국주의 항복 이후, 한국임시정부는 중국 및 동맹국들의 공식 승인을 얻기 위해 노력하면서 동시에 새 정부 건설에 참여하여 조속히 귀국하길 희망했다. 또한, 대한민국 임시정부는 전쟁 종료 후의 사후 처리문제를 놓고 국민정부와 긴급하게 협상을 진행했다. 일본군 중의 한국적 병사를 잘 받았고 한국광복군을 확충하여 임시정부의 기반 국군을 구축하는 것은 전후 한국임시정부의 주요 정치적 요구이자 달성해야 할 정치적 목표가 되었다.

1945년 8월 24일, 임시정부 김구 주석은 국민정부 장개석 주석에게 메모를 제출하여 7가지 요구사항을 제출했는데, 그 중에서 4번째는 바로 “적군 중 한국적 병사들이 무기를 내놓게 하면 특별히 우대해주고, 총기를 발급해주며 한국광복군에 이양하여 한국임시정부의 주요 부대로 편성하도록 청한다.”147)

9월 26일, 김구는 다시 장개석에게 서한을 보내 7항 요구를 제시하였으며, 그 중 다섯 번째는 항목은 앞서 언급한 요구를 반복했다. 위의 내용과 같고 “적군 중의 한국적 병사는 무장해제 이후에 당국이 한국광복군에 이양되어 건국 시기의 주요 부대로 편성하도록 명령했다.”148)

146) [韓]韓詩俊: 『韓國光復軍研究』, 2口~293쪽, 韓國, 一潮閣, 1993.
147) 『備忘錄』, 轉引秋憲樹: 『韓國獨立運動』(1), 241쪽.

김구 등 임시정부 지도자들이 귀국하기 전, 임시정부은 중국 관내 지역에 『한교선무단』을 설치하고 각각 화북, 화남, 화중 3개 지역으로 나누어 교무, 구호, 군무 3조를 설치하였다. 군무팀의 직책은 “중국군사위원회의 승인을 받아 한국광복군사령부가 인원을 파견해 각 수용소에 있는 한국적 병사들의 위안문제를 관장하고 정신력, 연설 등을 점검하고 광복군 간부 훈련반 사항을 준비하겠다” 등의 것이다.149)

중국 동북지역에 임시정부 동북대표부를 설치하고 각각 남부 료녕, 북부 송강, 동부 길림 3개 사무소를 두었으며, 그 안에 군사부 기구를 설치되어 있다. 동북에 있는 광복군의 직책은 다음과 같이 규정하였다. “한민족의 애국청년들을 소집하여 독립건국을 위한 군대교육, 군사훈련을 시켜야 한다. 중국중앙정부의 지시에 따라 동북치안에 협력하고 중앙군과 협동하여 군사행동을 함께 진행한다.”150)

전쟁이 끝날 무렵 중국 정국의 복잡한 상황과 한교민들이 혼란된 상태로 인해 중국 군사위원회는 제한된 범위 내에서 한국광복군이 한국적 포로를 처리하는 데 참여하도록 허용했다. 12월 22일, 중국군사위원회는 『한교민 한국적 포로 처리 방법에 관한 규정』을 수정하고 공포하여 광복군의 지위와 역할도 규정했다.

(1) 각 전역(방면군) 단위로 일포와 한포는 각각 집중관리하고 인

148) 『金九致蔣介石函』, 轉引自[韓]秋憲樹: 『韓國獨立運動』(1), 467~468쪽.

149) 『韓僑宣撫團服務條例』, 轉引自[韓]秋憲樹: 『韓國獨立運動』(1), 490쪽.

150) 『韓國臨時政府東北代表部設置及組織經過』, 1946年1月10日, [韓]韓國國家報勳處: 『大韓民國臨時政府與韓國光復軍』, 288~297쪽.

원수가 많고 적음에 따라 포로관리처 밑에 한국장병관리소를 두고 그들을 수용하여 광복군이 사람을 파견하여 훈련을 시킨다.

(2) 일본이 항복한 후, 한국광복군이 각지에서 소집한 한국인들은 여전히 각 전역(방면군)에서 집중관리를 받아야 하고 광복군이 사람을 보내 그들을 훈련시켜야 한다.

(3) 각지 한국광복군의 지대는 본 회의 승인을 받은 경우에는, 여전히 원래 상태를 유지하며, 이후에는 승인을 받지 않은 광복군의 활동은 금지되어야 한다.

(4) 한국 교민은 여전히 각 성과 시에서 일본 교민와 별도로 집중관리되며, 한국임시정부가 각지로 파견한 선무단과 협의하여 처리한다.151)

뻔한 것은 중국군사위원회는 한국광복군의 활동이 반드시 위원회의 승인을 받아야 한다고 강조했는데, 이는 사후 중국정치통치의 수요와 한국독립운동단체의 현황을 고려하여 내린 결정이었다. 실제로 중일전쟁이 끝난 이후, 광복군 내에 이미 존재했던 한국독립당과 조선민족혁명당 간의 분열과 경쟁이 다시 일어나는 상황이었다. 이러한 상황은 상해에서 두드러져 나타났다. 김구 파의 제3지대장 김학규와 김약산 파의 제2지대장 이소민은 심지어 상해에서 크게 싸우었으며, 결과적으로 양측 모두 활동을 금지당했다. 상해 경찰서의 조사보고에 의하면, 사건의 경과는 다음과 같다.

151) 『關於韓僑韓俘處理辦法』, 轉引自[韓]秋憲樹: 『韓國獨立運動』 (1), 495쪽.

김학규는 광복군 제3지대장 대장으로 그가 책임지는 지역은 화북지역이지만 그러나 상해에서 당시 탕사령관이 사령을 맡은 동안, (제10전구에서 탕사령관 밑에 일한 경험이 있다. 김학규가 상해에 와서 광복군 제2지대장 이소민에게 공산당과 관련이 있다고 무고하였으니까 이소민은 바로 경비사령부에 한 달쯤 억류당하였다.

그 결과로 김학규가 상해 광복군의 통제 권한을 장악하고 사무실장으로 스스로 임명하며 한국 교민로부터 그 군대의 자금 지원을 명령했다. 일반 한교민은 이에 대해 불만이 많아 군비를 납부한 사람은 없다.

그리하여 김학규는 경제적인 어려움을 크게 느꼈고 한적 경비대 70여명을 창설하였으며 명목상 한국적 반역자를 처벌하기 위함이라고 주장되었지만 실제로 목적은 따로 있다. 이 경위대가 창설된 후 비법적으로 한교민 60여 명을 구속했는데, 그 중 극소수를 제외하고는 모두 확실한 범죄 혐의가 없었으며 한교민들이 더욱 분노하여 한 푼도 기부하지 않으려 했고 결과적으로 광복군 경비가 막막해졌으므로 1300여 명의 한국 병사들이 의식주조차 제대로 보장받지 못하므로 5명을 대표로 선출하여 김학규한테 구제해달라고했다.

(김학규)는 대표를 만나주기 커녕 무장경비대가 이 5명 대표를 구금하도록 하여 이는 한교민들의 공분을 일으켰다. 대표들은 김학규에게 계속해서 교섭을 진행했고, 최종적으로 5명을 석방시켰다. 최근에는 광복군 참모장 이범석과 장흥 등이 상해 와서 이 상황을 듣고 양측이 모두 잘못이 있다고 판단하자, 광복군 사무소 및 한교민위원회를 해산하고 경비대를 해체시키라고 명령했다.

그리고 체포된 한교포 중 이신용 등 몇 명 사람들을 제외하고 모두 석방됐다. 한국적의 병사들은 현재 강만 앞에 있는 일본군 수용소에 갇혀있어 송환준비를 하고 있다.152)

하지만 전반적으로 보면 한국광복군은 일본 군대중 한국적 병사를 개편하는 것에 중국군대에 협조하여 많은 노력을 기울여 일정한 성과를 거뒀다. 1945년 8, 9, 10월에느 중국군은 한국적의 포로 80명을 중경에 있는 광복군 본부에 이송했다. 1946년 1월 16일, 중국군사위원회의 승인을 받아 설립된 한국광복군은 총 1021명으로, 각 지대는이 각각 중경, 노하구, 태안, 입황, 상해, 여성, 개봉, 낙양, 정주, 서주 등지에 주둔하고 있고 군인수와 군사력이 모두 강해졌다. 그 편성표는 다음과 같다.153)

	주무관 성명	부둔지	관좌 인원	병사수	합계인원
광복군총부	이청천	중경	82	59	141
제1지대지대부	채원개	중경	14	30	44
제1구대구대부	김준	노하구	6	12	18
제1분대	김성호	중경	19		19
제2분대	정일주	중경	19		19
제3분대	김석산	태안	32		32
제3분대 일부	김창국	입황	32		32
제2구대구대부	이소민	상해	8	9	17

152) 『上海市警察局為奉令調查韓光復軍駐滬支隊發生暴動一案經過情形』, 上海 市檔案館上海市警察局檔案 011-4-2077號.

153) 『韓國光復軍各部隊及駐地人數表』, 1946年1月10日, 上海市檔案館上海市政府檔案 1-7-94號.

	주무관 성명	부둔지	관좌 인원	병사수	합계인원
제일분대	이성필	중경	11		11
제3구대	뢰명	여성	200		200
제2지대지대부	이범석	개봉	115	36	151
낙양분대	장이호	낙양	40		40
정주분대	정이명	정주	74		74
제3지대	김학규	서주	180	25	205
주 북평사무처	최용덕	북평	9	9	18
학계			841	180	1021

주: (1) 제3지대는 부대장 이복원 대행, 재편인원은 보고하지 않음.
(2) 관좌인수란은 소위급 포함.
(3) 구표의 통계는 착오가 있음.

이상은 바로 한국광복군이 귀국전에 중국군사위원회가 승인한 광복군 전체 인원이었다. 숫자적으로는 많지 않아 보일 수 있지만, 그들은 모두 중국 중일전쟁과 한국독립운동의 오랜 시간 동안 시련을 겪은 군사이 핵심인물들이다. 그들은 귀국 후 한국 정치무대에서 중요한 역할을 수행했다.

예를 들어 광복군 참모장 이범석은 대한민국정부 수립 후 최초의 내각 총리로 임명되었다. 광복군에 참여한 일본군의 한적 병사들은 수용소에서 개편과 훈련을 받아 5만 명으로 늘어났다. 154)

1946년 5월쯤에, 미국 주한 점령군 호치 장군이 한국 광복군을 해산하는 규정에 따라, 광복군 장병들이 차례로 개인 신분으로 귀국하였다.

154) 胡春惠, 『韓國獨立運動在中國』, 203~204쪽, 臺灣, 1976.

제2편

한국독립운동 사료史料의 정리와 연구

제1장 백 년간의 한국독립운동 중문 논저와 논평

1910년 일본이 한국을 병합하면서 한국인들은 35년간 항일 복국 운동을 벌여왔다. 3·1 운동이 상징인 한국의 독립운동은 5·4운동이 서막인 중국의 신민주주의 혁명운동과 함께 같은 시기에 진행됐다. 중국 각지에서 전개된 한국독립운동은 한민족이 폭일통치에 저항하는 중요한 부분이며, 중국 여야의 열렬한 지지와 도움을 받아 근대 한·중 우호관계사의 중요한 장을 이루었다. 대략적인 통계에 따르면, 1901년부터 2000년까지 100년간 출판 또는 편찬된 한국독립운동에 관한 중국어 전문 저서, 자료집은 131종, 논문은 1499편이다.[155] 이러한 성과를 종합해보면, 한국독립운동에 대한 중국 학술계의 연구는 다음과 같이 크게 6개 단계로 나누어 평가할 수 있다.

제1절 청나라 말기부터 중화민국 초기까지의 중문 논저

청나라 말기부터 중화민국 초기년까지가 첫번째 단계이다. 중국 사람은 일본이 한국을 멸망시키기 전부터 한국의 존립에 대해 관심을 갖고 있었다. 19세기 말, 강유위(康有爲)와 양계초(梁啓超)를 대표로 하는 중국 자산계급 유신(維新)사상이 성행하였다. 이것은 중국 근대 최초의 사상해방운동의 부흥을 상징하고, 이 또한 한국독립운동에 적극적인 추진 작용을 했다. 양계초가 편찬한 『조선망

155) 王明根, 李花玉編: 『20世紀韓國獨立運動硏究中文目彔』, 韓國國家報勳處2002年版. 이 글에서 인용한 논저의 출처는 모두 이 책이다.

국사략』『조선망국참사』『조선멸망의 원인』『일본탄병(呑倂)조선기』 등 논저는 한반도에 널리 전파되었고, 그의 유신변법 사상은 한국의 진보적 지식인들에게 중요한 계몽을 주었으며, 나라의 살 길을 도모하는 그들의 애국적 열정을 불러일으켰다.[156)]

일본이 한국을 멸망시킨 직후부터 양계초의 저작 유행을 금지한 것은 일본 침략자들이 그의 사상에 대해 원망하고 두려워했다는 증거이다. 또 향달(向達) 저서 『조선망국의 원인과 그 부흥의 가능성에 대한 추측』, 아주족인(亞洲族人)의 저서 『조선부활론』, 예철지(倪鐵池), 장병해(壯病骸)의 저서 『망국영(亡國影)』, 한국인 박은식의 저서 『한국독립운동의 혈사』, 태백광노(太白狂奴)의 저서 『한국통사(韓國痛史)』 등도 중국에서 유통되고 있었다.

1909년 10월 26일, 한국 지사 안중근이 중국 하얼빈 역에서 일본 침략의 주범 이토 히로부미를 사살한 일거는 세계적으로 폭발적인 뉴스였다. 이것은 한국인들이 수년간 축적해 온 반일 분노의 폭발이며, 일본 침략자들에 대한 엄정한 경고와 징벌이였다. 중국 언론계는 다양한 형식을 취해 이 한국 민족 영웅의 쾌거를 기리고 찬양하였다. 중국의 자산계급 혁명가 우우임(于右任)은 그가 창간한 『민우일보(民吁日報)』에 근 100편의 기사와 보도를 발표하여 이 역사적인 사건을 널리 알렸다.[157)] 양계초는 96구(句), 672자(字)의 장편시 「추풍단등곡(秋風斷藤曲)」를 써서 안중근 의사에 대한 존경

156) 鄒振環: 「清末亡國史"編譯熱"與梁啓超的朝鮮亡國史研究」, 復旦大學 『韓國研究論叢』 第2輯, 325~355頁, 上海, 上海人民出版社, 1996.

157) 傅德華: 「于右任與韓國獨立運動 - 民吁日報」, 復旦大學 『韓國研究論叢』 第1輯, 52~59頁, 上海, 上海人民出版社, 1995.

을 표했다.158)

중국 자산계급 혁명의 선구자인 손중산은 한국의 독립운동을 지지하는 입장을 취했다. 그는 "한·중 양국은 동문동종(同文同種)이며 원래부터 형제나라이기에 오랜 역사적 관계를 가지고 있다. 광대뼈와 턱이, 입술과 치아가 서로 의지하는 것처럼 관계가 밀접해 잠시도 헤어져서는 아니 된다. 이것은 마치 서양의 영·미 양국과도 같다. 한국의 독립에 대해 중국은 원조의 의무가 있다."159)고 밝힌 바가 있다. 20세기 초, 손중산이 이끄는 중국동맹회의 기관지 『민보』는 한국인들의 독립을 위한 정의로운 투쟁을 끊임없이 보도했다.

『민보』 제3호는 「한일보호조약 체결의 전말」의 일부를 게재하여 일본이 한국에 통감부를 설치하고 조선에 보호를 강요한 실상을 고발하였다. 『민보』 제21호와 제26호에는 한국 저명 의병 지도자 이인영의 반일 전투 격문 두 편과 한국의 의사 안중근이 한국 침탈의 일본 원흉인 이토 히로부미를 사살하는 현장 사진이 잇따라 게재돼 한국의 반일 독립운동에 대한 중국 자산계급 혁명당원들의 지지와 경탄을 전했다.

이 단계에서 한국독립운동에 관한 중문 논저의 수량은 많지 않고, 내용을 볼 때, 한국 망국의 원인 분석 및 중국에 대한 경고 작용에 중점을 두고 있다.

158) [韓]朴殷植: 『安重根傳』, 92~93頁, 上海大同編輯局版.

159) [韓]闵石麟: 『中韓外交史话』, 26~27頁, 重慶, 重慶東方出版社, 1942.

제2절 3·1운동부터 만주사변까지의 중문 논저

3·1운동이 일어나면서부터 일본이 만주사변을 일으키기까지가 두번째 단계이다. 기세가 높고 힘차게 진행된 한국의 3·1운동은 중국에도 큰 정치적 영향을 미쳤다. 1919년 4월 10일, 한국 독립당은 상해에 대한민국 임시정부를 수립하여 국내 및 해외의 독립운동을 주도했는데, 손중산을 비롯한 남방호법군정부에서는 이를 크게 지지하였다. 대한민국 임시정부는 손중산을 매우 존경하고 그를 절친한 친구이자 대변자로 여겼다. 1921년 10월, 중화민국 비상대총통 손중산은 광주에서 대한민국 임시정부 전사(專使) 신규식을 회견하였고, 11월 18일 광주에서 북벌결사대회 및 대한민국 임시정부 전사 공식 접견식을 가졌다. 손중산은 중화민국 비상대총통 신분으로 신규식의 국서 봉정을 받았으며 서로 축사를 하였고, 또한 서로 승인하며 외교관계를 맺었다.

이러한 배경에서 한국독립운동을 연구한 중문 논저나 중문 번역 논저가 대거 나타났는데, 비교적 유명한 것은 신규식 저서 『한국혼』과 그가 주필을 맡으며 펴낸 『진단(震壇)』, 미국인 페퍼(Nathaniel Peffer, 費波)의 저서 『한국의 진실(The truth about Korea)』, 영국인 매켄지(Frederick Arthur MacKenzie)의 저서 『한국의 30년』, 중국제난회(中國濟難會)에서 편찬한 『한국광복운동기실(韓國光復運動紀實)』, 마학천(馬鶴天)의 저서 『한망감(韓亡鑒)』, 주집신(朱執信)의 저서 『파리강화회의에서 조선대표의 청원』, 존오(存吾)의 저서 『고려 기독교와 이번 독립운동의 관계』, 취생(翠生)의 저서 『조선 독립운동 개관』, 이헌민(李憲民)의 저서 『조선 민족운동 개황』 등이 있다. 이러한 논저들은 한국 인민에 대한 일제의 잔폭한 통치를 폭로하였고, 한국 인민의 저항투쟁에 대한 각국 인사들의 성원과 찬양을 표해냈다.

한국의 3·1운동이 한반도를 휩쓸고 있을 때가 마침 중국의 5·4 애국운동이 일어나기 직전이었다. 그 당시 중국 공산당은 아직 창설되지 않았지만 초기 중국 공산주의 운동 활동가들은 이미 날카로운 통찰력으로 한국 민족운동의 흥행을 주시하고 있었다. 중국의 사회주의 학설을 전파하는 중요 간행물인 『매주평론(每周評論)』은 한국의 3·1운동을 여러 차례 상세하게 보도했다. 훗날 중국 공산당 초대 총서기가 된 진독수(陳獨秀)는 '지안(只眼)'이라는 필명으로 이 잡지에 「조선 독립운동의 소감」, 「중국의 이완용, 송병준은 누구일까?」라는 사설과 단평을 발표하면서 한국독립운동을 "위대하며 성실하고, 비장하며 올바른 관념을 가졌다. 무력을 쓰지 않고 민중의 뜻으로 역사의 신기원을 열였다"고 칭송하였다.160) 1921년 7월 중국 공산당 창당 이후, 중국 공산당은 한국 혁명가들이 중국 관내에서 벌인 반일 독립운동과 밀접한 관계가 가졌다. 중국 공산당은 중국 국내에서 발생한 중대한 혁명 운동에 즉각 반응했다.

1926년 한국 국내에서 6·1혁명운동이 일어나자 중국 공산당 중앙 기관지 『안내자(向導)』 160호에 실린 「조선의 대시위운동」은 조선 공산당이 주도한 이 혁명운동을 높이 평가하였다. 1929년 말, 광주학생항일운동이 상징하는 반일투쟁이 발발하면서 한국 혁명운동사는 또 새로운 고조에 이르렀다. 12월 25일, 중국 공산당 중앙

160) 『每周評論』, 1919年3月16日, 23日.

기관지 『홍기(紅旗)』는 논평을 통해 광주학생항일운동은 "전 조선인의 민족해방운동이며, 1,800만 조선인이 자신들의 위대한 5·30을 보내고 있다"고 칭송하였다.

한국 혁명가들은 1926년 4월 상해에 공산국제극동국이 직접 지도하는 조선 공산당 상해지부를 설립하였다. 이듬해 9월 강소(江蘇)성 당위원회 법남구(法南區) 한국지부로 개편돼 중국공산당 전투서열에 올랐다. 1920년대 말~1930년대 초, 중국 공산당 중앙위원회의 직접적인 지도 아래 이 지부는 『3·1전선(三一戰線)』 『반제전선(反帝戰線)』 『호제운동(互濟運動)』 『무궁화(無窮花)』 등 혁명 간행물을 잇달아 창간하여 당시 혁명 운동에 적극적으로 참여하였다. 안타깝게도 우리는 현재 이 귀중한 역사 문헌들을 찾을 방도가 없다.

제3절 만주사변부터 중일전쟁 발발까지의 중문 논저

만주사변에서 중일전쟁 발발까지가 세번째 단계이다. 만주사변 이전, 중국 국민당 당국은 내부 다툼에 급급해 대일타협방침을 시행하면서 한국의 반일 독립운동 단체들과 공식적 연계를 맺지 않은 채 한국독립운동을 도의적으로 동정하고 지지하는 비공식적인 방식만을 취했다. 1932년 4월 29일, 상해 홍구(虹口)공원에서 한국 지사 윤봉길이 일제 시라카와(白川) 대장을 폭살한 사건이 발생하자 중국 국민당 최고 당국은 한국의 반일독립운동을 직접 주시하기 시작하였다. 1933년 초, 국민당 당수 장개석은 남경에서 한국의 독립운동 지도자 김구를 만나 비밀리에 합작 문제를 상의하였다.[161] 조직체계상 중국 국민당은 주로 두 개의 계통을 통해 각

각 한국독립운동의 각 단체와 연락을 유지하고 그들에게 필요한 각종 방편과 지원을 제공하였다. 하나는 진과부(陳果夫), 진립부(陳立夫), 주가화(朱家驊) 등이 장악하고 있는 국민당 중앙조직부이고 또 하나는 등원중(鄧元仲), 하충한(賀衷寒), 간국훈(幹國勳) 등이 장악하고 있는 삼민주의역행사와 군통국이다.

만주사변을 앞두고 중일 관계가 긴장해지면서 중국 국민당 중앙기관지 『중앙일보』가 상해 한인단체연합회의 「한국독립운동 개황」, 방수화(方樹華)의 「조선민족혁명의 과거와 현재」, 연병호(延秉昊)의 「한국독립운동 개황」 등의 논문과「이봉창 저격사건에 관한 한국 독립당의 선언」을 연달아 발표하면서 한국독립운동의 정황을 보도하면서 한국독립운동에 대한 중국 국민당의 태도가 변하고 있다는 것을 보여 주고 있었다. 그러나 만주사변 이후, 일본 정부의 중국 국민당 정부에 대한 압박과 간섭으로 중국 국민당이 한국의 독립운동을 실질적으로 지지하기로 결정했음에도 불구하고 공개적으로 신문에 보도된 기사는 오히려 찾기 어려웠다.

이 시기는 외국인과 한국인의 논저 위주였다. 예를 들면 맥켄스의 『한국 30년』이 개명한 뒤 재출판된 『은감(殷鑒)』, 『국경(國鏡)』, 조소앙의 『소앙집』『유방집(遺芳集)』『한국의 현황 및 혁명 추세』『태평양전쟁과 한국문제』『미래 세계에서의 한국의 위상』『당요목암살표(暗殺黨要目表)』 등, 한인애국단의 『도왜실기(屠倭實記)』, 김구의 『홍구공원 폭탄사건 진상(虹口公園炸彈事件眞相)』『여러 건의 일

161) [한]국사편찬위원회: 『한국독립운동사(四)』 70. 김구: 『백범일지』, 232~233 참조.

본 요인 암살 사건 경과에 대한 한인애국단 영수라 자칭하는 김구의 서술(自署韓人愛國團領袖金九述歷次刺日要人案之經過)』 등, 김광의 『윤봉길전』과 김재천(金在天)의 『망국통(亡國痛)』『망국후의 참상(亡國後的慘狀)』『망국경(亡國鏡)』『조선혁명 거자(巨子) 김재천이 망국 경과의 고통을 자술(自述)』 등, 이 작품들은 모두 한동안 널리 알려졌고 그 당시 한국독립운동과 한민족 정신 선전에 긍정적인 영향을 미쳤다.

중국 공산당도 만주사변 이후 한중관계의 발전에 대한 노력이 있었다. 일제가 만보산 사건, 한국 국내 화교참살 사건, 만주사변 등을 이용하여 한·중 민중의 전면적인 충돌을 일으키려 하자 중국 공산당은 적시에 자신의 올바른 입장을 표명하고 사랑하는 조선 형제들에게 일제의'선민 보호(鮮民保護)'에 도취되지 말 것을 호소하며, 중국 공산당의 지도하에 광대한 혁명의 중국의 공인, 농민, 병민, 그리고 가난한 민중, 형제들과 손을 잡고 위대한 중국 혁명에 직접 참가하여 제국주의 국민당을 멸망시키고 자신들의 해방을 쟁취할 것을 호소하였다.162) 역사적 이유로 인해 공개할 수 있는 역사 문헌은 많지 않다.

제4절 중일전쟁 기간 중 중문 논저

노구교 사변(盧溝橋事變, 77사변)부터 중일전쟁 승리까지가 네번째 단계이다. 1937년 7월, 중일 전면전이 발발하면서 중국 국민당은 공개적, 공식적으로 한국독립운동을 지지하였다. 그 주요 조치

162) 『滿洲省僞文件』, 第41卷, 第27號.

로는 다음과 같다. 정치적으로 한국독립운동을 지지하고 재중(在中) 각 당파의 중국 중일전쟁 참가를 열렬히 환영하며, 경제적으로 대한민국 임시정부 및 한국독립운동 각 당파를 지원하고, 군사적으로 한국의 항일무장을 중국군의 중일전쟁 서열에 편입시켜 조선의용대와 한국광복군을 중국중일전쟁에 참전한 국제지원군으로 만드는 것이다.

태평양전쟁이 발발한 후, 중국 국민당은 한국 지원정책을 큰폭으로 조정하였는데, 그 기본 정신은 한국 혁명 역량을 향상시키는 것에서 중국 중일전쟁에 참가시켜 한국의 복국 역량을 강화함으로써 전후 한국의 독립을 쟁취하는 것으로 초점을 옮기는 것이었다. 중국 정부의 노력으로 카이로 회담은 전후(戰後) 조선에게 독립을 부여하는 국제적 지위를 확립하였다.

이러한 역사적 배경에서 한국의 독립운동 연구는 절정에 달했다. 중요한 저서로는 국민정부군사위원회에서 편찬한 『10년간 조선의 반일운동』, 국제문제연구소에서 편찬한 『민족혁명의 길에서 - 조선』, 갈적봉(葛赤峰)의 『조선혁명기』, 마의(馬義)의 『조선혁명사화』 『조선의용대 승리의 4년』, 장의(莊儀)의 『조선독립문제』, 관설재(管雪齋)의 『한국지사소전(韓國志士小傳)』, 정원(鄭沅)이 편찬하고 출판한 『안중근(安重根)』 등이 있다. 또한 국민정부통치구에서 발간된 『중앙일보』 『대공보(大公報)』 『신촉보(新蜀報)』 『시사월보(時事月報)』 등 신문에는 독립운동에 관한 논문과 시사 평론이 대거 게재되어 이 시기 역사를 연구하는 데 있어 남겨진 풍부한 자료들이다.

이와 함께 중국 국민당 정부 통치구역에서 활동하는 대한민국

임시정부, 한국독립당, 조선민족혁명당, 조선의용군, 한국광복군 등, 그리고 그 지도자들도 많은 저서와 문서집을 출판하였다. 중요한 것으로는 다음과 같은 것이 있다. 대한민국 임시정부 선전위원회에서 편찬하고 출판한 『한국독립운동 문류(文類)』, 민석린이 편찬한 『중한외교사화』, 이범석의 『한국의 분노 - 청산리혈전실기』, 김규광의 『조선민족통일전선문제』, 조선의용대에서 편찬하고 출판한 『조선문제특집』[신악(申岳) 등], 『현단계 조선 사회와 조선혁명운동』 『이정호』, 『조선 3·1운동 20주년 기념전호』 『최전선에서 활약하고 있는 조선의용대』[유금용(劉金鏞) 역], 『중국 전장에서의 조선의용대』(왕계현) 등.

한국독립운동의 각 당 지도자는 중국 각지에 한국독립운동을 선전하는 기사를 많이 실었을 뿐만 아니라 『한민(韓民)』(대한민국 임시정부), 『조선의용대통신』(조선의용대), 『광복』(한국 광복군), 『한국청년』(한국청년전지공작대), 『조선민족전선』(조선민족전선동맹) 등 상당수의 간행물을 창간하였는데, 이 간행물들은 한국의 독립운동 연구에 있어 최고의 사료임이 틀림없다.

중일전쟁이 발발한 후 중국 공산당은 항일민족통일전선의 전략 방침에 따라 한국의 반일 독립운동 각 당파와 널리 연락하는 새로운 노선을 확립하고 대한민국 임시정부와도 연락을 주고 받으면서 상당히 존대하였다. 중국 공산당 중앙위원회가 중경(重慶)에서 창간한 기관지 『신화일보(新華日報)』는 중일전쟁 당시 약 30편에 달하는 대한민국 임시정부의 활동을 보도하였다. 간접 보도와 문장은 수백 편에 달한다.163) 중국 공산당이 한국의 반일 독립운동과 밀접한 관계를 맺고 있는 또 다른 지역은 중일전쟁 당시 화북, 화중, 화남의 적군 후방 항일 근거지였다.

중국 공산당은 조선독립동맹과 조선의용군의 창설과 발전을 직접 지지, 방조, 지도하였고 적군 후방 전장에서 일본의 침략에 맞서 함께 싸웠으며 강력한 한국 독립 복국의 혁명대오를 양성하였다.[164] 적군 후방 항일 근거지에서 창간한 『해방일보』 『진찰기일보(晉察冀日報)』 등 신문, 그리고 중경에서 출판되는 『신화일보』에는 조선독립동맹과 조선의용대의 활동에 관한 문장과 기사를 대량 실렸는데, 이 보도들 또한 한국독립운동 연구에 있어 소중한 역사 자료들이다.

제5절 중일전쟁 승리부터 개혁개방 전야까지의 중문 논저

1945년 말부터 1970년대 말까지가 다섯번째 단계이다. 이 시기 한·중 관계는 특별한 시대로 접어들었다. 중일전쟁이 끝난 후 한국은 독립 복국 운동의 실시 단계에 들어섰다. 불행하게도 한반도에 대한 미·소의 군사적 점령 및 극심한 대립, 그리고 냉전 시대의 도래로 한반도는 국토가 양분되었고 혈육이 분리된 상황에 처하게 되었다. 1950년대에 일어난 한국전쟁으로 인해 남·북한은 당시의 두 진영에 속하게 되어 정치적 적대시, 군사적 대치, 경제적 단절,

---

163) 張雲: 「『解放日報』,『新華日報』 與韓國獨立運動」, 石源華主編: 『韓國獨立運動血史新論』, 上海人民出版社, 1996.

164) 武亭: 『華北朝鮮獨立同盟1944年1月至1945年5月工作經過報告』 1945年5月9日; 楊昭全等: 『北內地區朝鮮人民反日獨立運動資料匯編』, 1150頁, 沈陽, 遼寧民族出版社, 1987; 『解放日報』 1945年8月9日.

문화적 대항하는 상황이었다. 중국과 북한은 친밀한 동맹국이 되었으나 중국과 한국은 서로 적대적인 국가가 되었다. 극동의 긴박한 국제관계와 왜곡된 한중관계는 한국독립운동에 대한 중국인들의 연구에 영향을 미치지 않을 수 없었다.

제2차 세계대전이 끝난 후부터 1970년대 말까지 30여 년간, 한반도에 관한 대륙 중국학술계의 중문 논저는 약 350여 부(편)[165]나 되지만 한국독립운동에 관한 논저는 두 손으로 셀 수 있을 만큼 그 양이 많지 않다. 그 내용은 다음과 같이 5가지로 나뉠 수 있다.

의병운동 연구에 관한 논저. 왕입달(王立達)의 『20세기 조선인민이 무장하여 일본 제국주의에 저항하는 '의병운동'』, 오정(吳廷)의 『조선근대사의 의병투쟁』, 김광수(金光洙)의 『조선인민반일의병투쟁』『1895~1896년 조선인민의 의병투쟁』, 김영철(金永哲)의 『일제침략에 반대하는 조선인민의 의병투쟁』 등이 있다.

3·1운동 등 대중적 반일투쟁 연구에 관한 논저. 왕입달의 『조선3·1운동』, 김승화(金承華)의 『조선3·1혁명운동에 대하여』, 홍계상(洪啓翔)의 『1919년 조선3·1혁명운동』, 임만(林萬)의 『3·1인민봉기에 관하여』, 팽수지(彭樹智)의 『1919년 조선의 3.1운동 약론』, 왕춘량(王春良)의 『1919년 조선의 3.1운동과 관련된 몇 가지 문제에 관한 논의 - 3·1운동 40주년 기념』, 이문성(伊文成)의 『일제 통치

165) 參見黃寬重: 『中韓關係中文論著目彔』, 臺北漢學研究資料及服務中心 1987年編印; 中國社會科學院歷史研究所: 『八十年來史學書目』, 中國社會科學出版社, 1980; 復旦大學歷史係資料室 『中國近代史論着目彔』, 上海, 上海人民出版社.

하의 조선의 3·1인민봉기』, 신상한(申相漢)의 『'육십' 반일운동』 등이 있다.

적군 후방 항일 근거지에서 활동한 조선의용군 연구에 관한 논저. 유기방(劉奇芳)의 『조선 의용군 추억』, 서륜(徐侖)의 『화동에서의 조선 의용군』, 당평주(唐平鑄)의 『같은 이상을 위해 우리는 영원히 함께 나란히 서있다 - 화북 항일 전선에서 활약한 의용군을 추억하며』 『조선청년혁명학교 개교 등에 관한 보도』 등이 있다.

조중관계에 관한 연구 논저. 오명(吳明)의 『동북 중일전쟁에서 조중 인민의 혈육관계』, 관수남(關洙南)의 『동북 중일전쟁 중에서 조·중 인민의 국제주의 단결』 등이 있다.

김일성으로 대표되는 항일독립운동연구에 관한 논저들이 큰 대목을 차지하였다. 조선외문출판사에서 편찬한 『김일성전약(金日成傳略)』, 이나영(李羅英)의 『조선민족해방투쟁사』, 김일성종합대학에서 편찬한 『조선민족해방투쟁사』, 조선외문출판사에서 편찬한 『항일유격대 회고록』, 김일성의 『위대한 10월 사회주의혁명과 조선인민들의 민족해방투쟁』, 포정(鮑碇)의 『조선민족해방투쟁사』, 장흥백(張興伯)의 『1931-1945년 조선민족해방투쟁』, 송도(松濤)의 『조선민족해방투쟁사 평론』 등이 있다. 또한 노남교(盧南喬)의 『조선 전진당이 반일 민족 독립운동 중에서 역할』 등이 있다.

이러한 연구 성과는 당시 정치환경에서 이데올로기적 성향을 갖추고 있으며 정치적 편향성이 강하기에 대한민국 임시정부와 중국국민당정부의 통치지역에서 활동하던 한국독립운동의 각 당에 대한 연구는 중국 대륙에서 아무도 발을 들여놓지 않는 연구 영역이었다.

그러나 이 시기, 한국과 대만의 특수한 관계로 인해 대만 학술계에서는 한국에 대한 연구가 상당히 진전되었으며, 그 수가 많을 뿐만 아니라 한국의 모든 측면을 다루고 있었다. 황관중(黃寬重)이 펴낸 『한·중 관계 중문 논저 목록』에 따라 집계된 수량은 1,000부(편)이 넘는다.[166] 한국독립운동에 대한 연구의 중요한 부분은 당연히 공산파가 아닌 한국의 독립운동 각 당파단체에 대한 연구이다. 특히 1970년대 이래, 호춘혜(胡春惠) 교수의 『중국에서의 한국독립운동』이 출간되면서 이 연구는 획기적인 진전을 이뤄냈다.

호교수의 논저는 중국국민당당사회(中國國民黨黨史會)에서 소장하고 있는 한국독립운동과 중국과의 관계에 관한 특수 문서를 기반으로 대한민국 임시정부를 대표로 하는 한국의 독립운동 당파 단체들이 중국에서 활동한 상황과 중국 당국과의 관계를 면밀히 검토한 결과이다. 이 자료들은 처음 공개된 것이므로 호교수의 논저는 해당 연구 영역에서 권위 있는 연구성과이다.

이후 대만 학술계, 한국의 독립운동에 참여한 많은 당사자들이 논저와 사료집, 회고록을 집필하였는데, 주요 논저로는 소덕용(蘇德用)이 편찬한 『이승만과 중국』, 범정걸(範廷杰)의 『중국에서의 한국혁명』 『중일전쟁 시기의 중국에서의 한국광복군』, 장존무(張存武)의 『일본이 한국을 멸망시킨 것에 대한 중국의 반응』, 채무송(蔡茂松)의 『한말(韓末) 항일 의병과 유학』, 이구실(李求實)의 『한말(韓末) 항일 의병과 한·일 정부의 대응』, 이원식(李元植)의 『한국 3·1독립운동의 역사적 배경』, 호추원(胡秋原)의 『한국 3·1운동과 중국 5·4

166) 黃寬重: 『中韓關係中文論著目彔』, 臺北漢學硏究資料及服務中心, 1987年.

운동』, 왕륭화(王隆華)의 『3·1운동에 대한 중국의 대응』, 엽천굉(葉泉宏)의 『황포군관학교 한인학생고실(考實)』, 호춘혜의 『한국독립문제를 위한 중국의 대외 교섭』 『진과부(陳果夫)와 한국독립운동』, 임추산(林秋山)의 『한국독립에 장개석 총통이 한 공헌』, 왕율균(王聿均)의 『주가화(朱家驊)와 한국독립운동』, 소육린(邵毓麟)의 『오철성(吳鐵城)과 한국독립운동』, 조중원(趙重元)의 『상해에서의 한국독립운동』 등을 비롯하여 로버트 올리버(Robert Oliver)가 펴낸 『이승만전』의 번역본, 김구의 『백범일지』 등이 있다.

중요한 회고록과 구술 역사로는 소육린(邵毓麟)의 『한국 사신 회고록 - 근대 중한관계사화』, 초쟁(肖錚)의 『대한민국 임시정부에게 중국이 한 지원』, 건국훈(乾國勳)의 『한국복국 지원 추억』, 등걸(滕傑)의 『삼민주의역행사가 한국독립운동을 지원하게 된 경위』, 그리고 『윤정보(尹呈輔) 선생 방문기록』 『등걸 선생 방문기록』 등이 있다.

중요한 사료집으로는 초쟁(肖錚)이 편찬하고 출판한 『중국이 한국광복운동을 협조한 사료』, 대북(臺北)중앙연구원 근대사연구소에서 편찬하고 출판한 『국민정부와 한국독립운동사료』, 섬서동향회(陝西動鄉會) 문헌위원회에서 편찬하고 출판한 『우우임(于佑任)선생이 한국혁명당을 지원한 문헌 및 사료 목록』, 조중부(趙中孚),장존무(張存武),호춘혜(胡春惠)가 주필을 맡은 『근대 중·한관계사 자료집』(12집), 대북국사관관간(臺北國史館館刊)에서 편찬, 번역한 『한국광복군 사료 선역(選譯)』 등이 있다.

한국독립운동에 대한 대만 학술계의 연구 및 관련 문서, 문헌자료의 정리와 출판은 한국독립운동사의 연구를 크게 추진하였으나,

이 연구 역시 이데올로기적·정치적 편향성이 강하여 한국독립당 인사들 중 공산당파들의 활동 관련 연구는 진행되지 않았을 뿐만 아니라 중국 국민당 정부 통치구 내 조선민족혁명당 등 좌익 당파에 대한 평가도 공정하지 못했다.

제6절 20세기 마지막 20년 기간의 중문 논저

20세기 마지막 20년이 여섯번째 단계인데 한·중 수교를 분계선으로 또 두 단계로 나눌수 있다. 1970년대 후반~1980년대 초, 한·중 관계는 국제 정세의 완화와 양국의 국내 상황 변화로 인해 긴장이 풀렸다. 이러한 한·중 관계의 변화로 중국의 한국학 연구가 점차 많아져 1980년대 후반, 1990년대 초에 절정을 이루었다. 대략적인 통계에 따르면, 중국에서 출판된 다양한 유형의 전문 저서는 250편에 달한다.[167] 한국의 독립운동과 대한민국 임시정부의 역사가 한국학 연구의 중요한 과제로 되었다.

양소전(楊昭全) 등은 자료를 수집하여 『관내지역에서 조선 인민의 반일 독립운동 자료집』(상·하권)과 『동북지역에서 조선인 혁명투쟁 사료집』을 편찬하였다. 1992년 9월, 충칭에서 "중국항전 및 조선독립운동 학술심포지엄"이 열렸고, 반석영(潘石英)은 심포지엄 논문들을 『깊은 우정-조선 항일 독립운동 논문 및 사료』로 편찬하여 출판하였다. 이 세 저서와 논문집은 이 시기의 대표적인 연구 성과로 훗날 연구에 지대한 영향을 미쳤다.

---

167) 沈善洪主編: 『韓國硏究中文文獻目录(1912~1993)』, 杭州大學出版社, 1994.

이 기간에 출판되거나 발표된 다른 논저로는 양소전의 『조선 애국지사 안중근』 『조선 반일 의병 투쟁』 『조선3·1운동의 성격적 실패 원인과 역사적 의의에 대하여』 『김일성 동지를 대표로 하는 조선공산주의자와 우리 인민의 공동 반일투쟁』, 양영류(楊永騮)의 『19세기 말~20세기 초 조선의 반일 의병 투쟁』, 유신순(兪辛淳)의 『조선3·1운동사 연구의 일부 정황』, 조중병(曺中屛)의 『1919년 조선3·1운동』, 갈진가(葛振家)의 『3·1운동사 연구 관련 몇 가지 쟁점에 대하여』 『조선3·1운동과 중국5·4운동의 공통적 특징에 대하여』, 이정부(李正夫)의 『3·1독립운동 및 그 위대한 의미』, 목도(沐濤)·손과지(孫科志)의 『중국에서의 대한민국 임시정부』, 석원화(石源華)의 『한국독립운동과 중국의 남·북 정부』, 박창욱(朴昌昱)의 『국민회 - 1919~1920년 국민회의 역사적 역할에 관하여』 『한국광복군』, 김성호(金成鎬)의 『독립협회에 관하여』, 박영희(朴英姬)의 『조선민족혁명당의 건립과정과 반일투쟁』, 왕건(王健)의 『조선독립군사론』, 황용국(黃龍國)의 『한국독립군의 무장투쟁』 『조선혁명군의 역사에 대하여』, 왕정악(王庭岳)의 『항일전장에서 활약한 조선의용대』, 사안창(史安昌)의 『항일통일전선 중의 한 국제주의 대오 - 태행산 항일 선전에 있는 조선의용대 기록』, 문정일(文正一)의 『중일전쟁 중의 조선의용군』, 양진록(梁進祿)의 『조선 항일 의용군과 함께 전투한 한 달』 등 약 100편에 달하고, 한국 독립운동 각 분야의 내용을 다루었다. 이 논저들은 근대 이래 한·중 양국 인민의 전투의 정(情)을 회고하며 칭송하였고, 또한 이 논저들은 양국관계 발전을 추진하는데 긍정적인 역할을 하였다.

1992년 8월 24일은 한·중 양국이 정식으로 수교한 날이다. 그 후 8년 동안 양국 관계는 모든 분야에서 빠르게 발전하였다. 양국 최고 지도자는 여러 차례 상호 방문하였고 고위급 인사의 접촉도 빈번했다. 양국 관계는 빠르게 발전하였는데 중국과 다른 국가 간의 관계 발전사에서 흔지 않은 고속발전이였다. 중국의 한국학 연구는 장족의 발전을 이루었다. 한국의 독립운동 및 중국에서의 한국 각 당파의 항일 복국운동에 관한 연구는 역사상 유례가 없는 절정에 달했다.

길림사회과학원(吉林社會科學院)은 한국독립운동연구센터를 설립하였고, 복단대학(復旦大學) 한국연구센터가 설립된 직후부터 한국독립운동 연구를 중심으로 여러 차례 한국독립운동에 관한 국제회의를 개최하였으며, 북경대학(北京大學) 동북아연구소, 절강대학(浙江大學) 한국연구소, 흑룡강안중근연구회(黑龍江安重根硏究會), 대한민국임시정부 상해 옛터 관리처, 대한민국임시정부 중경 옛터 진열관 등에서도 한국의 독립운동 연구에 관한 학술회의를 개최하여 각계 교수, 학자, 유물 진열 관계자, 역사학 관계자, 문서학 관계자들이 모여 공동연구를 진행하였다. 연구의 영역이 넓고 심도가 있어 전례 없는 연구 결과를 얻었었다.

한국독립운동에 관한 종합적인 연구의 편저로는 양소전의 『중국 내 한국 반일 독립운동사』(1, 2권), 『조선3·1운동사고(稿)』, 석원화의 『한국 반일 독립운동사론』과 그가 주필을 맡은 『한국독립운동혈사신론』, 김건인(金健人)이 주필을 맡은 『한국독립운동』, 흑룡강성안중근연구회(黑龍江省安重根硏究會), 한국 국가보훈처에서 공동으로 편찬한 『한국독립운동』 등이 있다.

중국과 한국의 독립운동 관계 연구에 관한 편저로는 석원화의 『한국독립운동과 중국』 『중국공산당의 조선독립운동 원조 기사(紀事)』, 그리고 그가 주필을 맡은 『신보(申報) 중의 한국독립운동 및 중한관계 사료 편집』, 장련괴(張璉瑰)의 『1945년 전 국제정치에서의 조선과 중국』, 주춘우(周春雨)의 「중·한문화협회 연구」(복단대학 석사학위논문) 등이 있다.

대한민국 임시정부 연구에 관한 편저로는 양소전의 『대한민국임시정부사』, 복단대학 한국연구센터, 대한민국임시정부 상해옛터관리처에서 공동으로 편찬한 『27년간 피와 불의 싸움 - 한국임시정부 수립 80주년 기념 국제학술회의 논문집』, 양소전·한충부(韓忠富)의 『대한민국임시정부 사료편찬』, 상해시정협문사자료위원회(上海市政協文史資料委員會), 대한민국임시정부 상해옛터관리처에서 공동으로 편찬한 『상해에서의 대한민국 임시정부』, 풍개문(馮開文)·양소전이 주필을 맡은 『중경(重慶)에서의 대한민국 임시정부』 등이 있다.

각 당파의 한국독립운동 연구에 관한 편저로는 양소전의 『조선민족혁명당과 조선의용대』, 양소전·이보온(李輔溫)의 『조선의용군 중일전쟁사』, 길림성통화시 정협문사위원회(吉林省通化市政協文史委員會)에서 편찬한 『중국 동북에서 조선독립군의 활동사략』, 이홍문(李鴻文)의 『30년대 중국 동북에서의 조선공산주의자』, 박영희(朴英姬)의 『조선민족혁명당 연구』(복단대학 박사학위논문), 석건국(石建國)의 『중일전쟁 시기 중국에서 활동한 한국독립당』(복단대학 석사학위논문), 정용발(鄭龍發)의 『조선독립동맹 연구』(복단대학 석사학위논문) 등이 있다.

중국에서 활동한 한국의 독립운동가 연구에 관한 편저로는 주로 김우종(金宇鐘)·이동원(李東源)이 주필을 맡은 『안중근』, 김운용(金雲龍)의 『김구전』, 가흥시정협 역사자료위원회(嘉興市政協歷史資料委員會)에서 편찬한 『가흥(嘉興)에서의 김구』, 석원화의 『김약산장군전』, 최홍빈(崔洪彬)의 『김주현(金周賢)열사전』, 연길시정협 문사자료위원회(延吉市政協文史資料委員會)·도문시정협 문사자료위원회(圖門市政協文史資料委員會)에서 편찬한 『홍범도(洪範圖)장군』, 조세봉(趙世奉)의 『압록강(鴨綠江)변의 항일명장 양세봉(梁世奉)』, 손옥매(孫玉梅) 등이 집필한 『한국의 저명한 반일독립운동가전』, 박창욱(朴昌昱)의 『조선혁명열사전』 등이 있고, 김구의 『백범일지 - 김구자서전』, 이현희(李炫熙)의 『대한민국임시정부주석 이동녕 연구』, 박보희(朴普熙)의 『안중근과 동양 평화』, 미국 헬렌·스노우(Helen Foster Snow), 김산(金山)이 공저한 『아리랑의 노래 - 중국 혁명 중의 한 조선공산당인』, 김일성의 『김일성 회고록 - 세기와 동행』, 김준엽(金俊燁)의 『나의 장정(長征)』 등이 번역되고 출판되었다.

상해기록보관소(上海檔案館)와 한국 국사편찬위원회가 협력하여 상해에서의 한국교민의 활동에 관한 문서자료를 정리·출판하여 한국 독립운동사 연구자들에게도 새로운 사료를 제공하였다.

이 기간 동안 발표된 논문은 약 400여 편으로 금세기 전체 해당 분야 논문의 약 3분의 1을 차지한다. 논문 주제는 매우 광범위하고 한국독립운동의 모든 측면을 다루었으며 연구의 깊이에서도 새로운 수준에 도달하였다.

지난 100년 간, 한국독립운동의 연구는 중국 학계에서 시련과 여러 곡절 속에서 끊임없이 발전해 왔으며, 그 기복은 한·중 양국 국민 관계 발전의 흥망성쇠와 밀접한 관련이 있다. 한국독립운동사의 연구는 한·중 양국 국민의 우정의 산물이자 결실이며, 일제의 침략에 공동으로 반대하고 민족의 독립을 쟁취하는 데 중요한 역할을 했다. 이미 그래왔듯이 새로운 역사 시기에도 한·중 관계를 더욱 발전시키는 데 틀림없이 더 큰 긍정적인 역할을 하게 될 것이다.

(이 글은 필자가 복단대학 한국연구센터 자료실 왕명근(王明根), 이화옥(李玉花)가 편찬한 『20세기 한국독립운동논저목록(중국편)』을 위해 쓴 서론이며, 2002년 9월, 한국 국가보훈처에서 이 목록을 간행하였다.)

제2장 상해 지역의 한국독립운동 사료 논평

제1절 상해와 한국독립운동의 관계

상해(上海)는 한국독립운동과 밀접한 관계가 있다. 1993년 상해 대한민국 임시정부 유적지 개관 이래, '상해 마당로(馬當路) 306농(弄) 4호'는 단숨에 사람이 붐비며 상해를 방문하는 한국인들에게 꼭 가봐야 할 관광명소가 되었을 뿐만 아니라, 한·중 양국 국민의 우호관계 발전의 역사적 증거가 되기도 하였다. 최근 몇 년 동안 상해에 위치한 임시정부 유적지는 역사 그대로 새롭게 개조되어 더 많은 한국 손님들이 찾아 오고 있다.

대통령, 총리, 국회의장, 정치권 요인, 재계 거물 등 상해를 찾는 거의 모든 한국인은 상해에서 선열들의 독립복국투쟁을 기리고, 상당수의 한국인들이 임시정부 유적지를 보기 위해 상해를 방문한다. "마당로(馬當路)에 와보지 않았다면 상해에 온적이 없는 것과 마찬가지다."는 것이 상해를 방문한 한국인의 공통 인식이다.

상해는 한국의 독립운동, 특히 한국의 임시정부와 떼어 놓을 수 없는 인연을 맺었다. 우선 상해는 대한민국 임시정부가 탄생한 곳이다. 상해는 극동의 유명한 대도시로 장강(長江)을 등지고 태평양을 마주하고 있으며 지리적, 경제적 조건이 우수한 동시에 중국의 정치, 경제, 문화 및 대외교류의 중심지이기에 대한민국 임시정부가 여기에 건설할 수 있는 남달리 좋은 조건을 갖추었다. 또한, 상해는 중국 동북 지역 다음으로 한국 교민이 많이 거주하는 곳으로, 상해와 인천 간 정기선이 개통되어 왕래가 편리하여 대한민국 임시정부 수립 및 국내 연락의 토대가 마련되어 있었다.

그리고 상해에는 조계지가 존재하며, 이러한 '국중지국(國中之國)'의 존재는 객관적으로 임시정부가 상해에서 생존할 수 있는 여건을 제공하였다. 더욱 중요한 것은 중국의 신해혁명 전후, 일부 한국독립운동지사들이 상해에 와서 중국 자산계급 혁명당 사람들과 함께 싸우며 돈독한 우정을 쌓았고, 그들은 훗날 대한민국 임시정부를 수립하는 지도자와 중추로 되었다. 1919년 4월, 대한민국 임시정부는 상해 하비로[霞飛路, 現회해중로(淮海中路)] 321번지에 현판을 내걸고 집무했다. 한국독립운동의 여타 파별들도 모두 상해에서 매우 활발한 활동을 진행하였다.

상해는 한국독립운동과 대한민국 임시정부가 온갖 시련을 겪은 곳이기도 하다. 대한민국 임시정부 수립 후, 휘황찬란한 시기를 거친 적이 있었다. 임시정부헌장을 제정하여 임시정부의 정강을 확정하였고, '연통제(聯通制)'를 추진하여 투쟁에 관해 내국민과의 연락을 강화하였으며, 파리, 워싱턴에 대표를 파견하여 구미위원회부를 설치해 외교 구국활동을 전개하였고, 중국 동북지역에 대표를 파견하여 무장반일투쟁을 전개함으로써 중대한 정치적 영향을 끼쳤다.

그러나 대한민국 임시정부 내 파별 간의 갈등으로 인해 금세 사분오열의 국면이 나타났다. 이승만 대통령은 미국에서 상해로 건너와 파별 간 갈등을 수습하려다 실패했고, 곧 미국으로 건너가 돌아오지 않았다. 한국독립운동 지도자들은 1925년과 1927년 두 차례의 개헌운동을 진행하여 대통령제에서 국무령제로, 그리고 국무위원제로 바꿔가면서 정당정치를 시도하였다. 이러한 조치들이 대한민국 임시정부가 직면한 여러 난제를 근본적으로 해결하지는 못했지만 최소 임시정부가 상해에서 13년간 버틸 수는 있었고 마당로(馬當路)에 위치한 대한민국 임시정부 유적지는 임시정부 지도자들이 가장 오래 거주한 곳이었다.

상해는 또한 대한민국 임시정부가 다시 시작하고 힘을 발휘한 곳이기도 하다. 1932년 4월 29일 대한민국 임시정부 지도자 김구는 윤봉길 의사가 상해 홍구(虹口)공원에서 중국 침략 일본군 총사령관인 시라카와 대장을 폭살하는 사건을 기획, 지휘하여 대한민국 임시정부의 명성을 떨치게 하였고, 이로써 대한민국 임시정부는 중국 당국과 직접적인 관계를 맺게 되었다.

대한민국 임시정부는 일본 군경의 엄밀한 수색과 일본 교섭 요구에 대한 프랑스 조계 당국의 양보로 상해에서 철수하게 되었다. 그러나 중국 최고 당국의 조언과 도움으로 한국독립운동은 미래의 한국독립전쟁을 위한 군사인재 양성의 새로운 단계에 진입하여 괄목할 만한 성과를 거두었으며, 중일전쟁 시기에서 한국독립운동이 크게 발전할 수 있는 중요한 토대를 마련하게 되었다.

상해는 대한민국 임시정부가 귀국길에 나선 출발지이기도 하다. 중일전쟁 승리 후 우여곡절 끝에 대한민국 임시정부의 지도자들은 1945년 11월 5일 상해로 돌아왔다. 이날 시라카와 대장을 폭살한 상하이 홍구공원에 모인 상해의 한국 교민들은 한국 임시정부 김구 주석과 다른 지도자들을 환영하였다. 김구 일행은 23일 미국 비행기를 타고 한국으로 귀국하였다.

이어 임시정부 주화대표단, 한국교민선무단화남분단(韓僑宣撫團華南分團), 한국광복군, 한국독립당 등이 상해에 출장소를 설치하고 활동을 계속하였다. 상해는 대한민국 임시정부와 한국광복군 등 중국에서 활동하던 한국의 독립운동가들의 최종 귀국 출발지였다.

상해는 한국의 공산주의자와 다른 민족주의자들이 적극적으로 혁명 활동을 전개한 중요한 기지이기도 하다. 상해와 한국의 독립운동이 이처럼 밀접한 특수관계를 맺고 있기 때문에 상해에는 한국독립운동의 사료가 일부 보존되어 있다. 필자의 대략적인 조사에 의하면 크게 문서자료, 신문자료, 문헌자료 세 부분으로 나뉠 수 있다. 현재 필자의 논술에 대해 여러 전문가와 학자들의 지적과 가르침을 바란다.

제2절 상해기록보관소 소장 관련 기록물 요약

상해에서의 한국 독립운동 기록물 사료는 주로 상해기록보관소(上海檔案館)에 소장되어 있다. 중국제2역사기록보관소(中國第二歷史檔案館), 대북국사관(臺北國史館), 중국국민당사회(中國國民黨黨史會)에서 소장하고 있는 한국독립운동 기록물과는 달리 상해기록보관소에는 한국독립운동 기록물의 전문 파일이 없고, 관련 기록물의 사료는 국민정부 시절 상해시정부사회국, 경찰서, 사법국, 상해변호사협회, 상해프랑스조계, 상해공조계 및 중국공산당 중앙 및 중국공산당 상해지방조직 파일의 관련 파일에 분산되어 있다.

사료가 여기저기 흩어져 있는 데다 일본이 한국을 멸망시킨 후 한인들의 호적신고 기록이 비교적 혼란스러웠다. 많은 한국 교민들이 본적지를 일본인으로 변경하여 식별하기가 더욱 곤난하였다. 그러므로 이 부분 기록물에 대한 수집과 정리가 모래에서 금을 찾아내듯 매우 어려웠다.

1997년부터 필자의 참여로 상해기록보관소와 한국국사편찬위원회가 협력하여 상해에서의 한국 교민 활동 기록물 사료를 정리하여 현재 두 권(卷)으로 출판하였다.[168] 제1권의 주요내용은 "상해기구(機構)에서의 전후 대한민국 임시정부 및 한국 교민 기록 자료"로, 총 세편, 582쪽이다. 제1편은 "대한민국임시정부 및 그 관련기구"이며 대한민국임시정부 기록물철 1조 [169], 주중국 한국대표

168) 上海檔案館編: 『中國地域韓人團體關係史料匯編』 (一)(二), 東方出版中心, 1999.

169) 중문 원문이 "档案1组인데, 문서/기록물을 가리키고 있어서 적당

단 기록물철 17조, 한국독립당 기록물철 3조, 화남선무단 상해분단 기록물철 9조, 한국광복군 기록물철 11조과 상해한국교민협회 기록물철 9조가 포함되어 있다.

제2편은 "주상해 한국총영사관"이며 주상해미국총영사관시기 기록물에 부속되어 있는 기록물철 하나와 주상해한국총영사관 기록물철 5개가 포함되어 있다. 제3편은 "한국교민 각 사단(社團)"이며 상해기독교회 기록물철 하나, 중·한문화협회 기록물철 7조, 상해한상총회(上海韓商總會) 기록물철 하나, 조선청년민권협회 기록물철 하나, 중·한혁명동지회 기록물철 두 개, 대한청년단 기록물철 하나, 한국구제총회 기록물철 하나, 제3전구한교전지작업대(第三戰區韓僑戰地工作隊) 기록물철 하나, 한국교민체육협회 기록물철 하나, 조선청년협회 기록물철 하나, 한국공산당 기록물철 3조가 포함되어 있다.

제2권의 주요 내용은 "전후 한국 교민에 대한 중국 공식 정책 규정 및 관리"로 총 5편, 551쪽이다.

제1편은 "관리"이며 한국 교민 통계 기록물철 3조, 한국 교민 신분 및 신분증 기록물철 30조, 한국 교민 관리 기록물철 20조, 한국 교민 처리 기록물철 4조, 한국 교민 채용 기록물철 3조, 한국 국적 군인·민중과 중국 동포 접촉 제한 기록물철 2조, 한국교민이 연 집회 안건 기록물철 5조, 한국 교민이 창간한 신문 안건 기록물철 12조, 한국 교민이 차량번호판을 신청한 안건 기록물철 3조, 주상해한국광복군지대(支隊)폭동 안건 기록물철 2조가 포함되어 있다.

한 한국어 표현으로 '기록물철 1조'로 하였다.

제2편은 "보호"이며 대한민국임시정부 직원 및 가족 우대 기록물철 4조, 착하고 일정한 직업을 가진 한국 교민을 보호한 기록물철 9조, 한국 교민 주거지 보호 기록물철 8조, 한국 교민 장정엽(張鄭燁) 면포(棉布) 차압 기록물철 7조, 고려환(高麗丸) 몰수 안건 기록물철 2조가 포함된다.

제3편은 "징벌·처벌"이며 일본·한국 범죄사건 기록물철 2조, 조사 또는 신고로 전범 혐의나 불법행위가 있는 한국 교민 기록물철 8조, 상인·주민이 불법으로 한국으로 화물을 보내다가 차압 당한 사건 기록물철 2조, 한국 교민 자금 도피 사건 기록물철 1조, 양희종(梁熙從) 살인사건 기록물철 4조, 북평의 일본·한국 교민이 중국인 이름을 도용한 사건 기록물철 2조, 한국 교민 후지카네 이텐(藤曲一天) 불법행위 비밀조사 사건 기록물철 4조가 포함된다.

제4편은 "송환"이며 한국 교민송환에 관한 중국육군총사령부의 법규 기록물철 4조, 동맹군이 군함을 보내 한국 교민을 송환시킨 기록물철 17조, 한국 교민 송환 시 휴대물품 안건 2조, 송환 인원수 조사 안건 기록물철 4조, 한국대표단 인원 귀국 안건 기록물철 6조, 무업(無業) 한국 교민 송환 안건 기록물철 10조, 할 수없이 천(賤)한 직업에 종사하는 한국 부녀 송환 안건 기록물철 4조, 상해를 거쳐 한국으로 귀국한 안건 기록물철 4조가 포함된다. 제5편은 "인원(人員) 왕래"이며 이승만 상해 방문 기록물철 2조, 유엔 한국 안건 위원 상해 방문 기록물철 2조, 한국 축구팀 상해 방문 기록물철 2조, 한인 활동 전문(電文)에 관한 기록물철 3개가 포함된다.

이 두 권의 문서 모음은 중일전쟁이 끝난 후 상해에서 한국 교민들의 활동 상황과 중국 정부의 대한 정책을 종합적으로 반영하였으며, 이는 한·중 관계사 연구에 중요한 연구 가치를 가지고 있다. 아쉽게도 제3권, 제4권을 편찬 할 예정이었으나 경제적, 인사적 이유로 이 작업을 계속하지 못하였다.

기록보관소가 소장하고 있는 기록물의 경우, 1919년부터 1945년까지의 한국독립운동에 대한 기록사료는 아직 정리 출판되지 않았으며, 일부 기록물은 매우 소중하다.

예를 들면, 소장되어 있는 『공공조계경무처가 일본영사관을 협조하여 한국 애국지사의 다나카(田中) 대장 암살사건 조사』는 한국지사 김익상과 오성륜이 상해 외탄(外灘)에서 일본육군대신 다나카 기이치(田中義一)를 암살한 사건을 반영하고 있고, 소장되어 있는 상해시공안국(上海市公安局)과 상해시변호사공회(上海市律師公會) 기록물에는 일본 군경이 안창호, 차이석(車利錫), 이유죽(李裕粥) 등 한국 독립운동가 지도자 피체 관련, 그리고 중국 인민이 이들을 구원하는 중요한 사료(史料) 기록물을 포함하고 있으며, 소장되어 있는 1926년 중국제난회(中國濟難會)에서 출판한 『한국광복운동기요(韓國光復運動紀要)』과 1928년에 출판 및 간행된 『태평양공보(太平洋公報)』 제2호·제3호 합장본(合刊)은 한국독립운동의 상황에 대해 상세하게 기록되어 있어 모두 소중·한 연구가치가 있다.[170]

170) 鄭澤淸: 『韓僑和韓國獨立運動在上海有關檔案史料硏究』, 石源華 主編: 『二十七年血與火的戰鬪-紀念韓國臨時政府成立80周年論文集』, 194~195頁, 人民敎育出版社, 1999.

또한 상해기록물보관소에서 소장하고 있는 중국공산당 및 중공 상해지방당(군) 기록물 중에는 한국 공산주의자들의 상해에서의 활동 사료가 보존되어 있다. 예를 들면,「중공법남구위지부통계표(中共法南區委支部統計表)」(1928년 7월 27일), 「중공법남구위 대표대회 기록(中共法南區委代表大會記錄))」(1932년 4월 24일) 등에는 모두 중국공산당 상해한인지부(上海韓人支部)의 활동 상황이 기재되어 있다.[171] 양소전이 편찬한 『관내(關內)지역 조선인 반일 독립운동 자료집』도 "조선공산당상해지부 및 그 외곽조직"이라는 제목 아래 조선공산주의자들이 상해에서의 기록물 사료를 집중적으로 수집하였다. 그 목록은 다음과 같다.

상해에서의 조선공산당의 발전[서대숙(徐大肅)『조선공산주의운동사』, 불령(不逞) 조선인 행동에 관한 정보, 상해 공산주의자들의 회의 계획에 관한 정보조선총독부경무국, 김정명(金正明) 『조선독립운동』, 조선공산당상해·북경지부 간부 명단[김준엽 등, 『한국 공산주의 운동사』, 중국공산당강소성위법남구한인지부(中國共產黨江蘇省委法南區韓人支部)·상해한인반제(反帝)동맹과 상해한인독서회·중국혁명호제(互濟)회 상해한인분회(현규환『한국 이민사』), 1932년 상해의 조선공산당 등 단체 주요 활동 일지(『조선민족운동연감(年鑒)』 등.

석원화의 『중국공산당이 조선독립운동을 원조한 기사(紀事)』 한 책도 현존한 기록물 사료를 근거로 상해의 조선 공산주의자들의 활동, 그리고 중국공산당과 중국 인민이 상해의 조선독립운동에 대

171) 石源華:『中國共產黨援助朝鮮獨立運動紀事』, 9~11頁, 中國社會科學出版社, 2000.

한 지지에 대해 체계적으로 정리하였다.

상해기록보관소에는 상해공공조계공부국(上海公共租界工部局)과 상해프랑스조계공동국(上海法租界公董局)의 완전한 기록물을 보존하고 있다. 상해공공조계공부국의 회의기록은 이미 번역 및 정리되어 출판되었는데 프랑스조계공동국의 기록물들은 아직 정리되어 출판되지 않았다. 대한민국 임시정부는 상해의 프랑스조계에서 장기간 활동했기에 이 중에 틀림없이 한국 교민이 상해에서 진행한 반일 독립운동을 반영한 자료가 있을 것이다.

제3절 상해 매체 관련 자료 요약

상해는 근대 중국의 문화 중심지이자 중국 신문매체가 가장 발달한 도시이다. 상해에서 발행되는 간행물에 실린 한국의 독립운동에 관한 사료는 의심할 여지 없이 우리 연구의 중요한 원천이다. 두 가지 예를 들어 설명해보겠다.

1909년 10월 26일, 중국 하얼빈(哈爾濱)에서 한국 지사 안중근이 일본 이토 히로부미를 암살한 사건이 발생했다. 중국의 저명한 혁명당 인사 우우임(于佑任)은 상해에서 창간한 『민우일보(民吁日報)』은 강압을 두려워하지 않은채 감옥살이와 신문사 폐업의 위험을 무릅쓰고 총 5만 자에 달하는 백여 편의 기사와 글을 결연히 발표하였는데, 한국 독립당 인사들은 이로부터 크나큰 정신적인 고무를 받게 되었다.

이러한 기사와 글은 안중근이 이토를 죽인 상세한 경위를 즉시 보도하였고, 이토의 약전(略傳)을 게재하여 한국에서의 악행을 폭로

하였으며, 이토의 암살은 일본의 한국침략 정책의 필연적인 결과임을 설명해 한국독립당 사람들에 대한 한·중 양국 인민들의 동정심과 아시아 국가를 침략한 일본의 범죄에 대한 통분을 불러일으켰다. 그리고 안중근이 한국의 독립을 쟁취하기 위한 의거에서 보여준 죽음을 전혀 두려워하지 않은 영웅적 기개와 의협정신을 극찬하며 그를 '빙천설지의 혈성남자(冰天雪地之血性男兒)'라고 칭송함과 동시에 한국독립당 인사들이 영렬(英烈)의 유지(遺志)를 받들어 항일 복국운동을 끝까지 진행해 진정으로 독립자주을 실현한 대한민국을 설립하기 기대한다고 밝혔다.

이토의 암살과 관련해 일본의 한 신문에서 "우리 나라는 큰 타격을 받았다. 오늘 이토 하나가 죽었지만 700백만 이토가 재생하리"라고 광언을 내뱉자 그는 『민우일보』에 "한국의 다음 세대를 대신해 말을 전한다 - '한국의 안중근 한 사람이 죽었지만 700만 안중근이 재생하리. 그렇지 않는다면 그 700백만 이토를 이길 수 없으리'"172)라고 반박하였다. 이러한 자료들을 모아 정리한 후 출판하는 것은 상당히 의미 있는 일이다.

『신보(申報)』는 1872년 4월 13일 상해에서 창간돼 1949년 5월 27일 종간된 근대 중국에서 가장 오래 발행된 신문으로 근대 중국사회의 역사적 상황을 반영한 '백과사전'으로 불리고 있다. 『신보 중 한국독립운동 및 중한관계에 관한 사료선집』에는 1910년부터 1949년까지 이 신문 중 한국독립운동 및 한중관계에 관한 기사,

172) 傅德華: 「于右任與韓國獨立運動」, 復旦大學『韓國硏究論叢』 第1輯, 52~59頁, 上海, 上海人民出版社, 1995.

사설, 문장이 집록되어 있다.173)

이 책은 총 12개 부분으로 나뉘었으며 각 부분의 기본 내용은 다음과 같다. 일본의 한국 병탄과 한인 저항운동의 시작, 3·1운동의 시작과 대한민국 임시정부의 수립, 훈춘(琿春) 사건과 중일 교섭, 한국 국내 '소동'의 두 차례 재기 및 중국 인민의 지지, 만주사변과 한·중연합항일, 홍구폭탄사건과 한국독립당 인사들의 암살 활동, 노구교 사변(盧溝橋事變)과 중일전쟁에 참여한 한국인, 중일전쟁 승리와 대한민국 임시정부 귀국, 모스크바 3국 외상회의와 한인들의 신탁통치 반대운동, 이승만의 미국·중국 방문과 중국의 대한 정책, 미·소공동위원회의 회의 재개와 조선통일정부 결성의 실패, 유엔총회에서의 한반도문제 결의안의 통과와 한반도 분단 통치의 시작.

『신보』는 일본의 한국병합, 한국인의 독립운동 전개, 한국인민 저항에 대한 일본의 잔혹한 진압, 세계 반파시즘 전쟁의 승리가 가져다준 한국 복국의 희망, 미·소 양국 군대의 남·북한 점령, 그리고 한반도가 최종적으로 분단되는 역사적 과정을 다양한 형식으로 반영 및 보도하였기에 후세가 이 부분 역사를 이해하고 연구할 수 있게 소중한 자료를 제공하였다.

대한민국 임시정부 수립에 관련해 1919년 4월 11일, 5월 2일, 9월 26일, 10월 22일, 11월 28일 『신보』에 여러 차례로 보도되었으며, 1920년 7월 24일에는 대한민국 임시정부가 파리강화회의에

173) 石源華 主編:『申報有關韓國獨立運動暨中韓關係史料選編』, 人民文學出版社, 2000.

제출한 독립청원서 전문을 게재하여 한국이 독립해야 하는 이유를 15개 부분으로 나누어 상세하게 논증한 동시에 "일본의 억압에서 벗어나 고려를 독립국으로 재건하는 것을 청구한다"는 한국인들의 강한 요구를 나타냈다.

다른 예시로, 1922년 한국지사 김익상이 다나카(田中) 육군대신 암살사건에 관해 『신보』는 여서 차례 연속 보도하였으며, 일본이 공식적으로 김 의사를 체포, 감금, 고문, 재판한 것 등에 대해 추가로 보도하기도 하였다. 그리고 대한민국 임시정부 외무총장 조소앙이 일본 외교대신에게 보낸 항의서도 보도하면서 "앞으로 만천하에 무수히 많은 김익상이 민족의 의협(義俠) 기개를 보여줄 것이다"라고 단언하였다.

1932년 4월에 일어난 홍구공원 폭탄사건(윤봉길 의사의 의거)에 대해 『신보』는 각각 4월 30일, 5월 1일, 2일, 4일, 6일, 10일, 27일, 그리고 11월 26일에 여러 번 보도하였는데 특히 주목해야 할 것은 『신보』가 위험을 무릅쓰면서 한국애국단 수장 김구의 공개편지을 게재했다는 것이다.

공개 편지에서 김구는 한인애국단이 이번 폭탄사건에 대해 책임을 질 것이며 "남은 무기는 권총 몇 자루와 폭탄 몇 발밖에 안 돼지만 우리는 계속 분투할 것이다. 우리나라가 회복되기 전까지 결코 멈추지 않을 것이다."라고 성명하였다. 여타 신문과 비교했을 때, 『신보』의 내용은 풍부하고 형식은 다양하며, 발간 기간은 길기에 그 가치가 몹시 소중하다.

상해(또한 중국 전역) 근대 신문 상 한국독립운동 및 대한민국

임시정부, 더 나아가 한·중 관계에 관한 사료 수집과 정리는 체계적이며 거대한 프로젝트이다. 이것은 한국독립운동사 및 한중관계사의 연구를 추진하는 것에 있어 큰 의미를 지니고 있다. 근대에는 중요한 신문의 수량이 많은 뿐만 아니라 찾기도 상당히 어렵다. 그 중에서도 『민국일보(民國日報)』『시보(時報)』『신문보(新聞報)』『시사신보(時事新報)』『중화신보(中華新報)』『민호일보(民呼日報)』『민우일보(民吁日報)』『민립보(民立報)』『동방잡지(東方雜志)』『국문주보(國聞周報)』『외교보회편(外交報匯編)』『건설(建設)』 등과 같이 가장 중요한 신문만 골라 정리한다 하더라도 많은 자금과 인력이 투입되어야 한다. 하지만 학술계에서 아직 이 부분에 대해 그렇게 중요하게 여기지 않아 필자는 매우 유감스럽다.

제4절 상해 관련 문헌자료 요약

문헌자료는 주로 대한민국 임시정부 및 한국독립운동 각 당파가 상해에 남긴 각종 간행물과 기타 문헌자료를 가리킨다. 1919년~1923년에 간행된 『독립신문』은 대한민국 임시정부의 기관지로, 여기에는 많은 귀중한 역사자료가 실려 있다. 이 신문의 합본은 이미 한국에서 영인되어 출판되었다. 최근 상해도서관(上海圖書館)에서 대한민국 임시정부 초기의 중요한 지도자였던 신규식이 창간한 『진단(震壇)』이 발견되었다. 이 또한 한국독립운동을 연구하는 중요한 자료이다.

『진단』은 1920년 10월 31일 창간되었다. 상해도서관에는 제1~11호, 제13~15호가 소장되어 있다. 이 외에 광동도서관(廣東圖

書館)에 일부 소장되어 있다. 이 간행물의 출판은 그 당시 중국 각계의 인사들의 많은 관심을 받았다. 중국 혁명의 선행자 손중산 선생은 『진단』을 위해 친필로 축사 "천하위공(天下爲公)"을 써주었고, 중국 공산주의 초기 활동가 진독수(陳獨秀)의 축사 "동아지광(東亞之光)", 장개석(蔣介石)의 축사 "동주공제(同舟共濟)", 우우임(于佑任)의 축사 "대인대용(大仁大勇)", 장정강(張靜江)의 축사 "일명경인(一鳴驚人)", 백문울(柏文蔚)의 축사 "공앙명성(共仰明星)", 당소의(唐紹儀)의 축사 "동아태평(同我太平)", 강항호(江亢虎)의 축사 "진단출우(震壇出友), 단점출광(壇坫出光)", 그리고 『구국일보(救國日報)』의 축사 "인도를 세우고 강권을 타격하다(扶持人道, 打擊强權)"와 신아동제사(新亞同濟社)의 축사 "동아를 개조하고 대동을 추진하다(改造東亞, 促進大同)" 등이 있었다. 한국독립운동의 여러 지도자들도 축사를 보내거나 친필로 축사를 써주었다.

예를 들면, 이시영의 축사는 "다같이 앞으로 빛날 별을 보다(咸睹明星)", 이동휘의 축사는 "합심공존(合心共存)", 그리고 안창호, 이동녕, 조완, 최동오 등도 축사와 축시(祝詩)를 써주었다.[174] 이렇게 많은 사람들이 『진단』을 위해 축사, 축시를 써주었다는 것은 『진단』은 당시 진보적인 한·중 고위 인사들 사이에서 높은 성망을 향유하고 있다는 것을 보여준다.

『진단』에는 그 당시 한국독립운동 관련 대량의 역사 문서가 실려 있다는 점에서 중요한 가치가 있다. 중요한 문서로는 다음과 같다.

174) 參見『震壇』 第1~15期, 上海圖書館藏.

제1호에 실린 신예관 「우리 금후의 책임(吾人今後的責任)」, 손병희(孫秉熙) 등의「국내 한인 독립선언」, 기자(記者)의 「한인 독립운동의 참뜻(眞諦)」, 제2호에 실린 「중·한 공진과 아시아의 장래(中韓共進與亞細亞之將來)」 「유일본동경학생계독립단의 선언 및 결의문(留日本東京學生界獨立團之宣言及決議文)」, 안창호의 「진단보출세송(震壇報出世頌)」, 제3호에 실린 현노(玄盧)의 「조선인은 어떻게 노력해야 하는가」 「해외한인대표단 독립선언서』, 제4호에 실린 「블라디보스토크한인국민의회의 선언서」 「대한민국정부인물지(大韓民國政府人物志)」, 제5호에 실린 「최선으로 발표한 대동단결선언 및 제의 강령(最先發表的大同團結宣言及提議綱領)」,「미 의원이 한국에서의 연설추기(美議員在韓演說追記)」, 제6호에 실린 「한국 국경 개천절 송사(韓國國慶開天節頌辭)」, 백암(白岩)의 「우리 민족의 진행 방법(吾族之進行方法)」, 신규식 등의 「중국정부에게 보내는 청원서(上中國政府請愿書)」 「손중산 총재에게 보내는 서(上孫中山總裁書)」 「각계연합회 한인 원조 통전 전국(各界聯合會援助韓人通電全國)」 「손중산·당소천의 외교 주장 - 한인 독립 지원을 첫번째 일로(孫中山唐少川之外交主張 - 以扶持韓人獨立爲第一事)」, 제7호에 실린 「파리강화회의에 제출한 청원서(上巴黎和會請愿書)」 「훈춘 사건에 대한 한국정부의 불평(韓政府對琿春案不平鳴)」, 제8호에 실린 「파리강화회의에 제출한 청원서(上巴黎和會請愿書)」(續)와 「이순신 순국 기념일지감(李舜臣殉國紀念日志感)」, 제9호에 실린 「을사순국 선열 조문(弔乙巳殉國諸先烈)」 「안중근 의사 조문 및 양국 인민에게 고함(弔安重根義士併告兩國人民)」 「파리강화회의에 제출하는 청원서(上巴黎和會請愿

書)」(再續), 제10호에 실린 예관 「민족자결과 한국독립(民族自決與韓國獨立)」 「파리강화회의에 제출한 청원서(上巴黎和會請愿書)」(三續), 제11호에 실린 강좌여생(江左餘生)의 「중·한 양국 국민에게 하는 충고(忠告中韓兩國國民)」 「한국 정부가 연변·훈춘에서의 일본의 폭행을 선포(韓政府宣布延琿日軍之暴行)」, 중화민국전국각계연합회(中華民國全國各界聯合會) 「시모노세키 조약 회복을 진청하다(恢復馬關條約之陳請)」, 제13호에 실린 본사 동인(本社同仁) 등 「신년 신희망(新年新希望)」, 제14호에 실린 사설 「일본에 대한 전 세계의 악감(全世界對日之惡感)」, 제15호에 실린 「일본 관리의 선언에 대한 한국 기관 선전부의 변정(韓機關宣傳部辯正日吏之宣言)」 등, 그리고 『진단』 제1호부터 연재한 신규식의 명작 『한국혼』. 이러한 역사 자료는 한국독립운동을 연구하는 중요한 사료이다. 이중의 일부는 아직 아무도 사용한 적이 없기에 참으로 연구할 가치가 있다.

『진단』의 다른 한 가지 중요한 가치는 당시 한국독립운동과 대한민국 임시정부의 활동에 대한 보도로 1920년 10월부터 이듬해 1월까지의 최신 동향을 반영하였다. 중요한 보도로는 다음과 같다.

제1호에 실린 「한국독립운동의 통계」 「한국 의용단 영수 피체」, 제2호에 실린 「부산 일본경찰서의 폭탄」「한국여자혁명군의 쾌거」, 제3호에 실린 「한국독립당원 또 피체」「위원군(渭源郡)독립단과 일본군의 전쟁」, 제4호에 실린 「경성군(鏡城郡) 독립단 분대장 전사(戰死)」 「무산군(茂山郡)에서의 한·일 병사 접전(接戰)」 「순천군(順川郡) 시위운동」 「일본변호사도 한국독립당을 변호」, 제5호에 실린 「한인 최근의 독립운동」 「재일교포의 폭탄사건」 「한국에서의 美 의원 연설 추기(美議員在韓演說追記)」「한변결사대계획(韓邊結死對計劃)」「한국 청년 보국의 대의(大義)」「연변한당과 일병의 마전(摩戰)」, 제6호에 실린 「화룡(和龍)에서 일병(日兵)이 한군(韓軍)에게 대패」「연변에서 일병일지대 복멸(延邊日兵一支隊複滅)」「일군 이백명 중의 백명 소멸」「이미 곤경에 빠진 연변의 일군」「한인국경기념」「한국부인회원 나라를 위해 피체(韓國婦人會員爲國被捕)」「블라디보스토크 한인보관(報館) 파괴당하다」, 제7호에 실린 「이백(二百)명 의사 연변에서 피를 흘리다」「홍장군이 사(師)단을 거느리고 한경(韓境) 소탕」「한인 국경 경축 성황(盛況)」「상해에 남은 대종교인 국경 기념」「한국독립당 수령 손의암(孫義庵) 근황」, 제8호에 실린 「한경(韓境) 소(小)전투 보고」「강의사 우규(宇奎) 175)의 근황」「비밀 결사(結社) 한민회원 피체」「대한부인회장 훼가구국(大韓婦人會長毁家救國)」「한인 시의원 보선(補選) 거절」「독립단집합(集合)의 정신」「상해에 있는 한인 근북구제회(墾北救濟會) 발기(發起)」, 제9호에 실린 「한국정서에서 전황을 상세하게 보고(韓軍政署戰況詳報)」「대한민국 임시정부의 정무 진행」「강우규 의사의 살신성인(姜宇奎義士成仁)」「애국단 예심 종결」, 제10호에 실린 「훈춘 사건에 대한 한국 장군의 의견」「상비 무장단체 정신의 영구지속(常備武裝團體精神不懈)」「강의사 사망에 동정 물결」「일본 관리, 한국 지사 이역죄 가강(日吏加强韓志士以役罪)」「한인운동 매일 진전 끊이지 않는다(韓人運動日進不已)」「청년 농민, 괭이를 버리고 나라 수호」「일본 관리, 독립단원 수색·체포」「신민단장 피체」, 제11호에 실린

175) 역자 주: 강우규(姜宇奎) 의사를 가리킨 것으로 보인다.

「세상을 경악게 한 연통제(聯通制) 판결」「조선청년연합회 성립」「강의사 추모 및 봉길 사망에 관한 인대회기(追悼姜義士及奉吉死事人大會紀)」「유년 애국자 출옥」「폭약 수입 청년 피체」, 제13호에 실린「상해에 남은 한인단체 이 대통령 환영기」「국경을 침입한 한당(韓黨) 통계」「결사대 보합(普合) 단원 피체」, 제14호에 실린「한국 정부 신년축회」「한국 무관학교 졸업식(韓武官校畢業式)」「한국, 적병과 악전고투」「의용단 사건 판결」, 제15호에 실린「한국 악전고투 상세 보고」「방기전 노익장(方基典老當益壯)」「고심(苦心), 운동 파괴」「한민당대회의 결의」「인천 한국 공인 파업」 등. 이런 보도들은 당시 한국독립운동의 새로운 진전을 상세하게 기록하였기에 연구 작업에 중요한 참고 가치가 있다.

이 외, 현재의 문헌 목록에는 중공법남구위한국지부 및 그 지도하에 있는 중국공산주의청년단 상해한인지부, 중국혁명제난(濟難)회 상해한인분부(分部), 상해한인반제(反帝)동맹, 상해 한인소비에트의 벗, 상해 한국혁명 부녀회, 상해 한인혁명청년회, 중한항일대동맹 등 혁명단체가 창간한「삼일전선(三一戰線)」「반제전선(反帝戰線)」「호제운동(互濟運動)」「무궁화(無窮花)」 등 간행물이 있으며, 발표된 주요 문헌은「조선 3·1운동 기념 선언」「파리코뮌 탄생 51주년 기념」「5·1국제노동절 기념 선언」「일제가 함부로 한국 국적 망명자를 체포한 것을 항의하기 위한 고(告) 조선 거주민 동포서」「중국공농홍군(中國工農紅軍)에서 비행기 한척을 원조하자에 호응한다! 비행기의 이름은 상해공인호(上海工人號)로」「상해공인 세 번의 무장봉기 5주념을 기념하기 위한 고(告) 상해 한국국적 혁명 군중 호

소서(號召書)」 등이 있다.[176]

하지만 이 문헌들은 목록에서 보았지 아직 원문을 찾지 못했었다. 사실상, 각 시기 상해에서 활동한 한국동립운동 당파, 단체는 대부분 그들 자체의 간행물이 있으며 끊임없이 각종 홍보물을 배포하였다. 우리는 앞으로도 이 문헌, 자료들을 발굴하고 찾아보아야 한다.

한국독립운동의 지도자들은 상해에서 일부 중요한 논저를 출판하기도 하였다. 예를 들면, 신규식의 『한국혼』(상해, 1920년 인쇄), 박은식의 『안중근전』[상해대동편역국(上海大同編譯局), 1914년]과 『한국독립운동의 혈사(血史)』[상해유신사(上海維新社), 1913년], 김광(金光)의 『윤봉길전』[상해한광사(上海韓光社), 1933년], 조소앙의 『소앙집』상·중편(1932년 자체 인쇄)과 『유방집(遺芳集)』[상해대동학회(上海大同學會), 1933년], 태백광노(太白狂奴)의 『한국통사(韓國痛史)』[상해대동편역국(上海大同編譯局), 1915년], 대동산인(大同山人)의 『조선망국참사』[상해도로월간(上海道路月刊), 1932년], 한인애국단의 『도왜실기(屠倭實記)』(1932년 인쇄) 등이 있다. 이 논저들은 후세에게 소중한 연구자료로 남겨졌기에 역시 우리가 수집, 발굴해야 한다.[177]

최근 20년, 한·중관계가 끊임없이 발전해오면서 상해의 역사 종사자들은 한국독립운동과 대한민국 임시정부에 대해 탄색과 연구를

---

176) 石源華: 『中國共產黨援助朝鮮獨立運動紀事』, 10頁; 石源華:『韓國獨立運動與中國』, 186~210頁, 上海, 上海人民出版社, 1995.

177) 王明根, 李花玉: 『20世紀韓國獨立運動硏究中文目彔』, 韓國國家報勳處 2002年版.

진행하면서 많은 성과를 이루하였다. 주요 저작으로는 목도(沐濤)·손과지(孫科志)의 『중국에서의 대한민국 임시정부』, 석원화(石源華)의 『한국독립운동과 중국』 『한국 반일 독립운동사론』 『중국 공산당이 조선독립운동을 원조한 기사』 『한국독립운동 정당과 사단 연구』 『김약산장군전』 『중한문화협회 연구』 등, 손과지의 『상해 한인 사회사』 등이 있다.

주요 자료집으로는 상해기록보관소에서 편찬한 『중국 지역 한인 단체 사료집』(2권), 대한민국 임시정부 상해옛터관리처에서 편찬한 『상해에서의 대한민국 임시정부가 상해에서』, 석원화가 주필을 맡은 『신보(申報) 중 한국독립운동 및 중한관계 사료 선편(選編)』, 석원화, 이보온(李輔溫)이 주필을 맡은 『중국 국민당 정부 외교부에서의 공보(公報) 대한민국 관련 정보』(2권) 등이 있다.

복단대학교 한국연수센터는 각각 1995년, 1999년, 2002년, 2004년, 2006년, 2008년에 걸쳐 한국독립운동 관련 국제학술회의를 총 6번 개최하였고 회의 논문집인 『한국독립운동 혈사(血史) 신론(新論)』(석원화 주필), 『대한민국 임시정부 성립 80주년 기념 논문집』(석원화 주필), 『신규식과 중한관계』(김준엽, 석원화 공동 편찬) 등은 중국, 한국에서 출판되었다.

이 센터 자료실의 왕명근(王明根)과 이화옥(李花玉)은 관련 전문 저서, 자료집 총 131종, 논문 1499편이 수록되어 있는 『20세기 한국독립운동 중문 논저 목록』을 공동으로 편찬하여 학자들의 연구을 위해 중요한 참고를 제공하였다. 이 글을 창작할 때 상술한 연구 성과를 참고하였기에 이와 같이 설명하며 감사의 뜻을 표한다. 이 글 중 누락된 부분이나 오류가 있다면 지적과 시정을 해주시기 바란다.

(이 글은 필자가 2002년 5월 13일~14일 북경에서 열린 "윤봉길 의거 70주년 기념 국제학술회의"에 제출한 논문이다. 이 글에 수록되면서 필자는 일부 중요한 부분을 보충하면서 편집하였다.)

제3장 『신보申報』 중 한국독립운동 및 한중관계 보도에 대한 논평

『신보』는 1872년 4월 30일[청(淸)나라 동치(同治)11년 3월 23일] 상해에서 창간되었으며 1949년 5월 27일에 종간되었다. 구중국에서 가장 오랫동안 출판된 신문으로 현대 중국 사회의 역사적 상황을 반영하는 '백과사전'으로 불리며 높은 활용 가치를 갖추고 있고 학술 연구에 있어 참고문헌, 자료로 활용할 수 있다.

이 장에서의 논평 사료의 출처는 1910년 1월부터 1949년 5월까지 출간된 『신보』이다. 이 기간이 바로 일본이 한국을 병합하고, 한국 인민이 독립운동을 전개하고, 일본이 한국 인민의 저항 투쟁을 잔폭하게 진압하고, 세계 반파시즘전쟁의 승리로 한국이 복국의 희망을 맞이하고, 미·소 양국 군대가 각각 한국, 북한을 점령하고, 그리고 한반도가 최종적으로 분단되는 역사적 과정으로, 『신보』는 다양한 형식으로 이 역사 과정을 반영 및 보도하였기에 후세가 이 부분 역사를 이해하고 연구할 수 있게 귀중한 자료를 제공하였다.

여타 신문과 비교했을 때, 『신보』의 내용은 풍부하고 형식은 다양하며, 발간 기간은 길어 그 가치가 몹시 소중하다. 한국 역사의 자연적인 발전 과정에 따라 우리는 『신보』로부터 얻은 중요한 사료에 대해 간략하게 논평을 진행해보겠다.

제1절 한일합병과 한국인의 항일운동의 시작

1910년 8월 29일, 한일병합조약이 체결되면서 4,000여 년의 오랜 역사를 가진 문명고국인 한국은 완전히 일본에 병탄되었다. 이 비장한 역사 과정과 한·중 국민의 반응에 대해 『신보』는 상세하게 보도하였다.

1910년 1월부터 한일병합 소문이 이미 네 차례 전해지고 있었다. 『신보』는 「미국인이 한일병합 안건을 논하여」(1910년 1월 14일), 「한인이 또 합병을 제창하는 문제」(2월 1일), 「한일합병 문제 최근 소식」(2월 26일), 「일본 정부, 삼한을 겸병하기로 결의」(4월 8일), 「일본이 한국을 겸병한다는 선성(先聲)」(7월 12일), 「러일협약에 한일합방의 내용이 담겨있다」(7월 29일), 「한일합병 문제의 최근 소식」(8월 20일), 「데라우치(寺內) 통감(統監)이 한일합방조약을 발표한 날」(8월 25일) 등과 같이 제빨리 신문에 소식을 실어 여러 가지 방도로 일본의 한국 병합 음모를 폭로해 국민들의 주의를 끌었다.

이와 함께 『신보』는 한인들의 저항 활동도 같이 보도하였다. 이완용 내각총리대신은 한국 내각에서 한일병합을 주장한 주요 대표자로, 국민들의 미움을 한몸에 받던 인물이기에 암살사건이 일어나기도 했다. 『신보』는 1910년 1월 2일, 7일, 14일, 23일, 그리고 2월 3일 4일 17일 등에 걸쳐 이 암살 사건을 보도하면서 「한인독한 수상의 일반(韓人毒恨首相之一斑)」과 같이 태도가 뚜렷한 표제를 사용하였다. 이 기간에 안중근 의사의 이토 히로부미 암살사건에 대한 재판 상황도 보도되었다.

예를 들면, 「이토 암살사건 심사에 대한 상세한 두번째 기록」(2월 20일)와 같은 기사는 안중근 의사가 법정에서의 의기가 격앙된 진술, "내가 이토를 암살하는 것은 오해로부터 시작된 것이 아니다. 한일 간 서로 상대하는 정책에 너무나도 참을 수가 없어서였다. 이토가 죽지 않으면 일본의 태도는 조금이라도 너그러워지지 않을 것이다. 이토를 세계의 위인이라고 사람들이 부르지만, 내가 보기에 그는 그냥 악도(惡徒)이다", "오늘 이토가 죽었으니 대환(大患)이 사라졌다. 앞으로 한일 양국이 서로 친목하며 동아시아의 평화를 수호하기 바란다. 한국 독립만세!"도 같이 실었는데 안중근 의사의 이와 같은 호언장담은 중국 인민들에게도 깊은 인상을 남겼다.

8월 27일부터 『신보』는 일본이 한국을 병탄한 것에 관해 여러 편 기사를 보도하였다. 중요한 기사로는 다음과 같은 것이 있다: 「아아! 일한합방조약」(8월 27일), 「일한합방 관련 영국 신문의 평논」(8월 28일), 「신정조선화족령(新訂朝鮮華族論)」(8월 29일), 「일본 외무대신, 한국 병합으로 사령(赦令)」(8월 30일), 「일한합병조약 및 선언서」 「동보(東報)의 일한합병 문제 기록」(8월 31일), 「한국 망국 후의 무효 조약의 일반(一斑)」(9월 1일), 「한국을 병합하라는 일황의 조서」「한국 황제, 합방 조서를 선시(宣示)」「일황이 한국 황족을 예우해주는 조서」「조선총독부의 시정(施政) 강령」「한국 망민(亡民) 호구(戶口) 조사」(9월 4일) 등. 이 기사들은 일본이 한국을 병탄한 역사과정, 그리고 주요 문서에 대해 상세하게 폭로하였다.

또한 「망국한 가여운 학생」(9월 1일)에서 "일본 신문을 통해 일한합방조약이 선포된 후, 일본 유학 중인 한국 학생들 중 비통을 참지 못해 자살한 자는 대여섯명이나 된다. 할복한 자가 있고 권총으로 자살한 자도 있으며 음독하여 자살한 자도 있다. 너무나도 참혹하여 차마 들을 수가 없다"는 내용에서 밝혔듯이 이 기사들은 한국 인민들의 저항 정서를 전달하기도 하였다.

「일한합병여애(日韓合併餘哀)」(9월 9일) 기사에 한국 유일학생회장 이수천(李水泉)의 연설문이 포함되어 있는데, 연설문 중에 "일본은 자국의 위력으로 한국 군주에게 합병 승인 강요", "일본이 한국을 병합하면서 우리 한인이 진심으로 심열성복했다는 것은 사실상 오해", "한인들의 목을 베어도 인정하지 않을 것이다"는 내용이 담겨있는 것도 한국 인민들의 저항 정서 표출의 일례이다.

한일병합이 중국에 미친 영향에 대한 기사도 『신보』에서 찾아볼 수 있다. 예를 들면, 9월 13일의 보도에 의하면 순패륵(洵貝勒)은 중국 경성에서 "일본이 한국을 상대로 많은 궁리를 했고, 한국은 그 까닭으로 오늘 이 지경이다. 그래서 현재 조정(朝廷)은 민심을 수습하며 관가(官場)을 정돈하는 것이 급선무다"는 내용을 담은 장문의 전보를 받았고, 18일과 23일의 보도에는 한일병합에 대한 섭정왕(攝政王)과 황태후의 관심에 대해 보도하였으며, 11월 30일 동독석제군(東督錫制軍)는 주조선 중국영사에게 "조선은 중국 동삼성과 밀접한 관계이므로, 순망치한(脣亡齒寒)의 위급한 상황이 일어날 수 있으니, 모든 대일적인 일은 미리 도모해 임시로 대책을 세우는 일을 면해야 한다"는 내용의 비밀전보를 보냈다.

12월 29일에는 직독(直督) 진씨(陳氏)가 군기처(軍機處)에 전보 형식의 상소문을 올려 일본이 한국을 병탄 한 후, "발등에 불이 떨어진 듯 국세가 위급하다. 내년에 국회를 열어야만 나라를 이 위망(危亡)에서 구할 수 있다"는 이유로 청나라 조정에 "내년 즉시 국회를 개최하여 나라가 망하지 않도록 구해야 한다"는 등 허가를 청하였다.

한일병합 이후, 한인들에 대한 일본의 억압은 날로 심해져고만 갔다. 『신보』는 다방면에서 관련 보도를 진행하면서 그것을 폭로하였다. 예를 들면, 「망국 언론계의 비참상(狀)」「망국민의 아편 독(毒)」(1911년 2월 9일), 「아아! 망국인 관(官)」「아아! 망국의 민」(4월 21일), 「망국 군주의 마지막 길」(6월 18일), 「한인의 학문의 길이 자유롭지 못하다」(1915년 4월 16일) 등이 있다.

이 기사 내용를 살펴본다면, "근래 조선총독부의 조선 언론계 단속이 심상치 않아 언론계가 툭하면 처분당한다", "최근 일본의 조사에 따르면, 조선에서 아편을 하는 사람이 2,800명이다", "압록강(鴨綠江) 일대 국경을 넘어 농지를 개간(開墾)하는 한인이 많다", "망명한 자들이 집 잃은 개마냥 불안해한다", 심지어 한인 관리가 "일본의 핍박으로 관(官)을 버리고 도망갔다"는 행위까지 있다는 등 참상을 차마 눈을 뜨고 볼 수 없는 정도였고 많은 중국 인민의 관심과 동정을 불러일으켰다.

이 단계 『신보』가 한국인들의 일본 통치 저항 투쟁을 반영한 것이 비교적 체계적이 못하지만 조선총독 데라우치 마사타케(寺內正毅) 암살 사건에 대해서는 비교적 집중적으로 보도하였다. 1911년 2월 3일부터 1914년 1월 21일까지, 총 30건에 가까운 관련 기사가 이 역사 사건을 추적하면서 보도되었다.

이 외, 「망국 유(遺)민들의 분을 푸는 방법」(1911년 3월 14일), 「한인이 일본영관 폭발 사건을 도모한다는 것은 헛소문」(3월 31일), 「하얼빈에서 체포한 한인, 가쓰라 다로(桂太郎) 암살과 관련이 있을 거라의심」(7월 21일) 등과 같이 일본 식민 통치에 대한 한인들의 불만과 저항을 반영한 일부 보도도 있는데 이 또한 주목할만하다.

제2절 3·1운동의 폭발과 한국임시정부의 설립

1919년은 한·중 양국 근대사에서 모두 깊은 의의가 있는 연도이다. 한국 인민들의 한일병합 저항 투쟁은 10월혁명 이후 세계 민족 해방운동의 영향, 제1차 세계대전의 종결 및 미국 윌슨 대통령 "14개조 평화원칙"의 고취, 그리고 덕수궁 이태왕의 갑작스런 별세로 최고조에 이르렀으며 한반도 전역을 석권한 3·1운동은 전 세계를 경악시켰는다. 이 부분은 『신보』의 중요한 보도내용였다.

1월 22일과 23일, 『신보』는 일본에 의해 강제 퇴위한 고종황제가 붕어(崩御)한 소식을 보도하였다. 3월 5일, 「한성시위운동」을 제목으로 최초로 한국 3·1운동의 소식이 전해졌고 그 뒤고 계속 후

속보도가 진행되었다. 주로[178]「고려 폭동은 파리코뮌이 고려의 독립을 약속했다는 잘못된 믿음으로 시작*」「고려 각 곳의 시위는 조직적인 운동」「군중들이 왕궁과 거리에 모여 고려의 독립을 요구*」(3월 9일), 「고려 폭동, 오늘 모두 진압」(3월 10일), 「고려독립과 자결(自決)의 운동은 깊게 뿌리가 박혀 있다*」「반도 전역 여전히 불안*」(3월 12일), 「고려가 독립을 선포하는 정형(情形)*」(3월 13일), 「3·1운동*」(3월 14일), 「3·1운동에 관한 일본의 보도*」「3·1운동*」(3월 15일), 「동보(東報)의 조선 소식(1)」 (3월 17일), 「동보(東報)의 조선 소식(2)」(3월 19일), 「조선의 독립운동」「서보(西報)의 조선 소식(1)」(3월 20일), 「서보(西報)의 조선 소식(2)」(3월 22일), 「조선 여학생의 호소」(3월 25일), 「경화단간(京華短簡)」(3월 26일), 「한성에서 2만 명이 시위*」(3월 29일), 「서보(西報)의 조선 소식」(3월 30일), 「한인들이 소원(訴願)하는 파리강화회의 소식」(4월 5일), 「한성 독립운동의 봉기(蜂起)」(4월 6일), 「조선독립의 풍조(風潮) 아직 가시지 않았다」(4월 7일), 「한국독립운동에 관한 해외의 보도」(4월 10일), 「한국독립운동*」(4월 18일) 등이 있다.

이 보도들은 다음과 같이 몇가지 특징이 있다: 첫째, 한인들의 불굴의 분투정신을 생생하게 그리며 칭송하였고, 둘째, 3·1운동의 전민족성을 심도있게 천명하였고, 셋째, 일본의 잔폭한 통치가 이번 운동이 일어난 근본원인인 것과 한인에 대한 일본의 피비린내 나는 학살을 폭로하였고, 넷째, 한인에 대한 중국 및 세계 여론의

178) 역자 주: 제38장 제2절부터 마지막 부분까지에서 일부 기사 제목 뒤에 *표가 있는데 자료가 확정되지 못해서 그러한 듯하다.

동정심과 지지를 분명하게 드러냈다.

3·1운동의 절정 속에서 대한민국 임시정부가 설립되었다. 4월 11일, 『신보』에서는 「한인 임시정부 수립에 관한 외국의 보도」이라는 제목으로 한성의 임시정부 수립 소식을 전하면서 "현재의 조선을 살표본다면, 한인은 더 이상 소극적인 저항만 하지 않으며, 힘으로 사람을 제압하는 자를 더 이상 두려워하고 않고 있다는 것을 알 수 있다."고 하였다. 5월 2일, 『신보』는 「고려 임시정부 조직」을 다시 보도하면서 네 가지 측면에서 대한민국 임시정부에 대해 소개하였다. 첫번째는 새로운 정부 구성원 명단, 두번째는 임시정부 헌장의 10개 조항, 세번째는 임심정부 선서, 네번째는 임시정부의 정강이다. 이것은 아주 중요한 역사 자료이다.

대한민국 임시정부 수립 이후, 국제사회로부터 한국의 독립을 인정받는 것을 주요 행동강령하였고 이 목표를 위해 다양한 활동을 진행하였다. 먼저 파리강화회의에 대표단을 파견하였다. 『신보』는 임시정부의 외교상 지원 청구 활동에 대해 보도하였다. 5월 4일, 『신보』는 대한민국 임시정부 국무경(국무총리였을 것이다)이 미국 대통령과 프랑스 총리에게 전보를 보내 "4국회의에서 파리에 있는 고려 대표를 접견하고, 파리강화회의에서 고려 독립을 승인해줄 것을 청원하였다"고 보도하였다.

7월 24일, 『신보』는 대한민국 임시정부의 「파리장서(독립청원서)」 전문을 게재하였다. 「파리장서(巴里長書)」는 총 15개 부분으로 나뉘어 다방면으로 한국이 독립해야 하는 이유를 상세하게 논증함으로써 한국인들이 "일본의 억압에서 벗어나 고려를 독립국으로 재건하는 것을 청원"한 강렬한 요구를 표해냈다. 그 뒤로도 『신보』는 「고려, 상해에서 임시정부 조직」(9월 26일), 「조선 임시정부 총기관 이전」(10월 22일), 「고려총대표, 파리강화회에서 러시아와의 정교(訂交)를 부인*」(11월 28일), 「상해에 거주하는 미국 신문사 한인의 회의 참석 기록」(1920년 3월 8일) 등 임시정부에 관한 소식을 여러 차례 보도하였다.

1920년 여름이 지나가고 가을이 다가올 무렵, 미국 의원단이 극동을 방문하였다. 한국독립운동 인사는 이것을 파리강화회에서의 실패 이후 외교 활동을 계속 진행할 수 있는 좋은 기회라 생각해 모두 분주하게 활동하였다. 『신보』는 이에 대해 「미국 의원에게 원조를 호소하는 한인에 대한 미국 신문의 기술」(8월 9일), 「한인대표단, 상해를 거쳐 녕 (寧, 정확한 장소 불분명-역자 주)에 도착해 미국 의원 배알」(8월 13일), 「조선 최근 상황 기록」(8월 25일) 등 여러 차례 보도하였다.

1921년 하반기, 대태평양회의가 곧 열리다는 소식은 힘들게 분투 중인 한국독립당 인사들에게 다시 한번 새로운 희망을 안겨주었고, 『신보』는 한국독립당 인사들의 행보를 따르면서 이들의 활동에 대해 연속 보도하였다. 10월 5일, 『신보』는 「대태평양회의에서의 한국 문제」를 제목으로 대한민국 임시정부 총리 신규식이 중국 각 법단(法團)에 보낸 통고문에 대해 보도하였고, 이 통보문에는 "우리 나라는 귀국과 영토가 맞닿아 있고 역사적으로 깊은 관계가 있어 서로 원조를 하는 것이 바람직하다", "현재 대태평양회의의 개막을 앞두고 우리 나라는 대표자를 회의에 파견할 예정이고, 귀국 대표가 국제조약에 따라 한국의 독립문제를 제기할 것을 바란다.

만약 이 안건이 통과된다면 우리 나라만의 행운이 아니라 귀국에게도 즉시 자구할 수 있는 좋은 방책이다"라는 내용이 포함되어 있었고, 각 법단에 "귀국 정부의 힘을 다해 진행해줄 것을 촉구하는 바이다. 이것은 귀국을 구하면서도 타국도 구원하는 양측 모두에게 이득이 된다"는 등 내용도 있어 이 통보문을 통해 한국독립당 인사들이 대태평양회의에서 중국의 도움을 받기를 바란다는 뜻을 표했다. 『신보』에 실린 기타 중요한 보도로는 「한국독립정부, 대회 대표 비용 모금」(10월 12일), 「천진의 한국 교민, 전단지를 배포하며 우방(友邦)이 독립을 위한 원조 요청*」(11월 4일), 「대태평양회의 중 조선문제에 관한 상해의 보도」(12월 13일), 「조선위원단과 화회(華會)」(12월 30일), 「한국 대표단, 화회(華會)에 청원서 전달」(1922년 1월 3일), 「화회(華會) 중의 한국 문제에 관한 후속 보도」(1월 5일) 등이 있다.

대태평양회의 기간 한국 문제 선전에 호응하는 것으로 『신보』는 미국인 달프 (Dalf)[179]가 미국 국무장관에게 보낸 『한사절약(韓事節略)』을「한국외교약사(韓國外交略史)」(2월 12일)로 제목을 지어 게재하였다. 이 글은 한국 문제의 역사적 경과를 상세하게 고찰하였고, 한국 문제와 미국 정치, 경제 이익과의 관계에 대해서도 설명하면서 "한·미는 예전부터 친밀한 우호관계였고 오늘날에도 여전히 감정이 진지하다. 고려는 지금 이미 고립무원의 지경에 빠져 있으니, 미국은 마땅히 해야 할 의무를 다해 일본인으로부터 고려와 한

179) 역자 주: 실제 이 미국인의 정보가 불확실하다.

인을 구해야 한다"고 지적하였다.

『신보』는 중국 국내에서 일어난 한인독립운동 및 중국 지방 당국의 처치 상황에 대해서도 보도하였다. 1919년을 예로 들면, 「길독(吉督), 한민독립운동 처치 방안에 대해 상급에 지시를 묻다」(3월 15일), 「봉(奉)·길(吉)이 일본을 도와 한국 교민을 탄압」(3월 24일), 「한인, 블라디보스토크서 독립선언서 배포」(3월 27일), 「한국 결사대가 길을 빌려 한국 경성을 습격*」(3월 30일), 「한민 대응책의 기회를 지시」(4월 9일), 「연변·훈춘 사이의 한국 교민의 근황 보도」(4월 10일), 「훈춘 일경, 한인들 국기 휘날리는 것 간섭*」(4월 21일), 「한인 자결하는 소리에 관한 봉천(奉天)의 보도」(4월 30일), 「연길(延吉) 한국 교민 두번째 독립을 도모*」(9월 24일), 「한국 교민, 용정(龍井) 등지 공격할 계획」(10월 10일)가 있다. 이 보도들로부터 중국 국내에서 거주하고 있는 한인들도 한국 국내의 3·1운동에 호응하여 적극적으로 활동을 진행하였다는 것을 알 수 있다. 특히 중국 동북지역에 위치한 연길지역에서 이러한 운동이 더욱 활발하며 적극적이였다. 하지만 중국 봉(奉)·길(吉) 두 성(省)의 지방당국이 현지 치안, 그리고 일본이 이를 빌미로 간섭하는 것을 고려해 이러한 활동들을 권고, 저지, 심지어는 진압하는 태도를 취했다는 것도 알수 있다.

제3절 훈춘琿春 사건과 중일 교섭

일본이 무력으로 한국 3·1운동을 진압한 후, 한국독립운동은 거기서 멈추지 않았고 각종 분산된 형식으로 저항 투쟁을 이어나갔다. 특히 중국 동북, 한중 접경지역에서 한인들의 반일 투쟁이 몹시 활발하였다. 그 활발한 투쟁은 『신보』를 통해 끊임없이 반영되었다. 「한인의 홍혈단(韓人之紅血團)」(1920년 3월 15일), 「한인의 복국열(韓人之復國熱)」(3월 31일), 「동변한당의 활동(東邊韓黨之活動)」(4월 15일), 「길성 화룡 한당 소란을 피우다(吉省和龍韓黨滋事)」(7월 1일), 「중국 당국, 한국 당·조직 단속(華官取締韓黨組織)」 등은 중요한 관련 기사들이다.

1920년 10월 2일에 일어난 훈춘 사건은 중국 동북지역 한국독립당 인사들의 반일투쟁이 발전하면서 초래한 결과이다. 한국독립당은 훈춘에서 일본영사관과 일본인이 거주하는 거리, 구역을 불태우는 일을 벌였다. 일본군은 만여 명의 병력을 동원하여 훈춘과 녕안(寧安), 왕청(汪淸), 연길(延吉), 화룡(和龍) 등 5개 현을 점령하였고 한국 이민자들의 집을 불태우고 한국인 2,100명, 중국인 200명을 참살하여 중·일 간 심각한 교섭이 진행되었다.

『신보』는 「훈춘의 마적단 사건, 한당(韓黨)과 과격파(過激派) 조사에 유의」(10월 11일), 「훈춘 사건 조사 결과는 한인이 일본에 분노하여 저질렀다*」(10월 18일), 「훈춘 사건 배후에 한당이 없다」(10월 29일), 「한당과 마적단」(11월 5일) 등 많은 지면을 할애하면서 훈춘 사건을 보도하였고, 사건이 일어난 근본원인은 잔폭한 일본 통치에 대한 한인들의 저항였다고 밝혔다.

일본군이 이것을 빌미로 기회를 틈타 출병하여 반일 한인들을 죽이고 방화한 행위에 대해서도 『신보』는 「일병(日兵), 만주에서 한국 교민 체포, 살육」(11월 28일), 「일본인 자변론(自辯論)에 관한 미국 신문의 보도」(12월 8일), 「일병(日兵)이 한인을 잔인하게 살해한 보고서」 및 그 후속편(12월 9일·10일), 「일장(日將)이 한인을 구속하며 살해한 보고서」(12월 12일) 「간도에 관한 미국 신문의 논평」(12월 25일) 등과 같은 기사를 통해 낱낱이 폭로하였다.

특히 「미국인이 일본인의 침략 정책을 논하다」(1921년 9월 11일)은 수천 자에 달하는 글로 일본이 아시아를 침략한 역사를 회고하면서 "남으로 대만(臺灣), 류큐(琉球), 팽호(澎湖)을 병탄하였고, 북으로는 사할린 쿠릴 열도를 빼앗아 갔으며, 조선을 병탄하였고, 동으로는 산동을 점령하였는데 오늘은 심지어 동북의 만주와 시베리아까지 점령하였다"고 일본의 침략을 지적했고 "일본인의 침략은 그들의 습성이므로 그들의 말을 믿을 수 없다"고 강조하였으며, "필리핀이 독립을 하고 침략당한다면 미국이 원조할 수 있을까? 불행히도 미일 전쟁이 일어난다면, 필리핀과 괌은 필히 일본인에게 약탈당한다"고 미국에게 경고하였다.

『신보』는 일본이 훈춘 사건을 빌미로 기회를 엳보며 중국 동북의 동부지역을 점령하려는 음모, 그리고 일병군 철수 문제에 관해 중·일 간의 교섭에 대해서도 반영하였다. 예를 들면, 「중일 양국이 공동으로 마적단과 한인을 검거한 것에 관한 진상(眞相)」(1920년 10월 30일), 「일본의 한국 통치 전략의 개변」(12월 8일), 「연변의 일본군 철퇴에 관한 보고」(12월 27일), 「일본인들이 국경을 넘어 한당(韓黨)을 수색, 체포」(1921년 5월 19일), 「연변이 한당(韓黨)을 엄수하는 방법」(12월 19일) 등 기사는 동북 지방 당국이 많은 병력을 동원해 한국독립당 인사들을 축출하였다는 것, 당국 또한 일본과 엄정한 교섭을 통해 일본군 철수를 요구하였다는 것을 설명하였다.

1921년, 중국 당국은 실상 일본이 그 지역에서 경찰서를 설치하는 것을 묵인하였기에 일본군이 점차 몇 차례에 걸쳐 군을 철수했고, 이로써 일본은 중국 동북 동부지역에 더 깊숙히 침입하였다. 1927년 9월 20일, 『신보』는 「중일 한인 단속 협정(中日協訂取締韓人協定)」 일정 기준에 따라 한인 교민 여러 명이 '한 패'를 이루어 서로간 보증을 서며 서로 연좌되고, 한인은 무기를 소지하여 조선에 들어갈 수 없고, 한국 당파들을 해산시키고 무기를 바쳐야 하고, 한인이 총, 무기, 화약을 소지하고 있는지 엄격히 검사하며 몰수하고, 한국 당파 영수를 즉시 체포하고 즉시 한국으로 인도하고, 양국 경찰이 함부로 국경을 넘지 못하게 한다는 등 내용을 실었다. 하지만 실상, 만주사변이 일어나기까지 중국 동북 연변지역의 한인 반일 투쟁은 한시도 멈춘 적이 없었고, 이 지역의 한인 문제로 중·일 양국은 끊임없이 교섭하였으며 미제사건이 계속 쌓여 갔다.

제4절 한국 내 '투쟁'의 두 차례 발생과 중국 민중의 지지

한국 국내에서의 한국독립당 인사들의 반일 복국투쟁에 대해, 『신보』는 1920년대 내내 끊임없이 보도하였다. 예를 들면, 「한인 이친왕(李親王) 암살*」(1920년 6월 11일), 「조선의 자치설」(8월 1일), 「조선당인의 신운동」 「조선의 신운동」(8월 19일), 「한성에서의 조선당인의 분투에 관한 상해의 보도」(1926년 2월 8일), 「한인과 예수교」(5월 5일), 「한인당인, 공서(公署) 폭파 계획」(1926년 2월

8일) 등이 있다. 일제 식민통치의 잔폭한 억압 정책으로 중국 국내 사람들은 이러한 기사만으로 한국 국내에서의 한인들이 반항 투쟁을 멈추지 않고 있다는 것을 알 수 있었다.

1926년 4월 25일, 조선왕조 27대 국왕 순종이 병으로 붕어하여 6월 10일에 국장을 치르기로 하였는데, 이로 인해 한국 국내에 또다시 '소란'이 발생하였고,『신보』는 이에 대해 연속 보도하였다. 예를 들면,「전 조선황제 병으로 붕어」(4월 7일),「고인이 된 군주에 대한 한인의 애사(哀思)」(5월 1일),「조선 故 왕 발인」(6월 10일),「어제 한국 故 황제 영관이 능에 도착했을 때 소란 발생*」(6월 12일),「한국 故 황제 발인, 경비 삼엄」(6월 17일) 등이 있고, "한국 남녀 모두 상복을 차려입었다. 8세, 9세 어린이들도 저절로 애도를 표했다", "오늘날 이런 전국적인 성대한 의식이 거행된 것은 융조(隆照)에 충심을 다하기를 위해서가 아니라, 4,000년 국가의 마지막 군주이기 때문이다"와 같은 내용이 보도되었다.

발인식에서 일군은 "육군 한 사단(師團)의 병력이 경비를 맡아 한성에서 금곡릉(金谷陵)까지 일보(步)에 총탄으로 무장한 병사 한 명이 서 있었다. 연도는 산야(山野)이며 사람들로 매워져 인산인해의 광경이다", "대규모 운동이 있다는 소식을 듣고, 비록 간부가 감금되어 운동을 거행할 수 없지만, 학생들 충심의 계획은 모두 현실로 되었다. 비분한 선언을 외치면서 한 사람이 만세하면 군중들은 모두 이에 호응하였다.

피체된 간부 중에는 천도교(天道教), 전진회(前進會), 정우회(正友會), 청년총동맹 등 단체의 요인이 있다. 이러한 단체는 모두 당시 한국 민중 운동에 참여한 중진(重鎭)이다". 『신보』에 보도된 그 비장한 광경은 중국 인민들에게 깊은 인상을 남겨주었다.

1929년 말부터 이듬해 초까지, 한국에 광주학생운동이 일어나면서 한국독립운동은 다시 고조되었다. 『신보』는 즉시 이것을 보도하였다. 예를 들면, 「한국 경성 교생 사상 악화로 이미 500명 검거되었다」(1929년 12월 14일), 「한국독립운동」(12월 29일), 「한국, 학생운동 재기, 학생 천여명 피체」(1930년 1월 16일), 「한국 학생운동 확대」(1월 18일), 「한국 학생 애국 운동」(1월 19일), 「한국 민중의 복국 운동」(2월 5일) 등. 그리고 2월 7일에 조선대독립당 준비회의 「한국 민중 독립운동의 진상(眞相)」을 게재하면서 이 운동의 발단, 경위, 경과를 전면적으로 분석한 후, "조선 민중들의 반일 운동은 일시의 충동적인 감정이 아니라 20년 간 일제의 탄압이 초래한 결과이다", "이번 광주사건은 혁명운동 폭발의 도화선이 아니다. 멀지 않은 장래에 조선민족은 일본과 대혈전(大血戰)을 벌일 것이다"고 밝혔다.

그리고 5가지 행동강령을 제시하였다. 1) 적의 모든 시설과 기관을 적극적으로 파괴하고, 우선 한국에 있는 일본 이민자들을 먼저 진압한다, 2) 학생들은 왜노(倭奴)가 운영하는 모든 노예 교육기관에 불을 지른다, 3) 왜노의 앞잡이(走狗)인 한인, 왜노를 인정하는 법을 없앤다, 4) 조선혁명의 총력을 독립운동의 깃발 아래 집중시켜 대독립당의 통일조직을 촉진한다, 5) 최후의 1인, 최후의 5분으로 강도 일본과 끝까지 싸운다 등. 일부 조치는 미흡한 점도 있지만 이것은 한국인의 반일 복국 심정을 극명하게 드러냈다.

한국 인민의 반일 투쟁은 중국 인민의 동정과 지지를 받았고, 『신보』에 반영되어 있다. 예를 들면, 2월 12일과 17일, 『신보』는 국민당 강소성당부(江蘇省黨部)가 한국 국민당에 보낸 전보, 산서성 당부(山西省黨部)가 조선 복국을 도운 소식을 전하면서 일본 제국주의의 잔폭한 행위를 강력하게 비판한 동시에 한국 지사들이 "최선전에서 자신의 몸으로 일제에 맞서 용감하게 앞으로 돌격하며 종래로 낙심하지 않는다.

이러한 독립분투 정신은 실로 일본인의 혼을 빼앗기에 충분하다"고 높이 평가하였고, "중·한 양국은 동방에서 압박받고 있는 민족으로서 치아와 입술의 관계처럼 서로 의지하고 서로 도울 필요가 있다", "전 성(省)의 동지와 민중들을 거느려 귀국을 지원해야 할 것이고, 필히 폭력적이며 완고한 적과 맞서 싸워 인도(人道)를 드러내야 한다."는 등 입장을 표하였다.

제5절 만주사변과 한·중 연합항일

훈춘 사건 이후 일본의 침략 세력은 중국 동북 연변 지역에 깊이 침투하였다. 한편으로 일본은 이 지역에 영사관과 경찰서를 설치하여 엄연히 자기 나라의 관리로 간주하였고 다른 한편으로 한민의 동북 이민을 큰폭으로 추진하여 이것을 중국 동북 침략을 확장하는 중요한 수단으로 삼았다. 이 또한 만주사변이 일어난 원인 중 하나가 되었다.

『신보』는 중국 동북 지역의 한인 이민문제에 대해 관심이 무척 컸다. 1920년대 초부터 보도가 끊이지 않았다. 중요한 기사로는

「연(延)·훈(琿) 토지 개간(開墾) 농민과 한당(韓黨)」(1921년 5월 6일), 「연변의 토지 개간 조선 교민들의 탈(脫)국적 운동」(1923년 3월 4일), 「북만주에 8,000명 넘는 한국 교민이 있다*」(1924년 8월 13일), 「봉(奉)으로 온 한국 교민 벌써 17만 3천여 명에 달한다*」(1926년 11월 27일), 「3개월 동안, 수만 가정의 조선인이 봉(奉)·길(吉) 남부로 이민*」(12월 19일), 「만주 북부로 이주하는 한국인 날로 증가」(1928년 3월 6일), 「동성(東省) 한국 교민 조사」(1930년 2월 21일), 「한인 문제에 대한 일본인의 주장은 조선인과 이귀화권(以歸化權)」(4월 30일), 「길성(吉省) 한인 호구(戶口) 조사」(9월 21일), 「한인의 동북 이주 상황」(1931년 2월 2일) 등이 있다.

이 기사들을 통해 우리는 일본은 자국민을 한국으로 이주시키고 한인을 각종 수단으로 중국 동북 지역으로 내쫓았고, 한국 교민문제 처리 및 한국당 인사들의 활동을 단속한다는 구실로 중국 주권을 침해하였으며, 중국 동북지역의 한국 이민과 중국인의 충돌을 이용해 중·일 양국이 협력하여 한인 혁명운동을 진압하였고 한·중 관계를 이간시켰다는 것을 알 수 있다. 이러한 비열한 행보는 1930년대 초에 더욱 거세지면서 만보산 사건을 초래하였다.

만보산 사건은 일본 관동군이 일으킨 만주사변의 예행연습이였으며 전국을 경악게 하였다. 연속으로 보도된 만보산 사건의 경위, 각 측의 태도는 『신보』의 많은 지면을 차지하였다. 1931년 7월 9일과 10일, 『신보』는 「만보산 사건으로 일본인, 한국인들에게 고하며 또한 중국 국민들에게의 호소」장편 문고를 연재하면서 만보산 사건은 “겉보기에는 원인이 미미하지만 속을 들여다보면 사실 이

사건은 만·몽(滿蒙) 침략 책량의 첫 발자국"이라고 밝혔다.

일본인들에게 "문명 파괴의 원흉이 되지 말라고" 경고하였고 한국인들에게 "민족 사명, 시대적 사명을 지도록 노력하라"고 권유하였으며 중국 국민들 "각성하라, 각성하라", "떨쳐 일어나서 다시 시작하라"고 호소하였다. 이 장문은 중요한 역사 문헌이다. 그 뒤로, 『신보』에서는 만보산 사건 및 그에 따른 조선의 화교 박해 사건에 대해 연속 보도하였다. 중요한 기사로는 「상해의 선방(鮮幇) 대표가 왕 외장(外長)을 배알」(1931년 7월 12일), 「기(冀)성 당부(黨部)에서 고한인서(告韓人書) 발표」(7월 15일), 「한인 폭동이 약소(弱小) 민족 단결 촉진」(7월 16일), 「길림 한교민의 중국에 대한 태도」(7월 22일) 등이 있다. 또한 7월 23일부터 8월 2일까지 "빈(彬)"이라는 서명이 있는 「한국 국민의 중국 동북 이주에 관한 연구」라는 글을 총 11번에 거쳐 연재하였다. 『신보』의 역사상 이렇게 긴 기사를 연재한 것을 아주 드문 일이기에, 편집부에서 이 문제를 얼마나 중시하였는 지를 엿볼 수 있다.

이 장문의 전문은 서문, 일본의 한국 국민 이주 정책, 한국 국민의 동북 이주 역사에 대한 고찰, 한국 국민의 동북 이주 현황, 동북에 대한 한국 국민 이주의 박해, 우리 나라가 앞으로 취해야 할 대책 등 여섯 부분으로 나뉘며 이 글에서 제시한 대책은 주로 다음과 같다.

(1) 동북에 주둔하고 있는 일본 군경 철수에 관해 교섭한다.

(2) 한국 국민 입국을 단속하며 중국 내 한국 교민의 국적을 정리한다.

(3) 국민 개인이 농지를 매매하는 것을 금지한다.

(4) 중국 내지로 이주하는 것을 권려한다.

(5) 연변 지역의 4개 현을 특별 구역으로 개설한다.

(6) 한민(韓民)관리국을 설치한다 등.

아울러 중국 동북 지역의 한국 교민 문제가 "작은 문제를 키우다가 대환(大患)이 된다", "다나카 기이치(田中義一)의 음모가 지금 하나하나 현실로 되어가고 있다. 앞날을 생각해보니 마음이 아프다"고 강조했고 정부가 "단호한 수단을 취하고 대책을 시행하여 화근을 없애야 한다. 아직 늦지 않았다"며 호소하였으며 대부분 한국 교민을 "적절하게 처치하고 엄격하게 관리한다면 이 떠돌아다니는 이들이 모두 우리 동북 지역의 기름진 땅을 개발하는 자가 될 것이다. 이 또한 우리 나라가 힘이 약한 민족을 돕고자하는 본의에 부합한다"는 등 내용을 전했다.

1931년, 일본은 만주사변을 감행하여 무력으로 중국 동북 지역 전체를 침략하고 점령하였다. 『신보』는 이 사변을 예의주시하면서 다방면적인 보도를 진행하였다. 9월 27일, 『신보』에서는 「한국교민 어제 전체회의를 열어 6개 안건의 결의」를 통해 한교민 300인이 독립당 당수 김구, 이동녕의 지도 하에 회의를 열어 한중 양민족이 공동으로 분투를 추진한다는 결의를 하였다고. 그리고 선언 발표, 일본의 강도행위를 널리 공지하한다, 한중 양국 국민이 생사와 영욕(榮辱)을 같이 한다, 적의 침점 세력 및 적의 주구를 소탕한다, 중국이 속히 일본에 무력 행동을 취하는 것을 추진하다, 한중동맹군을 적극적으로 조직한다 등 6가지 결정이 통과되었다고 보도하였다.

10월 23일 『신보』에서는 대한민국 임시정부 국구총리 안창호가 기자회견을 열어 한·중 양민족이 확실하게 연합해야 한다고 호소했다는 소식을 전했다. 이듬해 1월 11일『신보』에서는 중국에 있는 한국 교민 459,281명이 공동으로 중국 국민들에게 고한 보고서에 대해서도 보도하였다. 이것은 만주사변으로 한국 인민의 복국 투쟁 희망이 다시 불타올랐으며 중국 인민들과 나란히 서서 일본 침략자에 맞서 투쟁을 버리고 전투하는 것을 기대한다는 것을 보여주었다.

한중 양국 인민이 공동으로 진행한 항일투쟁에 대해서도 『신보』는 즉시 「한·중·대(臺) 세 단체가 일본병에게 자구(自救)를 권고한다.」(1932년 2월 28일), 「길회로(吉會路) 한인이 비밀리에 폭탄을 묻다」(4월 21일), 「한국 복국당이 용감하게 나서서 연길에서 강을 건너 국경으로 공격」(6월 26일), 「압록강(鴨綠江) 교량 폭파를 계획한 한국 혁명당 인사판결」(6월 29일), 「한국 당파 인사가 상해에서 중한연합항일 책동(策動)*」(10월 18일), 「중한연합군 전보 - 사평가(四平街)에서 이도구대승(二道溝大勝) 재현)」(11월 29일) 등 기사를 보도하였고, 이것은 한·중 양국 인민이 상해와 중국 동북 등 지역에서 합동하여 여러 차례 항일투쟁을 버렸다는 것을 입증한다.

『신보』는 한국 각 당파, 각 군사단체의 반일 활동에 대해서도 보도하였다. 예를 들면, 「삼한혁명운동민족주의파가 대독립당을 조직」(1932년 1월 16일), 「조선 신한회 비밀리에 독립운동의 도모」

(6월 28일), 「조선 공산당 활동」(7월 8일), 「한국독립군이 활동 경위 보고」(1933년 8월 3일), 「의군이 한경(韓境) 진격」(4월 23일), 「조선혁명군 또 일군과 충돌」(1936년 3월 27일), 「병차(兵車)가 공격당한 일군, 20여 명 사망, 60여 명 부상」 등 기사가 있다. 이것은 한국독립운동 각 당파가 만주사변 이후 나타난 유리한 형세를 이용해 각 단체 간의 연합과 단결을 강화하여 반일투쟁을 적극적으로 전개하였다는 것을 반영하였다.

제6절 홍구虹口 폭탄 사건과 한국독립당 인사들의 암살 활동

한국독립운동의 분투 역사에서 암살 활동은 일정한 지위를 차지하고 있다. 비록 현대 국제법 측면에서 볼 때, 이러한 정치수단은 바람직하지 않으며, 실제로 위망(危亡)에 처한 나라를 구하지 못하며 민족의 부흥을 이룰 수도 없다. 하지만 일제의 잔폭한 통치와 엄밀한 통제 하에, 한국 지사들은 별다른 방법이 없는 상황에서 이러한 극단적인 수단을 사용할 수밖에 없다는 것은 한국 인민의 용맹한 투쟁 정신을 보여주었고 전 민족의 반일투지를 고취하였을 뿐만 아니라, 일정한 역사 시기에서는 지대한 정치적 영향을 끼쳐 전 세계를 경악게 한 중대한 정치사건이었다.

이러한 암살 활동은 한성(漢城), 도쿄 등 지역에서 발생했든, 중국의 하얼빈, 대련(大連), 상해 등 지역에서 발생했든『신보』에서는 상세하거나 간략하게 백 차례 가까이 보도하였기에 오늘날 이러한 사건을 연구하는 데 있어 소중한 사료들을 남겨주었다. 안중근의 이토 히로부니 암살 사건 문안(文案) 외, 정치영향력이 비교적 큰 암살 활동으로는 다음과 같이 여러 차례가 있었는데 모두 대한민국 임시정부의 지도하에 조직적으로 진행된 것이다.

1922년 3월 28일, 상해 신관(新關)부두 암살 사건. 이날, 상해 신관부두에서 한인 두 사람이 훗날 악명 높은 '다나카 상소(田中奏折)'를 제출한 일본육군대장 다나카 기이치(田中義一)를 저격하려다 실패하였다. 이것은 그 당시 세상을 떠들석하게 한 사건이었다.『신보』는 사건을 계속 추적하며 3월 29일, 30일, 31일, 4월 1일, 2일, 5일, 총 여섯 차례에 걸쳐 사건의 경위를 상세하게 보도하였다. 『신보』에 실린 기사에서는 암살자 두 명은 "모두 고려혁명당 출신"인 것을 밝혔고, "모두 몸을 사리지 않고 전문적으로 일본 고위 관리 암살만 도모한다", "모두 저지른 죄에 대해 전혀 뉘우치지 않으며 암살 실패를 애석히 여긴다"고 하였다.

그 뒤로, 『신보』는 일본측이 두 암살자를 공식적으로 체포, 구금, 고문, 재판에 대해 추가 보도를 진행하였다. 예를 들면, 「다나카(田中) 암살 사건 후속 보도」(4월 21일), 「다나카를 암살한 한인이 월옥(越獄)하여 도망」(5월 3일), 「한국 자객, 하나는 풀리고 하나는 압송」(5월 4일), 「한국 자객 김익상의 예심 주문(主文)」(5월 25일), 「일본이 함부로 한인을 체포하는 것에 관한 교섭」(5월 28일), 「이기복(李基福)이 다나카 암살 사건과 관련된다는 고발에 관한 판결 보도」(6월 4일), 「한국 자객 김익상의 근황 보도」(6월 4일), 「다나카를 암살한 한인, 무기징역」(9월 29일), 「다나카를 암살한 김익상, 사형 판결」(11월 23일), 「」(11월 17일) 등 기사가 있다. 대한민국 임시정부 외무총장 조소앙은 일본 외교대신에게 보낸 항의서에서 “앞으로 무수히 많은 김익상이 천하에 널려 민족의 의협(義俠) 기개를 보여줄 것이다”라고 단언하면서 한국독립당 인사의 엄정한 입장을 전했다.

1932년 1월 8일, 일본 도쿄 사쿠라다몬(櫻田門) 앞에서 일어난 일본 천황 암살 사건. 만주사변이 일어난 후, 한국독립당 인사들의 반일 정서는 전례없이 높았고 대한민국 임시정부 지도자 김구는 암살 활동만을 진행하는 한인애국단을 조직하였는데 그 첫번째 목표가 바로 일본 천황이었다. 사건 당일, 일본 천황이 열병식을 마치고 돌아가는 길에서 사쿠라다몬 앞을 지날 때, 갑자기 한국 지사 한 사람이 천황의 행차를 향해 폭탄을 투척하였다. 하지만 폭탄은 두번째 마차를 명중하였고 천황 암살은 실패하였다.

이튿날, 『신보』에서는 즉시 「한국 지사 일황 저격 미수」 기사로 사건의 경위를 상세하게 보도하면서 “일본군이 중국 동성(東省)을 침략한 후, 인도국민혁명운동이 즉시 일어났는데 고려의 복국운동은 바로 그 힘찬 태세(態勢) 소식을 들었기 때문이다”, 암살자의 행동 목적은 “아마도 인도의 자주적인 운동에 감동받았기 때문이다”는 내용도 담겼다.

1월 12일, 『신보』에서는 다시 「한국 지사 이봉창 약력(略歷)」을 게재해 중국 국민들에게 일본 천황 암살을 도모한 한국 지사 이봉창의 일생을 소개하였고, 이봉창의 마음속에는 “복국의 감정을 품고 있고”, “나라가 망한 것에 대해 자주 탄식하였다”, “상해에 온 뒤, 홍구 지역에서 한국독립당 지도자와 왕래를 하면서 지우(知遇)를 받았다”고 전했다. 이것은 이번 행동은 한국독립당이 조직적으로 진행한 것임을 암시하였다.

5월 10일, 김구는 『신보』에 공개 편지를 발표하였다. 그는 이봉창 의거는 그가 파견한 것이라고 명확하게 인정하면서 의거 목적은 "세계 평화의 적수, 인도(人道)와 정의의 공적를 향해 복수"를 위한 것이라고 밝혔다. 1932년 4월 29일, 상해 홍구공원 폭탄 사건이 발생했다.

사건 당일, 일본 침략자들이 상해 홍구공원에서 일본 천장절을 경축하고 있을 때, 갑자기 한국 지사 윤봉길은 단상위를 향해 폭탄을 투척하였고 폭탄이 폭발하면서 거기에 모인 일본군·정 요인, 중국 침략군 수령 시라카와(白川) 대장 등 7인 모두 사망하거나 상처를 입었다. 이 사건은 전세계을 경악게 한 폭발적인 뉴스였다.

『신보』에서는 연일 간 장편의 신문고를 발표하였다. 이번 사건의 온 과정을 추적하면서 연속으로 『신보』에 「일본 요인 어제 점심 폭살당했다」(4월 30일), 「홍구폭탄사건」(5월 1일), 「홍구폭탄사건」(5월 2일), 「시게미츠(重光)형제 회오」(5월 4일), 「시게미츠 오른발 절단」(5월 6일), 「홍구공원 폭탄 사건에 관한 서한(函)」(5월 10일), 「일군 사령관 시라카와 요시노리(白川義則) 어제 점심 병사(病死)」(5월 27일), 「홍구공원 폭탄 사건으로 윤봉길 등 일본으로 압송」(11월 26일) 등 기사가 실렸다. 이 중에서 특히 소개할만 한것은 5월 10일 『신보』가 위험을 무릅쓰고 게재한 한인애국단 지도자 김구의 공개서한이다.

공개 서한에서 김구는 한인애국단이 이번 폭탄사건에 대해 책임을 질 것이며 사건의 조직 및 실시 경과에 대해 공개하였다. 그는 한인애국단의 목적은 "무력으로 조국을 살리는 데에 있다", "우리는 상해에 있는 일본국 사령관 시라카와와 맞서 싸울 돈이나 병력은 없지만 일 '인'(一 '人')은 있다"고 성명하였고, "남은 무기는 권총 몇 자루와 폭탄 몇 발밖에 안돼지만 우리는 계속 분투할 것이다. 우리 나라가 회복되기 전까지 결코 멈추지 않을 것이다."라고 뜻을 밝혔다.

같은 해 7월, 국제연맹조사단이 중국에 와 조사할 때, 대한민국 임시정부는 한번 더 한인애국단 단원 유상근, 최흥식[180] 등 4명은 대련역에서 일본 군·정 요인이 조사단 구성원을 맞이할 때 관동군 사령관 혼조 시게루(本莊繁)와 신임 외장 우치다 고사이(內田康哉)를 암살할 작전이었는데 계획이 누설되어 암살은 실패하였고 이들은 체포되었다. 이 사건에 대해서도 『신보』는 「한인애국단 일본 요인 폭살 도모」(7월 14일), 「대련 일경(日警), 조사단 암살 사건에 음모가 있다」(7월 17일), 「한인애국단, 대련 사건에 대한 변명 선언」(8월 13일) 등 기사를 내 즉시 보도하였다.

『신보』는 사건의 경위를 보도했을 뿐만 아니라 한인애국단의 선언을 게재하여 한인애국단이 국제조사단 암살을 계획하였다는 것, 그리고 암살 사건의 배후로 일본을 모함하여 일본을 국제적 난국에 몰릴려고 했다는 것, 중국 정부 및 항일단체가 경비 지원을 해준 적이 있다는 것 등 소문을 모두 반박하였고, "한인애국단은 전

180) 역자 주: 이번 암살에 동참한 사람 중의 하나로 최흥식(崔興植)이란 사람이 있는데, 중문 원작 출판 시 이름이 잘못 입력된 부분으로 역저에서 바로 잡는다.

쟁은 인류에게 복을 가져다 줄 수 없다는 것을 알고 있다. 우리가 단원의 목숨을 희생시키기까지 하면서 무력으로 적수들을 공격하는 것은 단지 원수 일본이 한국을 죽을 지경으로 만들었기 때문이다"는 등 내용을 담기도 하였다.

이 일련의 암살 사건 이후, 일본 군경은 중국에서의 특권을 이용하여 한인 대상으로 미친듯 보복행위를 저지르곤 하였다. 홍구공원 폭발 사건으로 인한 보복행위가 특히 심했다. 일본의 이런 불법 행위에 대해 중국 인민은 갖가지 수단으로 능력껏 피해 한인들을 보호하고 도와주었다.

홍구공원 폭탄 사건 이후, 일본인이 상해의 프랑스 조계를 수색할 때, 한국독립운동의 중요한 지도자인 안창호, 김철[金澈, 김영탁(金永鐸)], 이춘산 등이 차례로 체포되었다. 그 당시 이들은 모두 중국 국적이었기에 상해시정부 및 유관 법단(法團)은 모두 구조 작업에 참여하였다.

『신보』에 게재된 「외인(外人)이 안창호 피체를 논하다」(1932년 5월 2일), 「외부(外部), 프랑스 영사관(法使)에 항의 제출」(5월 24일), 「안창호가 조선으로 압송」(6월 4일), 「시정부 어제 프랑스·일본에 항의」(12월 4일), 「김철을 체포한 일본, 속셈을 헤아릴 수 없다」(12월 6일), 「중국 국적 이춘산이 포박을 당한 사건」(1933년 4월 11일), 「일본인, 한국당인 김구 수배」(1934년 9월 25일) 등 기사에는 상세한 기록이 있다. 그 중에서도 안창호, 이춘산을 구조하는 작업이 성공하지 않았지만 김철은 피체된 후, 중국 조야의 교섭과 노력 끝에 풀려났고 김구는 중국 인민의 도움으로 안전하였다.

이것은 한·중관계사에서 미담으로 남겨졌다.

제7절 노구교사변盧溝橋事變과 한국인의 중국 중일전쟁 투신

중일전쟁 시기, 『신보』도 일부 변화가 겪었다. 일군이 상해를 점령한 후, 『신보』는 한구(漢口)로 이전하여 출판을 이어갔고(1938년 1월 15일~1939년 7월 31일), 그 기간에 홍콩판도 추가로 출판하였다(1938년 3월 1일~1939년 7월 10일). 1938년 10월에 상해로 돌아와 콜롬비아공사(哥倫比亞公司)의 명의로 출간을 다시 시작했다가 1941년 12월 태평양전쟁 발발 이후, 일본에게 강탈당해 '일제의 언론 창구'로 되어버렸다.

이러한 변화 속에서 『신보』에 반영된 한국독립운동 및 한중관계의 상황도 달라졌다. 예를 들면, '독도(獨島)'와 홍콩 시기, 『신보』의 보도는 원격조종된 듯하여 공허감을 면치 못했고, 일제 통제 시기에는 한국독립운동에 대해 전혀 반영된 것이 없었으며 1941년 12월에서 1945년 8월까지 이 유형의 보도가 완전히 공백인 상황이 나타났다. 그렇지만, 『신보』는 이 시기에 한국독립운동 및 한·중관계 관련 사료를 많이 보존해놓았다.

전면적인 중일전쟁은 한국독립운동 각 당파·단체를 진작시켰다. 그들은 이 시기를 독립 복국을 실현하는 최적의 시기로 여겼다. 『신보』는 그들의 항일 복국 운동을 즉시 보도하였다. 중요한 기사로는 다음과 같다. 「한국 각 당파가 대연합(大聯合)하여 조국복국 도모」(1937년 8월 1일), 「한국혁명당이 복국 운동 통일전선 조직」(9월 4일), 「조선·대만·류큐 동포들이 각성하여 독립 해방을 도모하기 위해 일어나다」(9월 17일), 「조선혁명당이 중·한이 단결하여 같이 항일할 것을 촉성(促成)하는 선언 발표」(10월 14일), 「라디오를 통한 조선혁명당의 고(告)국내외 조선동포서*」(11월 3일), 「한국광복운동이 힘을 집중하여 연합단체를 조직한다」(11월 6일), 「대한민국 임시정부, 중경(重慶)에서 회의 개최」(1941년 10월 17일) 등.

조선민족혁명당이 그들의 선언에서 제기한 동방의 약소한 민족이 단결하여 공동으로 다함께 항일 총동원을 실시한다, 동방민족들의 공동적인 항일 행동강령을 확립한다, 중국 중일전쟁 당국이 발동한 전면적인 중일전쟁을 옹호한다, 조선민족혁당 성공 만세, 중국민족해방운동 성공 만세 등 13가지 정치강령은 조선독립당 인사들의 민족 독립을 위한 분투 정신을 반영하였다.

중국의 한국 교민은 다양한 방식으로 중국의 중일전쟁을 지지하고 도움을 제공하였고, 『신보』는 다각도로 이것을 보도하였다. 예를 들면, 「조선인민은 적을 도와 작전한 적이 없다」(1937년 9월 29일), 「중·한 의군(義軍)이 이거(伊柯)역을 진공하다」(10월 30일), 「한국광복회, 9국회의서 폭일을 엄중 처벌하는 것을 청구」(10월 31일), 「조선국민당이 지구전(持久戰)을 옹호」(1938년 11월 29일), 「고려인민동맹회가 중국의 중일전쟁 승리를 바람」(1939년1월 10일)[181]등 기사에서 조선 인민이 정치적으로 중국의 중일전쟁을 지지하며 도움을 제공하였다는 내용을 실었다.

경제적 측면에서도 중국의 한국 교민은 일상생활에서 물자를 아

181) 역자 주: 중문 원작 출판 시 연도에 오타가 있어, 이와 같이 바로잡는다.

껴스면서 능력껏 중국의 중일전쟁을 도왔다. 일례로 1937년 9월 19일 『신보』에는 조선민족혁명당 상해특구당부(上海特區黨部)가 "우리측 항일 군사들을 너무나고 동정해 전 상해의 조선 인민들이 망명의 신세에도 불구하고 일상생활에서 물자를 아껴 쓰면서 남긴 여분, 심지어 전당 소득까지를 헌금하여 모은 국폐(國幣) 121원 30각(角)을 상해시위로(慰勞)위원회에 보내며 솜나시 봉제에 필요로 쓰라고 위로의 뜻을 표했다"는 보도가 있었다. 1938년 11월 8일, 『신보』에는 「한국독립당, 겨울옷 기부」 소식도 보도되었고, 1940년 6월 19일에 다시 한번 「한국 청년들, 군 위로 운동에 열중」이라는 보도가 있었다.

중국의 중일전쟁이 한창일 때, 한국 인민은 국민당정부 통치구역에서 두 개의 무장부대를 창건하여 중국의 중일전쟁에 참가하였다. 『신보』는 이에 대해 보도를 진행하였다. 조선의용군 관련 소식으로는 주로 「조선의용군이 중국에서」(1939년 1월 11일), 「한국의용부대가 계(桂)에서 중경(重慶)로 이전」(1940년 4월 10일), 「조선망국 30주년 기념」(8월 29일), 「중경의 한인이 의식을 거행」(8월 30일), 「조선의용대가 축(築)에서 중경으로」(9월 10일), 「조선의용대 이미 축(築)에 도착」(9월 13일), 「조선의용대, 락(洛)으로 가서 업무 수행」(12월 15일), 「동아(東亞)의 피압박 민족들 모두 중국와 함께 작전」(1941년 2월 3일) 등이 있고, 한국광복군 관련 소식으로는 주로 「한국광복군 내일 성립」(1940년 9월 17일), 「한국광복군 사령부 성립의식」(9월 19일), 「조선의용군 서안(西安)에 도착」(11월 8일) 등이 있다.

일본군 내부의 한국 국적 병사들이 적군에서 아군으로 전향하여 반일 투쟁에 참가한 것도 『신보』의 중요한 보도내용이었다. 예를 들면, 「한국 국적 포로가 조선이 혁명을 준비하고 있다고 한 말」(1938년 4월 9일), 「남경 일군 내란으로 조선군 전부 무장 해제당함」(8월 17일), 「조선 병사 7,000명이 전쟁을 혐오하여 본적지로 돌아갈 것을 요구하다가 충돌 발생」(8월 30일), 「광주(廣州) 일군 중 한국 국적 사병들의 폭동」(1939년 2월 13일), 「광주에 있는 조선 병사들의 폭동」(2월 14일), 「한국 병사들이 학대에 못 이겨 - 불산(佛山)에서 병변(兵變) 발생」(3월 18일), 「고려 포로 39명이 지원군 대오에 가입」(9월 10일) 등이 있다.

제8절 중일전쟁의 승리와 대한민국 임시정부의 귀국

1945년 8월 15일, 일본이 무조건 항복을 선언하였고, 한국 독립 복국은 승리를 맞이하였다. 8월 26일,『신보』는 한국통일위원회가 맥아더에게 전보를 보낸것에 대해 보도하였다. 한국통일위원회는 미국·하와이·멕시코 및 쿠바의 주요 한국 조직을 대표하여 맥아더 장군이 이 전문(電文)을 한국에 전달해줄 것을 요구하였고, 한국 인민이 미군에 '전폭적으로 협력'하고, '중국, 영국, 소련과의 우호 관계를 회복' 등을 호소하였다.

9월 11일과 13에는 각각 「조선총독부」[182] 에서 일군이 항서에 서명」와 「맥아더 장군 총부(總部), 조선군정장관 임명」를 보도하면

182) 역자 주: 그 당시 일본 총리는 9월 9일 조선총독부에서 항서에 서명했더군요. 화려궁에 대한 기재가 없다.

서 미군이 한국 남부와 진주하였다는 것과 미군이 하지(John Reed Hodge) 중장을 조선군사행정장관으로 임명하였다는 소식을 전했다.

중국에서 항일 복국 운동을 오랫동안 지속해 온 대한민국 임시정부에 대해서도 『신보』는 연속으로 보도하였다. 9월 14일, 『신보』에서는 「대한민국 임시정부 현재 작업(韓國臨時政府當前工作)」이라는 제목으로 대한민국 임시정부 주석 김구의 활동 상황과 선전부장 엄대위(嚴大衛)의 언론 담화를 실었다.

그 내용을 보면, "중국 정부 당국의 동의를 얻어 중국 내에서 일본 압박에 의해 지시를 따른 한국군은 나중에 귀국할 때 국방군으로 편성될 수 있도록 모두 이 정부에서 수합한다", "각 동맹국이 교통 방면에서 신속하게 협조하여 대한민국 임시정부 인원들이 조속히 귀국해 국사를 다스릴 수 있기를 희망한다. 임시정부 환국하기 전에, 점진적으로 전국 일치의 민주 정부를 세울 수 있게 한국 내에 과도기적인 정부를 수립할 것이다" 등 대한민국 임시정부가 환국하여 정권을 이어받을 당시 최초의 생각들이 내용에 담겨져 있다.

대한민국 임시정부의 이 방안은 중국 국민당 정부에 의해 받아들여졌고, 중국 또한 미국 정부에 대한민국 임시정부를 즉각 승인하며 전후(戰後) 한국의 임시정부기구로 승인할 것을 요청했으나 미·소·영국에 받아들여지지 않았다. 중국은 자국 국력이 약해져 이미 한반도 문제에서 동맹국들의 의사결정에서 점차 배제되었다. 미·소 양국은 중국의 동의없이 38선을 경계로 각각 한국을 점령했다. 중국 정부의 여러 차례 교섭 끝에 미국정부는 대한민국 임시정부 지도자들이 정부 해체를 전제로 개인 자격으로 귀국해 정치 활동에 참여하는 것을 동의하였다. 김구 일행이 귀국한 다음 날인 24일, 『신보』는 「한국의 지도자 김구」라는 제목으로 이 안타까운 역사 과정을 보도하였다.

김구는 비행기 탑승 직전 기자들에게 "이번에 나는 미군 당국의 초청을 받아 개인 자격으로 한국의 통일을 도모하기 위해 귀국한다", "향후 정치 활동을 하면서 한·중관계 개선을 최고의 목표로 할 것이다", "농·공이 서로 연통되지 않는 두 군정 구역으로 나뉘어졌으니, 남한의 농민은 공업품 때문에 공황을 느끼고 북한의 공인은 극도로 부족한 식량과 기타 농산품때문에 공황을 느낀다", 단시간 내에 해결될 수 없다", "유엔의 기구에서 적당한 방법을 취해 한국이 30여 년 동안 쟁취하고자 하는 주권을 달성해주기를 바란다"고 말하였고, 또한 그의 기대는 "평화를 되찾고 통일된 한국을 수립해 극동 평화의 초석이 되는 것"이라고 강조하였다. 11월 28일, 『신보』는 김구가 귀국 전 장개석에서 보낸 전보를 게재하였다. 전보에서 김구는 한국독립운동에 대한 중국 군민 수십 년간의 지지에 고맙다는 인사를 전했다.

『신보』는 귀국 후 김구의 정치 활동에 대해서도 많은 보도를 진행하였다. 예를 들면, 「조선을 두 개의 군사 구역으로 나누는 것에 대해 김구가 반대를 표했다」「각 당 영수 모두가 단결을 바라는 마음」(11월 26일), 「김구와 각 당 영수가 회의를 개최하여 전 한국의 단결 촉진을 상담」(12월 3일), 「김구의 정부 구성(政府組成)이 한국의 합법 정부로 인정된다」(12월 5일), 「김구, 각 당의 옹호를 받다」(12월 6일), 「기자들 대상으로 김구가 현재 한국의 상황이 혼란스럽다는 것에 관해 한 담론」(12월 13일) 등이 있다. 이 소식들로부터 김구 등 대한민국 임시정부 지도자들이 귀국 후 장기간 반일 복국 운동으로 임시정부가 수립한 위상을 이용하여 기존 임시정부를 중심으로 전국 각 당파가 단결해 통일된 대한민국 정부를 수립하려 하였으나, 미·소 냉전의 배경과 국내외 여러 요인으로 그 소원은 금세 수포로 돌아갔음을 알 수 있다.

제9절 모스크바 3국 외상회의와 한국인의 신탁통치 반대

미·소 냉전 구도가 점차 형성되면서 미·소 양국이 각각 남·북한을 점령하는 나쁜 결과가 점차 드러났다. 카이로회담에서 조선 독립, 자유의 원칙을 결정했지만, '적절한 시기'라는 제한을 가했다. 또한 태평양전쟁 후기 때 미국은 이미 제2차 세계대전 이후, '4강'이 한반도를 신탁통치한다는 구상을 내놓았고, 제2차 세계대전 이후, 미국은 이 정치 주장을 내세웠다. 1945년 12월, 모스크바에서 열린 3국 외상회의에서 한반도에 대한 미·소·영·중 4개국 신탁 통치 결의안이 정식으로 통과되었다. 『신보』는 이에 대해 상세하게 보도하였다.

12월 18일, 『신보』는 주한미군정부가 어떤 당파가 공공연하게, 또는 암암리에 한국에서 정권을 행사한다면 엄벌할 것이다는 포고문을 냈다고 보도하였다. 12월 24일에는 한반도 문제가 모스크바 3국 외상회의의 중심 의제 중의 하나일 것이라고 보도하였고, "미국은 조선 국내의 미·소 양분 관리 체제를 종료할 수 있는 해결책이 시급하다. 미국의 계획은 두 단계를 포함한다. 첫번째, 미·소 점령지 경계를 없애 조선 국내의 사회, 경제의 통합을 이루고, 두번째, 신탁통치 시기는 미·소·영·중이 공동으로 참여한다"고 밝혔다.

그리고 12월 27일, 또 한번 다시 미·소 양국이 한국의 독립문제를 논하였다고 보고하였으며, 그 기사를 보면, 소련 측이 "소련과 미국의 점령지를 합병하고, 한 나라에게만 신탁통치를 맡긴다. 국민투표가 실시되기 전인 재일(裁一)규정 시기, 남방의 비옥한 농지와 북방의 산업을 연계시켜야 한다" 등을 언급했다는 내용이 담겨 있었다. 모스크바 3국 외상회의 전, 미국과 소련은 실상 이미 4개 나라가 한국을 신탁통치한다는 문제에 대해 기본적인 틀을 구축하였다.

12월 27일, 모스크바 3국 외상회의에서 한국문제에 관한 결의가 통과되었다. 29일, 『신보』는 그 결의의 전문을 공개하였다. 그 요점으로 미·소 군사령부는 미·소 공동위원회를 구성하여 조선 민주 임시 정부 및 조선 각 민주정당과 협동하여 각종 방안을 제정하고, 미·영·소·중 4개국 정부는 그 방안을 공동으로 심의한다, '4강'이 조선에서의 5년 기간의 신탁통치를 실시한다, 미·소 공동위원회는 2주 이내에 회의를 소집해야 한다는 등이 있다.

30일, 『신보』는 「중국 정부 대변인 3국 회의에서 한국 신탁통치는 사실상 독립에 도움이 된다」와 「중경 중국인은 3국 외상회의의 각 협정을 환영한다」 두 기사를 보도하면서, "중국은 항상 한국이 자유롭고 독립적인 국가가 되기를 원하며, 우리는 고정된 신탁 통치 기간이 한국의 완전한 독립에 도움이 될 수 있다”고, 동시에 “5년 신탁 통치 기간 내에 미·소 관할 구역으로 양분하는 것에 찬성하지 않는다” 등 내용을 실었다.

하지만, 한국인들은 ‘4강’의 한국 5년 간 신탁통치 결정을 강렬히 반대하였다. 『신보』는 이에 대해 계속 지켜보며 보도를 이어갔다. 중요한 기사로는 「연합 신탁통치제에 대해 한국은 ‘마지못해 받아들인다’와 ‘반대’로 양분」「김구 대변인, 동맹국들의 연합 신탁통치 계획에 대해 반대」(12월 29일), 「한인, 신탁통치제도를 반다」(12월 30일), 「한국, 신탁통치제도에 모두 격렬하게 분노」(12월 31일), 「한국, 5년 신탁통치제에 강응하게 항의」(1946년 1월 1일), 「수만 명 한인이 시위 행진으로 신탁통치제에 항의」 (1월 2일), 「한인들 어제 신탁통치제도를 반대하는 시위 운동 진행」(1월 5일), 「한인들 시위 행진으로 다시 한번 신탁통치에 대해 항의」(1월 15일) 「한국 학생들 신탁통치 반대 시위」(1월 20일), 「한인들이 유엔총회에 두 군사지역으로 양분하는 것을 반대한다고 호소」(11월 3일), 「남한대표가 장개석 주석이 유엔총회에서 정의를 수호할 것에 관해 보낸 전보」(11월 4일), 「한인들 내일 반신탁통치 대시위 진행」(1947년 1월 17일), 「한국 독립기념일, 국내외에서 신탁통치 반대하며 독립 요구」(3월 2일) 등이 있다. 중국의 한국 교민들도 한국 신탁통치에 대해 강렬하게 반대를 표했다.

『신보』는 1946년 1월 4일과 10일에 각각 「중경에 남은 한국 교민들 독립을 쟁취하겠다는 결심을 표했다」와 「주중경대표단이 미·소·중·영 외장에 전보를 보내 신탁통치 취소를 요구」 소식을 전했다. 이러한 보도들을 통해 한국 인민의 반식탁통치 투쟁은 오래 동안 지속되었고, 그들은 줄곧 즉각 한국의 독립 실현을 요구했으며, '4강'의 한국 신탁통치를 반대하였고, 또한 미·소 양국이 한국을 남과 북 양분한 것을 반대하며 중국이 한국 독립을 실현하도록 도와주는 것을 호소하였다는 등 내용을 알 수 있다.

이 기간, 『신보』는 주중국 대한민국 임시정부대표단과 한국광복군의 활동에 대해서도 보도하였다. 1946년 1월 9일, 『신보』는 「한국 교민 철수 사안 협상 중」기사를 실으면서 상해에 집중된 한국군·민은 총 7,000여 명이고, "의창(宜昌), 장사(長沙), 한구(漢口)에서 온 각지의 철수자가 있고, 중경 항전 구역에서 온 자도 있다. 한국으로 철수하는 사안에 관해 현재 맥아더 장군 총부 및 중국정부는 상담 중이다. 하지만 배가 부족하기에 1월 ,2월 후에 처리하지 않는 것은 아니다"고 밝혔다. 5월 17일, 『신보』는 "이청천(李青天)이 북경에서 신문계를 초대, 한국광복군 복원(復員) 준비 중"를 보도하면서 한국광복군은 "우리 나라 제1,2,3,10 전구(戰區), 그리고 만마, 인도맹군을 도와 함께 일본과 싸웠다. 현재 중일전쟁이 승리하였으니 곧 퇴역하고 귀국한다. 현재 이 부대의 군관과 병사는 총 1,100명이, 천진, 상해 등지에 주둔하고 있다.

이들은 귀국하는 배를 기다리고 있다"는 내용을 실었다. 11월 8일에는 한국 주화대표단이 기자들을 초대하여 한·중 친목의 중요성을 강조했다고 보도하면서 "우리 임시정부의 고위층이 귀국한 후, 한·중 두 민족 친목의 중요성을 고려해 조소앙, 신익희 및 국내 유명 인사 안재홍 등이 한중친선협회를 조직하여 친선을 도모할 것이다"는 내용을 실었다. 1947년 3월 8일에는 한국 주화대표단이 미·소·영·중·불에 각각 비망록을 보내 1) 임시정부를 한국 국민 스스로 조직할 것을 청한다, 2) 미·소 점령군을 즉시 철수시킨다, 3) 신탁통치를 폐지한다, 4) 4국고문단을 조직하여 한국의 전후 건설 등을 추진한다, 이상 4가지 건의를 제출하였다고 보도하였다.

제10절 이승만의 미, 중 방문과 중국의 대한정책

미·소 냉전의 국면의 형성이 점차 격화되고, 모스크바 3국 외상회의의 결의 이행이 계속 지연되며, 미·소 공동위원회가 자꾸 열리자마자 교착상태에 빠지게 된데다 '4강' 한반도 신탁통치 방안이 실행되지 못하여 한반도의 혼란이 날로 가중되고 있다. 미·소 양국은 이미 한반도을 쟁탈하는 것을 한국통일사업보다 우선 순위에 두었다. 소련이 북쪽에 조선인민군을 무장시켰는데, 소식통에 의하면, 그 수량이 50만 명에 달하고, 미군도 남쪽에 많은 경찰헌병부대를 양성시켰다. 하지만 양측의 역량 차이가 너무 커 미국통치집단 내부의 의견 차이를 야기했다. 한국 남부의 우익 정치 지도자는 남북통일정부를 세울 수 없으니 즉각 '임시정부'를 세워야 한다고 강력하게 주장을 내세웠다. 그래서 이승만은 미국과 중국을 방문하여 그의 정치 주장에 대한 미·중 양국의 지지를 확보하려 했다.

1947년 3월 5일, 『신보』는 「한국 임시정부 곧 세워진다. 이승만이 1인자, 김구가 2인자」를 보도하였는데 6일에는 「미군 호기 장군이 한국 임시정부 조직에 반대」를 보도하였다. 기사는 호기가 "이 행동은 조선을 자유, 독립한 통일국가를 세우자는 약속에 부합하지 않으며 조선 인민이 분렬하는 운명을 결정하는 것이다.

조선 인민이 전쟁이 끝난 18개월 이후, 여전히 온전한 자유자가 아닌 것은 일본인의 장기적인 압박에 정치 능력이 부족하고, 통일문제에 대해 미·소 양국이 아직 일치한 협정을 얻지 못해서이다"라고 말하였지만 그는 여전히 "소련은 미국의 목적이 세계를 통제하는 것이 아니라 세계를 개선하는 것이다"라는 것을 깨우쳐야만 미·소 양국은 일치한 협정을 얻을 것이다"고 생각한다고 전했다.

1946년 말부터, 이승만은 미국을 방문하며 활동하였다. 『신보』는 「이승만이 미국으로 가서 조선 독립을 호소」(1946년 12월 8일), 「이승만, 한국 무장 실행을 주장」(1947년 2월 26일), 「이승만, 미국에서 한국을 위해 독립 호소」(3월 6일), 「한국 정세가 여전히 극도로 긴장하기에 이승만은 극히 신중한 태도」(3월 10일) 등 기사를 내면서 이에 대해 연속으로 보도를 진행하였다. 이승만이 미국에서 주장한 주요 관점은 다음과 같다. 1) 소련이 한국 북부 지방에서 조선 군대를 훈련시킬 때 미국도 한국 인민을 무장시킬 것을 요구, 2) 한인 자신만의 정부를 조직하는 것을 용납할 수 없다면, 우리는 민주를 신봉하는 조선이 공산당에게 유린당하는 모습을 보게 될 것이다, 3) 미국이 남한이 독립정부를 조직하는 것을 반대하니, 자신이 귀국하기 전, 각 당파는 행동을 취하지 말 것 등.

1947년 4월 9일, 이승만은 상해에 도착해 중국을 방문하기 시작하였다. 이것은 전쟁 후, 한국 정치 지도자가 처음으로 중국을 방문한 것이기에 『신보』는 이것을 극도로 중시하였다. 10일, 『신보』는 「이승만, 비행기를 탑승해 어제 상해 도착, 한국으로 귀국한 후 즉시 정부를 조직하는 것을 진행한다는 소식이 전해졌다」는 글을 보도하면서 「한국은 반드시 독립해야 한다 - 이승만 박사가 어제 중국에 온 것을 환영한다」 사설을 발표하였다.

그 후 며칠 간, 또 연속으로 「이승만, 어제 수도로 가서 주석을 배알한 후 상해로 온 뒤, 한성으로 돌아갔다」(4월 11일), 「주석 부부, 항주, 상해에서 돌아와 한국 수장 이승만의 배알을 기다렸다」(4월 13일), 「이승만이 주석을 배알하면서 한국 인민을 대표해 그에게 존경을 표했다」 「맥아더 장군, 한국정부 조직에 후원하겠다」 「주석 부부, 차와 다과를 준비해 이승만 박사를 초대*」 「이승만, 입법원장 손과(孫科) 방문*」(4월 14일), 「조선문제에 대한 나의 태도는 외부교에서 성명(聲明)을 발표할 것이다」 「이승만, 우리 나라 조야에 이별 인사」 「조선 정세, 햇빛이 보인다」(사설)(4월 15일), 「이승만이 상해로 돌아왔다」(4월 16일), 「이승만이 한성으로 돌아갔다」(4월 23일) 등과 같은 기사를 보도하였다.

중국 조야는 이승만의 방문을 열렬히 환영하였다. 장개석 부부가 직접 접대를 하였고 정부 각 기관, 각 사회단체와 각계의 유명 인사들 모두 이승만과 교류하며 인터뷰를 하였다. 『신보』는 이와 관련된 두 편의 사설을 발표하였다.

이승만이 이때까지 중국 조야에서 한국독립운동을 지지해준 것에 감사해하며, 중국 각계에게 한국의 현황 및 한인이 독립정부를 쟁취하는 요구를 소개하면서 중국의 지지와 도움을 받기 바란고,

중국측은 한국의 독립에 대해 극히 관심하고 있다는 내용을 실었다. 『신보』는 사설을 통해 중국 인민들은 "조선 인민들이 진심어린 협력으로 그들의 정권을 세우고 그 정권을 공고히하여 그들의 민족 독립자주를 확보할 수 있기를 바란다"는 심정이다는 등 내용을 강조하였다.

이승만의 중국 방문은 긍정적인 성과를 거두었다. 장개석은 4월 13일 이승만을 만난 자리에서 한국이 독립을 쟁취하는 것을 극히 동정한다고 명확하게 밝히면서 "한·중 양국은 형제의 나라이니 서로 돕고 협력해야 한다. 중국은 최선을 다해 한국이 정부를 수립하는 것을 협조해야 한다"면서 계속 이승만이 "마음을 놓길 바란다"고 말했다. 4월 17일, 『신보』는 「왕 외장이 마셸에게 다시 보낸 서신에서 대한(對韓) 태도에 대해 명확하게 입장을 밝혔다」를 게재하면서 "조선의 앞날은 중국과 중대한 이해관계가 있기에 중국에서도 이 사태에 대한 관심이 극히 높다. 중국 인민 및 정부는 항상 속히 한국 인민에게 독립을 부여해야 한다고 생각하다.

일본 투항한지 벌써 오래다. 하지만 한국 내에는 아직 한국 인민의 정부가 하나도 수립되진 못한 점에 대해 우리는 유감스럽다. 우리는 한국 정부의 수립과 업무의 개시를 더는 연착해서는 안 된다고 사료된다. 한인들이 하루 빨리 그들의 자유, 독립의 소원을 성사할 수 있게 중국 정부는 이 곳을 점령한 나라들이 신속하게 협의를 내세우지 못한다면, 지난해 12월의 모스크바협정(한국 문제 부분)에 참석한 미·소·영·중 4국이 속히 전면적인 협상을 진행해야 한다고 본다"는 내용을 담았다.

제11절 미·소위원회 재개와 한반도 통일정부 구성 실패

1947년 5월 21일, 미·소 혼합위원회가 한성에서 열렸지만 미국과 소련은 한국의 어느 당파가 이 회의에 참석할 수 있는지, 통일 한국정부 설립을 논의하는 문제에 대한 의견 대립이 날카로웠고 논쟁이 끊이지 않았다. 소련 측은 신탁통치제를 반대하는 정당이라면 모두 이 회의에 참가할 수 없다는 입장이었고, 미국은 모든 민주 당파가 이 회의에 참가할 수 있으며 새로운 통일 정부를 수립할 수 있다는 입장이었다. 한국 각 당파도 회의 참석 여부, 그리고 어떤 태도로 회의에 참석해야 하는 지에 대해 주장이 엇갈려 격렬한 논쟁과 분화(分化)가 일어났다. 『신보』는 이 역사 과정을 그대로 기술하였다.

김구와 이승만은 처음에는 조건부로 참석을 주장하였는데, 나중에는 미·소 혼합위원회 회의 불참을 주장하였다. 5월 23일, 『신보』는 김구와 이승만의 공동성명을 발표하며 "두 가지 요점에 대해 만족스러운 해명을 하지 않은 한, 우리는 모두 맹목적으로 혼합위원회의 기본원칙을 따라서는 안 된다. 소위 신탁통치와 독립정부는 서로 모순된다. 그래서 모스크바 결의 중 신탁통치 관련 내용은 반드시 삭제되거나 그 정의(定義)를 해명한 후 공표해야만 독립정부를 세우는 길이 명확해진다"는 내용을 실었다.

28일, 『신보』는 이승만이 "우리는 미·소 혼합위원회를 반대하지는 않는다. 다만, 우리의 두 조건에 대해 적절한 답이 없다면 우리는 연합위원회에 참가하지 않을 생각이다"고 표했다고 다시 보도하였다. 그리고 6월 22일과 24일, 『신보』는 한국독립당이 미·소위원회 참석 문제로 분열하였으며 혁신파와 민주파 책임자 안재홍 등 35명이 당에서 척출되었고, 김구는 이 당의 반신탁통치 시위가 실패한 후, 미·소 혼합위원회에 참석할 의향이 없다고 성명했음을 보도하였다.

『신보』는 6월 1일에 「남한 60여 단체조직의 중간 단체가 한국 통일 촉성을 호소」도 보도하였다. 그 중간성의 집단은 김규식을 위원장으로, 이노를 부위원장으로 추대하여 "미·소 혼합위원회의 성공을 협조"가 그 목적이었다. 이 집단은 "미·소 혼합위원회에 회의 적극 진행을 호소하며 조선의 독립을 촉성하자는 글을 올린" 적이 있다. 이 외에도, 『신보』는 6월 21일에 「남한당이 미국 측과의 협상 의향을 표했다」를 보도하면서 이 당파는 원래의 남한공산당 조직 개편으로 이루어졌고 "한국 각 당파 중에서 기한까지 5일을 남긴채 가장 먼저 미국 측의 자문에 답변을 하였다"는 내용을 실었다.

회의 참석 당파 자격에 관해 미·소 간의 치열한 의견 다툼과 한국 각 당파의 서로 다른 태도로 미·소 혼합위원회는 다시 난국에 빠져 한국통일정부를 조직하는 계획은 수포로 돌아가 한반도 남부의 정세는 보다 더 혼란스러워졌다. 『신보』는 7월 23일, 대한민국 주중국대한민국임시정부 대표단 단장 박순(朴純)이 미국 특사 웨드마이어(Albert Coady Wedemeyer) 장군을 회견했을 때의 담화에서 한인들이 미·소에 대한 불만을 강렬하게 표했다고 보도하였다.

그 기사에서는 "미·소 간의 갈등과 충돌은 양국 자체의 사상과 제도로 초래된 것인데 양국은 그들 자신을 개선하려는 해결책을 생각하려 하지 않고 약소국을 통해 자신들의 부족함을 메꾸려고 한다", "카이로회담은 우리에게 독립 보장을 약속하였지만 모스크바 3국 외상회의은 우리에게 4개국 신탁통치의 처분을 주었다. 이것은 아무런 역사적 근거도 없는 결정이며 온전히 그들이 그들의 세력 균형을 유지하기 위해 한국을 희생시키는 것이다"는 내용을 실었고, 박순회는 미국의 극동정책이 너무 연약하다고 비판하면서 "웨드마이어 장군이 한국에 대해 충분한 사실 조사를 하여 미국의 극동정책이 보다 더 긍정적이어야 진짜로 극동 및 세계의 평화에 유익할 것이다"는 기대를 밝혔다.

제12절 유엔의 한반도 결의안 채택과 한반도 분할 통치의 출현

미·소냉전의 격화와 한반도 정세의 악화 심화로 미국의 대한(對韓) 정책에도 변화가 생겼다. 『신보』에서 보도된 「한국 정당 지도자 저격 당해 목숨을 잃었다」(1947년 7월 20일), 「한국 정당 폭동 준비 중, 미군 당국은 방범 조치를 취하고 있다」(7월 26일), 「남한 공산당이 혁명 준비 중, 한성 사람들 극도로 불안」(7월 31일), 「한국 인민의 반신탁통치」(8월 13일), 「소련 측의 소식에 따르면, 남한이 정부를 조직하고 있다」(8월 17일), 「한국 공산당의 야심이 점차 노골적으로 드러나고 있다」(8월 22일) 등 기사를 통해 이 시기 한국에서 일련의 충돌과 사변이 일어났음을 알 수 있는데 이것은 한반도에서 미·소 양국의 충돌이 급격히 격화되고 있음을 말해준다.

웨드마이어 특사단을 전환점으로 미국의 극동정책에 중대한 변화가 생겼다. 8월 23일, 『신보』는 미국 시카고신문사의 소련 특파원 힐스[183]의 조선 관련 소식에 대해 보도하였다. 이 보도는 "웨드마이어 특사단에 대해 일반인들은 모두 미국이 극동문제에서 정책을 바꿨다고 생각하지만 사실은 소련의 통제에 비교적 강응한 수단을 취한 것이다. 미국이 조선에서 철수하면 조선은 공산당이 통제할 것이고, 미·소가 동시에 조선에서 철수하면 북한 측은 이미 훈련 받은 15만 조선군으로 조선 전체를 접수할 것이다"는 내용이다.

『신보』는 즉각 미국의 대한 정책에 관한 일련의 소식을 보도하였다. 예를 들면, 「'4강'이 회의를 개최해 한국의 정국을 논의」「한국 임시정부 수립에 미국이 구체적인 의견을 제출」(8월 31일), 「미국은 한국 임시정부 건립문제를 유엔총회에 제출해 논의할 것」(9월 9일), 「미국이 조선문제를 정식으로 유엔총회에 제출」(9월 19일), 「한국의 정치 독립 촉성은 유엔에서 감시해야 한다」(9월 29일), 「미국이 조선문제에 제출한 새로운 의견에 대해, 중국, 영국이 원칙상으로 동의한다고 표했다」 등이 있다. 이 기사들을 보면, 미국의 구체적인 방안은 우선 '4강'회의를 열어 토론을 하자고 주장하고 소련이 참석을 거부한다면 미국은 한국문제를 유엔에 넘겨 유엔에서 한국의 대선과 미·소 양군의 철수를 감시할 것을 요구하는 것이다.

중국 국민당 정부는 미국의 대한 정책을 지지하였다. 『신보』는 9월 2일에 「조선문제 토론에 참석하기로 결정」, 9월 23에 「우리

183) 역자 주: 이 기자의 본명을 정확히 확인할 수 없다.

측 대표가 미국의 건의에 찬성한 이유를 설명하였다. 하지만 한국의 독립 주장에 대해 의견을 보류한다」, 10월 21에 「왕(王) 외장이 한국은 재빨리 독립해야 한다는 성명을 발표」를 보도하였고, 그리고 10월 30일에는 「고유균(顧維均)이 유엔총회에서 한국은 재빨리 독립해야 한다고 연설」 등 기사를 보도하였다.

중국의 주장은 주로 왕세걸(王世傑) 외장의 성명(聲明)에 집중적으로 반영되었다. 그 성명에는 "한국의 앞날은 중국 입장에서 중대한 사안이다", "한국 인민은 재빨리 완전한 독립을 이루어야 한다", "두 우방국이 2년간 점령하면서 한국 임시정부는 여전히 세워지지 않았으며 미·소 양국 연합위원도 여태까지 아무런 성과가 없어서 너무 유감스럽다", "혼합위원회 담판은 늪에 빠졌다. 반드시 건져내야 한다", "두 점령국 또는 모스크바 협정에 서명한 4개 국이 협의안을 내세울 수 없다면, 이 문제를 유엔총회에게로 넘길 수밖에 없다"는 내용이 포함되어 있다. 미·소 철군 문제에 중국은 극찬성하지만 "군대 출수는 한국의 땅이 무정부 상태나 내전이 일어나는 상태에 처하지 않을 것이다는 것을 보장해야 한다"는 등 실상 미국과 같은 입장을 유지하고 있었다.

유엔에서의 한국문제 토론에 대해 『신보』는 연속으로 보도를 진행하였다. 예를 들면, 「유엔총회 정치와 안전위원회에서 조선문제의 미국 수정안 통과, 우리 대표는 미국의 입장을 지지」(11월 1일), 「한국문제에 있어 우리 측은 미·소가 동시에 부대를 철수시키는 것을 찬성한다」(11월 2일), 「우리의 성명(聲明)은 한국 국경 내로 부대를 주둔하는 것에 관한 발언권이 있어야 한다」(11월 6일),

「조선독립안 전문(全文)」(11월 7일), 「장정불(蔣廷黻), 조선은 재빨리 독립해야 한다는 우리 측의 입장을 다시 발표」(11월 15일), 「유엔총회에서 조선독립안이 통과되었고, 9국 위원회가 세워졌다」(11월 16일) 등이 여기에 포함된다. 유엔총회는 중국, 오스트레일리아, 캐나다, 프랑스, 필리핀, 인도, 엘살바도르, 시리아, 우크라이나 등 9개 국이 유엔임시위원회를 구성하기로 결정하였고 유엔총회 대표단이 한국 각 지역 선거대표팀이 의회를 구성하는 것을 감독하며 의회가 통일정부를 구성하는 것을 관찰하는 것인데, 실제로 남부에서 단독 선거를 시행하여 정부를 설립하려는 것이다.

이 결의안은 한반도 분열을 일이킨 중요한 문서이다. 11월 20일, 『신보』는 「우환(憂患)이 끊이지 않는 조선문제」라는 사설을 발표하면서 "소련이 성견(成見)을 견지한 결과로 아마 남한은 자체만으로 한 나라가 될 것 같다. 북한이 소련에 의해 병탄된 것이 아니더라도 소련에 의존해 살아갈 것이다"라고 지적하였다.

북한이 유엔위원회 및 이 위원회 지도 하의 남한이 단독으로 선거를 진행하는 것을 보이콧하며 남·북한 정부가 각각 세워진 과정에 대해 『신보』는 상세하게 보도하였고 사설도 발표하였다. 중요한 기사와 사설로는 「유엔위원회가 한국 영수(嶺袖)의 의견을 들어준다」(1948년 1월 27일) 「소형의 대회에서 결의안이 통과되었다. 남한에서 선거 진행하기로 결정」(2월 28일) 「남한 선거가 가까워지고 있다. 배후에서의 경쟁이 점점 치열해지고 있다」(5월 5일), 「폭동·방화·암살 분위기가 가득한 남한에서 첫 민선(民選)이 진행되었다」(5월 10일), 「헌법 제정·민주정부 조직, 조선 국회가 개막식을 개최」(6월 1일), 「한국이 '대한민국'으로, 헌법 초안 일독(一讀) 통과」(7월 6일), 「북한에서 정기적인 보통 선거를 진행할 예정. 유엔 및 미국에 도전장을 건내기로 결정」(7월 12일), 「남한 국민 의회에서 선거 진행, 이승만이 대통령으로 당선」(7월 21일), 「韓 공화국 정식 성립, 오늘 한성에서 성대한 예식을 거행할 예정」(8월 15일), 「40년의 분투 끝에 다시 자유를 얻다. 한국 정부가 수립 선고」(8월 16일), 「북한 의회에서 오늘 대통령 선거」(8월 27일), 「김일성이 북한의 초대 수뇌」(9월 10일) 등이 있다. 미·소의 조종으로 끝내 남·북한 양립의 국면이 형성되었다.

미국이 남한 단독 선거를 조종하는 과정에서 한국 민족주의당파에 심한 분화가 일어났다. 이승만은 미국에 줄을 서 남한 정부의 초대 대통령으로 당선되었다. 유의할만 한 것은, 김구, 김규식 등 원래의 대한민국 임시정부 지도자들은 단독 선거를 반대하는 입장을 취했고 통일된 한국 정부를 수립하기 위해 다방면적 노력을 했다는 것이다.

이와 관련된 『신보』의 보도는 주로 다음과 같다. 「남한 단독 선거에 김구가 반대를 표했다」(1948년 1월 28일), 「남한 두 영수가 남북한회의 개최를 건의」(2월 15일), 「김구와 이승만의 반응이 일치하지 않다」(2월 28일), 「김규식이 의장에서 사퇴, 한국 전체가 분열되는 것을 반대」(2월 29일), 「남한의 각 정당이 단독 선거를 반대」(3월 29일), 「김구·김규식이 북한으로 가서 회의 준비」(4월 10일), 「김구, 남·북한 연석(聯席) 회의에 참석하기로 결정」(4월 20일), 「김구가 평양에 도착해 연석 회의에 참석」(4월 21일), 「김구·

김규식, 북한 결의를 옹호」(5월 7일), 「김구가 잠시 은퇴할 생각이라는 소문」(5월 20일), 「김구 은퇴 소식이 사실인 걸로 입증되다」(5월 22일), 「북한은 곧 단독정부를 수립, 김구 등은 반대」(7월 22일), 「김구가 유엔에 남·북대선을 다시 조직할 것을 호소·청구」(10월 28일),「김구가 발표한 성명에서 반란에 참가한 것에 대해 부인」 등. 이 기사들로부터 김구는 시종일관 한국 독립 통일의 원칙과 입장을 고수하였다는 것을 엿볼 수 있다.

그는 먼저 남한 단독 선거를 반대하며 의연히 북한에 가서 남·북한연석회의에 출석하였고, 후에는 또 북한 단독 선거를 반대하면서 유엔이 남·북한 대선을 다시 조직할 것을 호소하였고, 실패를 겪은 후에도 은퇴할 망정 남·북 대치 상황에서의 정치 혼전(混戰)에 가담하지 않았다.

미국과 소련이 남·북 양립을 조종하는 역사 과정에서 중국 국민당은 미국의 대한정책에 종속된 역할 노릇을 하였다. 이에 대해서도 『신보』는 보도를 진행하였다. 중요한 기사로「한국 독립에 관한 우리의 주장에 대해 외교부에서 성명을 발표할 것이다」(1948년 2월 18일), 「외교부 시임 사장(司長) 담화 발표, 협정을 어겨 수립된 정부는 우리는 고려하지 않는다」(2월 19일), 「소형 대회에서 장정불(蔣廷黻)은 우리는 한·소와의 합작을 아주 기대한다고 선포」(2월 26일), 「호세택(胡世澤)이 조선의 전반 정세를 분석」(5월 3일), 「한국 정부가 유어만씨(劉馭萬氏)를 외교대표로 파견했다는 것을 우리측은 인정한다」(8월 13일), 「한국 특사가 비행기로 상해 도착, 어젯밤 수도에 가서 장(蔣) 총통 배알하여 경의를 표했다」(9월 12일),

「중국은 유엔총회에 미군이 남한에 장기적으로 주둔해야 한다는 새로운 건의를 제출 할 예정」(10월 28일), 「장정불(蔣廷黻), 유엔총회 정치와 안전위원회에서 한국 문제 토론은 남한이 참석해야 마땅하다고 제의」(11월 25일), 「중·미·호(澳), 유엔에 남한 정부 승인을 추진할 것을 건의」(12월 8일), 「장정불(蔣廷黻), 유엔에 한국이 통일을 이루는 것을 돕자고 호소」(12월 9일), 「중·미, 정식으로 한국 승인」(1949년 1월 5일) 등이 있다. 이 기사들로부터 중국 국민당 정부는 자초지종 미국이 조종한 남한 단독 선거의 전체 과정에 참여하였으며 미국의 조수나 총받이 역할을 했다는 것을 엿볼 수 있다.

1948년은 한국의 정치 정세가 격변한 1년이다. 남·북한으로 점차 분렬되가는 과정에서 『신보』는 짧은 몇 개월 사이에 7편의 사설을 발표하였다. 각각 「남북 분단 통치의 관두(關頭)」(4월 7일), 「조선의 위태로운 판국을 똑바로 보다」(5월 7일), 「남한 보선(普選) 이후의 조선 정국(政局)」(5월 19일), 「강권정치와 한국의 비극」(7월 17일), 「한국 독립 통일의 서광(曙光) - 이승만 박사의 초대 대통령 당선을 축하」(7월 22일), 「동아의 신기상(新氣象)」(8월 16일), 「남한으로부터 보는 아시아의 위기」(10월 23일)이다. 이것은 『신보』 창간 이래 아주 드문 현상이었다. 이러한 사설은 동북아 정세 및 한반도 문제의 분석과 논술에 있어 아주 많은 정확하고 투철한 논점이 담겨 있기에 우리 세대와 후세는 이것에 많은 관심을 가질 가치가 있다.

예를 들면, 한국이 "독립, 자강해진다면 극동의 평화와 안정에 필히 공헌할 것이다", 미·소가 "극동의 전쟁을 막을려면, 조선에서 철수하여 한국의 독립 통일을 지켜봐야 한다. 이곳이 원동의 평화의 장랑(長廊)으로 만들어야지 화약창고로 만들어서는 안 된다." 등은 모두 오늘날 극동국제관계 처리에도 똑같이 큰 의미가 있다.

(이 글은 필자가 주필을 맡은 『「申報」有關韓國獨立運動暨中韓關係史料選編』 중의 導論 부분이다. 이 책을 인민문학출판사에서 2000년에 출판하였고, 이 글에 수록되면서 일부 내용은 수정 및 편집되었다.)

한국광복군과 독립운동 사료 연구

1판1쇄 2025년 5월 30일

저자 석원화(石源華)
역자 조참훈(趙參勳) · 종결(鐘潔)
발행인 이경화

발행처 디자인21
주소 04560 서울특별시 중구 퇴계로 293-1 3층
전화 02-2269-6561(대)
팩스 02-2269-6568
이메일 21publish@naver.com
블로그 https://blog.naver.com/publish21
인스타 https://www.instagram.com/21publish.co.kr
홈페이지 https://21publish.co.kr

등록번호 제1-1128호
등록일자 1991.2.12

ISBN 978-89-6131-180-9 93910

정가 20,000원